“十四五”职业教育国家规划教材

21世纪高职高专规划教材 · 旅游管理系列

旅行社运营实务

主　编 / 魏　凯　韩国华
副主编 / 王振林　谢　璐　陈　静

中国人民大学出版社
· 北京 ·

重印说明

本教材于 2022 年出版。经过近三年的发展，旅行社行业的发展环境、业态形式和经营模式都发生了巨大的变化，尤其受新冠肺炎疫情、产业数字化、智慧旅游、文旅融合等多种因素交叉影响，旅行社行业发展面临着新的状况，在新的发展时期面临着新的发展环境变化和发展目标的调整，相应的对专业人才的能力和素质提出了新的需求。

在这样的背景下，根据中共中央制定的国民经济和社会发展第十四个五年规划和二〇三五年远景目标的要求，贯彻党的二十大报告精神，本次重印在保留原教材的理念和框架的基础上，从以下几个方面进行了修订：

第一，将项目的任务进行细化，使之更加符合高职学生的学习习惯。在导读中，由原来的两个任务修订成四个任务；每个任务的内容篇幅减少，降低阅读的压力。

第二，增加新内容，使之更体现时代性。在导读中，重新论述了目前旅游产业与旅行社行业的发展现状和趋势，分析了二十大、十四五规划、数字化、新冠肺炎疫情等因素产生的影响及呈现的结果，增加了我国文旅经济现代化的内容。文旅经济的现代化是以中国式现代化为依托和目标，说明文旅产业在实现中国式现代化的发力方向；项目三中，根据旅游业数字化转型对旅游者购买特征行为发生的变化，增加了如何运用消费者洞察把握旅游者需求，整合了旅行社市场细分与目标市场选择，对旅行社品牌化发展方向结合数字化转型进行了优化完善。项目四增加了线上旅游经营状况，常见的新媒体营销方式与真实案例，便于学生及时了解当下行业发展格局和发展动态；项目五中增加了在线咨询接待服务。

第三，修订了任务描述，使之更加贴合旅行社行业现状和目前的形势。在导读、项目一、项目三、项目四、项目六和项目七中对每一项任务描述进行修订，使之更加符合旅行社岗位工作内容，增加了彼此之间的连贯性，如同一部电视剧，每一集都呈现出不同的经营管理场景。

第四，修订了任务实施，使之更加具有可操作性。在导读、项目一、项目三、项目四、项目六和项目七中根据对任务描述的修订相应地修订了任务实施的内容。

第五，修订了评价标准，使之更加符合人才素质和能力的新需求。在导读、项目一、项目三、项目四、项目六和项目七中根据任务描述、任务实施、人才素质与能力的新要求修订了任务载体的评价标准。

第六，修订了延伸阅读和案例，使之更加满足时代发展的要求。在导读、项目二、项目三、项目四、项目五、项目六、项目七中，用最新的信息和知识替换了原来的延伸阅读和案例，如去掉“2018 年国内十大旅行社排名”“2018 年国内十大旅游网站排名”“2017 年中国在线旅游度假行业产业链图谱”“国家旅游局：非典对我国旅游业造成重创”“李金早：2018 年全国旅游工作报告（节选）”“骑马摔伤谁之过”“旅游酒店摔伤谁之过”等延伸阅读与案例，取代为“旅游行业产业链与发展环境（PEST）及趋势分析”“旅行社行业产业链”“二十大报告——以中国式现代化全面推进中华民族伟大复兴”新冠病毒 COVID－2019 给我国旅行社行业带来的影响“文化与旅游部专项整治未经许可经营旅行社业务”“‘吹牛也上税’——旅行社虚假宣传的危害”“旅行社安保义务的界限”等。

第七，修正了部分语言表达形式，使之更加规范、更具可读性。

需要说明的是，本次修订时间紧、任务重，难免会有疏漏之处，真诚欢迎各界人士批评指正，以便于下一版予以修正，使其日臻完善。

编者

2022 年 11 月

前　言

职业教育想要提升人才培养质量，离不开紧密结合行业、紧贴职业岗位能力、具有鲜明职业教育特色的高质量教材。旅行社经营管理专业及相关专业教学更急需具有前瞻性、创新性、引领性，运用新理念、新体系、新内涵的教材提升学生的综合实践能力和水平。《旅行社运营实务》一书以1个导读、7个项目为中心组织和编写相关教学内容，转变传统的以学科体系来构建知识的现状，加强课程内容与实际岗位技能和社会行业发展的联系，精选学生职业需求和终身学习必备的基础知识和技能。在课程实施过程中，以多样性项目成果为载体，围绕项目任务和项目成果促使学生主动参与、乐于探究、勤于动手，改变原来强调接受学习、死记硬背、机械训练的状态，培养学生搜集和处理信息的能力、主动学习获取新知识的能力、分析和解决问题的能力、与人交流沟通和团队合作的能力、应对挫折和困难的能力、统筹规划的能力、逻辑思维和表达的能力等。课程内容的设计秉承先进的教育理念，将“教师教课”转变为“学生学习”，以“学生学习”为中心，贯彻“项目引领、任务驱动”的教学思想，改革课程学习评价方法，重视及时反馈，提升学生学习的信心和兴趣，发挥评价促进学生发展、教师提高和改进教学实践的功能。

本书由山东省优秀专业教学团队——山东旅游职业学院旅行社经营管理专业师资团队编写。二十多年来，团队执着于产学研融合实践，深耕旅行社行业人才培养。本书凝聚了这些年来团队探索的成果和宝贵的经验。希望以本书引领专业教学向更高质量迈进，培养更高质量的旅行社运营管理人才。在撰写本书的过程中，编者还得到了业界专家的鼎力支持和有力指导，在此表示深深的谢意！

由于编者水平有限，书中不足之处在所难免，恳请读者不吝赐教。

魏凯

2020年1月

目 录

导　读

认知旅行社

旅行社从诞生至今已经走过了 100 多个春秋，可是，2000 多年前，已经有游客参加旅游活动，为什么旅行社没有结伴产生？旅行社行业究竟是个什么样的行业？它究竟能做什么呢？旅行社行业的现状和形势如何呢？让我们一起来了解一下吧！

任务一 解密世界旅行社业的产生和发展

学习目标

知识目标

1. 掌握旅行社行业产生的背景；
2. 了解旅行社行业的发展历程。

能力目标

能够利用思维导图梳理出世界旅行社行业产生和发展的脉络。

素质目标

1. 提高旅行社专业素养；
2. 树立“时代创造英雄，英雄推动时代发展”的唯物史观。

任务描述

自2019年底新冠疫情发生以来，旅游业和旅行社业都遭受了重创。根据2022年中国文化旅游部的统计，90%以上的旅行社出现亏损。你的朋友认为这个行业可能从此将一蹶不振了，而你从旅行社行业的产生和发展历程来看，认为这个行业不会消失，因为旅行社业存在和发展的基础还在。你的朋友对旅行社的产生和发展历程产生了兴趣，你决定制作一个思维导图，带他去穿越历史，寻找旅行社行业产生与发展的秘密。思考一下，那些使旅行社行业产生和发展的驱动因素现在是什么样的？

知识准备

旅行社是为人们出行提供服务的专门机构，它是以营利为目的，从事旅游业务的企业。世界上任何事物不可能凭空出现，也不会无缘无故发展壮大，旅行社也是如此。它必须根植于社会经济的土壤，是社会经济发展到一定阶段的产物，同时随着社会经济的发展而完成一次次蜕变，呈现现在的行业现状。

一、世界旅行社行业产生的背景

旅行社产生于18世纪中叶的第一次产业革命，这次产业革命使整个世界经济和社会结构发生了巨大的变化。三大产业在经济发展中的作用和排序发生重构，第一产业渐渐失去第一经济比重的位置，第三产业在经济中的比重逐渐增加。旅游业作为一个产业开始登上经济的舞台，并发挥越来越重要的作用，世界范围内旅行的发展方向随之改变。工业革命对旅行社产生的影响集中体现在以下 5 个方面：

（一）生产力的提高扩大了外出旅行的人数

工业革命大大解放了生产力，社会财富急剧增加，在满足人们基本的生活需求之外，还有结余。有产阶级的人数日趋扩大，具备了外出旅行的经济条件。工业革命之前，只有达官贵人等少数特权阶层的人才有金钱从事非生产性的旅游活动，出游的人数较少，不足以形成一个行业。工业革命使得大量财富流向新兴的工业资产阶级，他们也具有了外出旅行的经济条件，这个阶层的人数较特权阶层的人数大大增加，也扩大了有财力外出旅行的人的规模。

（二）商品经济的发展使外出旅行成为生产方式的组成部分

工业革命之前，人们被束缚在土地上，自给自足是当时经济形式的主要特点，人们无需旅行便可以完成所有的生产过程。工业革命之后，商品经济获得极大发展，由简单的商品经济过渡到发达的商品经济阶段，并且成为占主导地位的经济形式，打破了自然经济的封闭性和落后性。商品经济的表现形式是人们互相交换其劳动，以社会分工为前提，反过来又促进社会分工的发展，使生产专业化和社会化水平不断提高。商品经济中各经济单位互相依赖、密切联系，具有开放性、竞争性的特征。正是商品经济的发展成为人们外出旅行的内在需求。

（三）科技进步尤其是交通运输业的发展为人们外出旅行提供了物质条件

率先进行工业革命的欧美国家为了促进商品交流，大规模从事交通运输建设。他们为了扩大海外殖民掠夺和抢占市场，致力于远洋运输网的开拓，逐渐形成了全球性的交通网络。交通运输的大力发展，提高了运输能力，缩短了运输时间，使大规模人员流动成为可能。瓦特发明的蒸汽机技术很快被运用于制造新型的交通工具，18 世纪末蒸汽机轮船问世。1814 年，“火车之父”史蒂芬逊在前人创造的机车模型的基础上制造出了一台能够实用的蒸汽机车。随后，经过 11 年的艰苦研究，世界上第一台客货运蒸汽机车“旅行号”终于诞生了。

（四）城市化进程和社会分工的发展使外出旅行成为强烈需求

工业革命前，人们过着日出而作、日落而息、忙闲有致的生活。工业革命改变了人们的工作性质，随着城市化进程和社会分工的精细化，人们工作和生活的中心从农村转向工业城市，工作流程日趋专业化。这一改变最终导致人们需要适时逃避节奏紧张、拥挤嘈杂的城市环境，回归宁静自由的大自然，度假和放松身心成了人们的强烈需求。

二、世界旅行社行业的产生与托马斯·库克的贡献

大规模旅行爆发的条件已经形成，但大众旅游形成燎原之势还需要一个“助推器”，即为人们外出旅行提供服务的中介组织。在信息流动非常缓慢的年代，人们外出旅行还面临着“人生地不熟”的窘境，迫切需要为身在异地的旅游需求者与旅游供应商搭建桥梁的旅行服务商。早在工业革命之前已经存在为别人安排旅行的组织和个人，如中世纪的马赛商人以及14世纪和15世纪威尼斯的教会，就曾组织了朝圣旅行；德国出版商卡尔·贝德克尔编写并出版了旅行指南；英国人托马斯·贝纳特组织了个人报价旅游。这些旅行服务组织规模小，只有一些零星的旅行业务，不是专门的旅行服务结构，对于旅行社行业的产生没有直接的影响。

在这种历史背景下，世界旅行之父——托马斯·库克作为第一位专职的旅行服务商登上了历史舞台，建立了世界上第一家专业旅行服务结构。托马斯·库克把组织旅游活动作为自己的正式职业，成为世界上第一位专职的旅行代理商。

延伸阅读

1808年11月22日，托马斯·库克（Thomas Cook）出生于英格兰墨尔本。

1841年7月5日，托马斯·库克包租了一列火车，将多达570人的游行者从英国中部地区的莱斯特送往拉巴夫勒参加禁酒大会。往返行程11英里，团体收费每人一先令，免费提供带火腿肉的午餐及小吃，还有一个唱赞美诗的乐队跟随。

图0-1 托马斯·库克

这次活动在旅游发展史上占有重要的地位，它是人类第一次利用火车组织的团体旅游，被认为是近代旅游活动的开端。与以往的旅游活动相比，它具有以下特点：一是参与规模扩大，旅行游览活动在历史上一直是以个人为单位的个体消费活动，组织570人参加这次禁酒大会是世界上第一次以一个组织的形式出现，并与运输业直接挂钩；二是参与主体为普通民众，与古代旅游相比，旅游活动主体的构成发生很大的变化。在古代旅游阶段，旅游活动作为一种精神享受，其参与者主要以社会的上层人士、统治阶级为主。因此，它也是大众旅游时代的开端。

禁酒大会的成功举办，使托马斯·库克名声大噪，找他旅行的人络绎不绝。1845年，托马斯·库克放弃了木工的工作，开始尝试从事具有商业性的旅游组团业

务代理，成立了托马斯·库克旅行社（即今天的通济隆旅行社），他本人也成为世界上第一位专职的旅行代理商。

同年夏，首次出于商业营利目的，他组织了一次真正意义上的团体消遣旅游。这次团体旅游是从莱斯特出发，途中经过若干地点停留访问，最终目的地是英格兰西部的海港城市——利物浦，全程历时一周，共350人参加。托马斯·库克编发了导游手册——《利物浦之行手册》，并把它分发给旅游者，这是世界上第一本旅游指南。由于当时人们对外出旅游的需求已趋成熟，加上托马斯·库克此前组织旅游活动的成功为其带来的名声，因此有关组织这次团体旅游的海报告示一经张贴，报名者极其踊跃。为了确保这次组团旅行的成功，托马斯·库克不得不决定将组团规模控制在350人以内。很多人前来报名时，都因名额已满而不能如愿。在已办好预订手续的人中，甚至有些人趁机高价转手倒卖名额。这次旅游的组织方式更具现代包价旅游的特点，体现了现代旅行社的基本特征，开创了旅行社业务的基本模式。

1846年，托马斯·库克亲自带领一个旅行团乘火车和轮船到苏格兰旅行。他为每个成员发了一份活动日程表，还为旅行团配置了向导，并于同年编写了《苏格兰之行手册》。此后，他每年都要组织大约5 000多人在英伦三岛之间旅行。每次他本人都亲自陪同，编印旅游指南。他成功地把铁路、水路和地上交通设施紧紧联系在一起，旅行业务得到较大发展。

1851年5月，为了展示英国工业革命成果，在“伦敦水晶宫”举办了一次大展览，此为第一届世界博览会。托马斯·库克决心抓住这个机会扩大旅行业务。在展览开幕前，他遍访英格兰中部和北部的主要城市，组织各地旅客赴伦敦参观展览。为此，他还创办了名为《观光者》的月刊杂志，专门介绍各地风光和旅游者的见闻。这一年，他组织了165 000多人到伦敦参观展览。此后，他又成功地组织了旅客参观1853年的“都柏林展览”和1857年的“曼彻斯特展览”。

1855年，库克组织了从英国莱斯特前往法国巴黎参观第二届世界博览会的团体旅游。这次旅游活动在巴黎停留游览4天，全程采用一次性包价，其中包括在巴黎的住宿和往返旅费，总计36先令。当时（1855年8月6日）的《曼彻斯特卫报》称此举是“铁路旅游史上的创举”。

到1864年，经托马斯·库克组织的旅游人数已累计达100多万。

1865年，托马斯·库克开办了一家旅游用品商店，同年，为了进一步扩展旅行社业务，他与儿子约翰·梅森·库克成立了托马斯父子公司（即通济隆旅游公司），迁址于伦敦，并在美洲、亚洲、非洲设立分公司。此后，托马斯·库克又组织了到法国等地的旅游活动。

1872年9月，已经63岁的托马斯·库克从莱斯特出发，开始了他为期8个月的环球之旅。这一次，他从埃及旅行到中国。托马斯·库克和他的伙伴们乘坐蒸汽船横跨大西洋，乘坐火车越过北美大陆，航行至日本，到达中国，之后又一路游览了新加坡、锡兰（今斯里兰卡）和印度。离开孟买后，他们又穿过印度洋和红海，途经开罗，最终返回伦敦。托马斯·库克还独自前往巴勒斯坦，穿越土耳其、希腊、意大利和法国，用 222 天时间完成了这次令人惊叹的环球旅行。

1878 年，托马斯·库克退休，业务由其子约翰·梅森·库克主持（截至 1939 年，通济隆旅行社在世界各地设立了 350 余处分社）。20 世纪初，英国托马斯·库克旅游公司、美国运通公司、比利时铁路卧车公司，被称为世界旅行代理业的三大公司。

1892 年，通济隆旅行社发行了旅行支票，可在世界各大城市通行，凡持有旅行支票的国际旅行者均可在旅游目的地兑换等价的当地货币，更加方便了旅行者进行跨国和洲际旅行。通济隆旅行社还编印了世界上最早的旅行杂志，曾被译成 7 国文字，再次出版达 17 次之多。同年 7 月，年满 84 岁的托马斯·库克离开人世，长眠于英格兰萨里郡泰晤士河畔的瓦尔顿城。

托马斯·库克是近代旅游业之父，又被称为“监护旅游之父”，为旅游业的发展做出了重大贡献，是旅游界的伟人。他的伟大之处就是发现了一个需求，并且加以满足。毕生从事旅游业的库克先生，以他伟大的业绩给我们以启示：旅游从业人员必须不断地发现游客的新兴趣，提出有特色的新服务。托马斯·库克作为世界近代旅游业的创始人，他的名字已成为旅游的代名词。今天，身背印有托马斯·库克标记的各式旅行包的旅游者的足迹已遍及世界各地。他的名字将永载旅游史册。

【启发思考：如果没有托马斯·库克，旅行社行业会不会产生？如果托马斯·库克更早地出生，旅行社行业会不会更早地产生？】

延伸阅读

世界第一家旅行社破产

在旅游这个行业中，应该没有人不熟悉托马斯·库克（Thomas Cook）这个名字，它的创始人托马斯·库克被称为旅行社鼻祖，也被称为近代旅游业之父。托马斯·库克旅行社是这个世界上第一个正式成立的旅行社，也是中国第一家旅行社的引导者。托马斯·库克旅行社从成立至今，已经有长达 178 年的历史了。

图 0-2 托马斯·库克旅行社标志

资料显示，截至 2018 年，托马斯·库克旅行社营收总额是 96 亿英镑，门店数量 2 975 间，旅行飞机 94 架。旗下共有 8 个品牌、190 个度假村以及 22 000 名员工。托马斯·库克旅行社的业务遍布全球的多个国家或地区，每年要接待近 2 000 万人次，是全球综合实力第二强的旅游集团。

据北京商报报道，日前托马斯库克已正式向法院提出破产保护申请。据悉，根据相关程序，托马斯库克的债权人将在 9 月 27 日就提议的一系列安排进行投票。

不过，让人十分不解的是，在公司面对资金危机、困难重重的时候，公司的高管却依旧享受着高额的薪资待遇以及奖金，甚至一个比一个高。其中，有一个名叫 Peter Fankhauser 的首席执行官，在过去的五年时间里，从公司赚取了 2 000 万英镑的报酬，折合人民币大约是 1.8 亿元。

托马斯·库克旅行社如今的负债至少达到了 17 亿英镑，在这样的重压之下，破产已经是在所难免了。而最终倒霉的，就是那些信赖托马斯·库克旅行社的游客们。据了解，由于托马斯·库克旅行社宣告破产，导致有 60 万的游客度假被困。还有一些原本预定了婚礼套餐的新人，也不得不重新计划自己的婚礼事宜。而且，破产之后，连理赔都会变得异常困难。

资料来源：改编自旅行社鼻祖宣告破产！公司负债 17 亿，高管却拿 2 亿工资，令人唏嘘．(2019－10－03)．https://baijiahao.baidu.com/s?id=1646196965912193146.

三、世界旅行社行业的发展历程

从 1845 年托马斯·库克创立世界上第一家旅行社至第一次世界大战爆发是世界旅行社行业的初步创立阶段。在托马斯·库克之后，由于其示范效应和人们旅游需求的不断增长，旅行社业在世界各地迅速发展起来。19 世纪下半叶，欧洲成立了需求类似的旅游组织。英国于 1857 年成立了登山俱乐部，于 1885 年成立了帐篷俱乐部；法国、德国都于 1890 年成立了观光俱乐部；美国运通公司于 1850 年起兼营旅行代理业务，并于 1891 年发售了与现代使用方法相同的旅行支票。这个阶段的旅行社数量少、规模小，主要经营以轮船、火车为主要交通工具的国内旅行和短途旅行。

第一次世界大战结束至第二次世界大战爆发是旅行社行业的发展阶段。20 世纪初，旅行社得到了更大的发展，数量快速增加，行业竞争加剧，英国的托马斯·库克旅行社、美国的运通公司和以比利时为主的铁路卧车公司成为当时世界旅行社的三大巨头。旅行社经营的产品种类增多、交通工具增加，除火车、轮船之外，还可以乘坐汽车上路，大大方便了人们的旅行生活。

第二次世界大战结束以后，世界旅行社行业逐步过渡到成熟阶段。长期战争局面结束了，经济开始持续稳定地发展，人们收入不断增加，支付能力提高，闲暇时间增多，交通稳步改善，飞机在旅游中的应用和私人汽车逐渐普及。旅游需求持续稳定地扩大，促进旅游供给不断增长，同时，各地区之间、国家之间旅游竞争也越来越激烈。并且，旅游需求的增长也推动了旅游方式的改变，在传统度假旅游的基础上，各种新兴旅游活动层出不穷，如生态旅游、绿色旅游、探险旅游等。世界范围内旅游业的发展与繁荣，为旅行社行业的发展提供了前所未有的机遇，旅行社业进入一个高速发展的时期。

进入成熟阶段的旅行社业出现集中化、规模化特点，行业竞争格局形成并趋于稳定，旅行社数量增长放缓甚至减少，出现了区域性、国际性的行业自律组织——旅行社协会，竞争变得有序。

任务实施

教师指导学生利用思维导图梳理思想和观点。学生每人绘制一幅思维导图，梳理世界旅行社行业产生和发展的历程，内容包括：(1) 世界旅行社行业产生的背景；(2) 世界旅行社行业的发展阶段，每一个阶段的背景和特点。形式要求：(1) 语言简洁；(2) 条理清晰。老师根据学生提交的作品进行指导和打分。

评分标准

序号	评分项目	分值	得分
1	内容的完整性	50 分	
2	语言的简洁性	20 分	
3	内容的条理性	20 分	
4	形式的创新性	10 分	

任务二 解密中国旅行社业的产生和发展

学习目标

知识目标

1. 了解中国第一家旅行社产生和发展的历程；

2. 熟悉中华人民共和国成立后中国旅行社行业的发展历程。

能力目标

能够利用思维导图梳理出中国旅行社行业产生和发展的脉络。

素质目标

1. 提高旅行社专业素养；

2. 梳理正确的经营管理理念。

任务描述

你的朋友通过你整理的思维导图，对国外旅行社行业的产生和发展非常清楚了，他接着想了解一下中国旅行社行业的产生和发展情况。请你用思维导图把中国旅行社行业产生与发展的历程整理出来，并且比较两个思维导图，分析中外旅行社行业产生和发展的异同点。

知识准备

一、中国旅行社行业的产生

20 世纪 20 年代，中国开始进入早期资本主义化进程，交通运输业和新式旅馆等设施也随之发展，为人们的出行提供了便利。经济的发展必然促使出于各类目的外出人群的流动，客观上需要专门的旅行机构为其提供服务，我国近代旅行社业就是在这样的背景下产生和发展起来的。

当时的中国已有几家“洋商”开办的旅行服务机构，包括英国的通济隆公司、美国的运通公司和日本的国际观光局等，专门为“洋人”和少数上层社会华人服务，缺少专门为中国普通民众服务的民族资本旅行社。爱国民族资本家、上海商业储蓄银行创始人陈光甫先生因在外资旅行代理机构购买船票时受到冷遇，立志创办一家中国人自己的旅行服务机构。除了爱国和维护民族尊严之外，陈光甫创办旅行社的目的还在于让“国人及各国人士了解中国古老悠久的文化和名胜古迹”以及“辅助工商”和“服务社会”。

1923 年 4 月，由陈光甫任总经理的上海商业储蓄银行正式呈文北洋政府交通部，提请代售火车票，办理旅行业务。当时，交通部正召开全国铁路联运会议，该案一经交议，立即遭到身居要职的铁路洋员反对。表面理由是英、日、美、法等国在华均有旅行机构，绝无再设的必要，实际上是担心会削减外国在华旅行机构的既得利益。此提议幸好获得爱国人士的竭力支持，所以经激烈辩论后终获通过。是年 8 月 1 日，上海商业储蓄银行旅行部正式宣告成立。这一天，是中国旅游史上值得大书特书的一天。因为按国际惯例，商业性旅行社的产生是一个国家近代旅游业诞生的标志。

旅行部成立一个月后，就在杭州设立分部，之后陆续扩大规模，5 年间，共设立分部 11 处。1927 年，经上海商业储蓄银行董事会开会研究，决定投资 5 万元(后增资至 50 万元)，旅行部自立门户，6 月 1 日，正式改名为“中国旅行社”，并向国民政府交通部申请注册，经该部核准，于 1928 年 1 月拿到了第一号行业执照。至此，中国旅行社成为独立的旅行商业机构。

中国旅行社业务发展最迅速的阶段是 1931 年至 1937 年，陆续增设的分社和办事处达 45 所，其拓展有一特点，即与国内新开辟的交通线同步。中国旅行社的业务范围非常广泛，既办客运，又办货运；既办招待所、旅馆、饭店，又代办火车上的餐饮；既组织国内旅游，又组织国外观光；既代办出国手续，又发行旅行支票；既设立旅行社游览团体，又直接投资开发景点；并牢牢抓住大型会议的机会开展业务。

组织旅行游览是中国旅行社的主要业务，社内专设游览部，每年春季与铁路局协商特开游杭专列，并适时组织海宁观潮、惠山游湖、超山探梅、富江揽胜及游览各地名胜古迹。其中，行程较长的如 1933 年招待爪哇华侨实业考察团游京沪，1937 年组织的赣、闽、湘、桂、粤五省旅行团，都深受社会人士的欢迎。1935 年 8 月起，中国旅行社还主办了一种旨在营造集体旅游氛围、领略祖国名胜风光的经常性旅游团体——“中旅社旅游团”，凡参加者可以得到各种优惠，并在总社辟有专室供团员聚会、消闲、联络感情，到 1937 年春，团员人数已从初创时的 150 人增加到 900 人。这种团体对稳定和发展客源，增强旅游部门的凝聚力起到了一定的作用。

1926 年春，中国旅行社首次办理赴日本观樱团。此后，海外市场不断开拓。从 1933 年起，每年组织中国伊斯兰教信徒赴麦加朝圣团；1936 年，中国参加柏林第十一届奥运会的代表团及参观团的出国手续、票务及行前指导等亦由中国旅行社办理。仅 1931 年春与日本国际观光局合作，中国旅行社就接待了日本游览团体计 20 余批，参加者 3 000 余人，他们在我国共消费了 20 余万元，这在当时是一个相当可观的数字。1937 年至 1945 年抗日战争期间，中国旅行社在自身资产和业务遭受巨大损失的同时，本着爱国和服务社会的经营宗旨，以协助民众战时流动和物资转移作为其主要职能。抗战结束后，中国旅行社的业务虽然有所恢复，可随着国内战争的推进，旅行社的经营最终未能完全恢复。上海解放后，陈光甫离开内地去了香港，中国旅行社的重心也随之转移到香港。1954 年 7 月 1 日，陈光甫以香港中国旅行社为名向香港当局申请注册，后发展成为香港中旅集团公司。

旅行社的产生和发展，对我国近代旅行社业的发展具有极大的带动和示范作用。各地相继出现了一些地方旅行社及类似的旅游组织，但均规模较小，且适逢乱世，在历史上没有留下太大影响，大多在战乱中消亡了。只有中国旅行社作为我国近代旅行社业的典型代表，以其不凡的经营理念和管理思想，为我国旅行社业的发展提供了宝贵的经验。

延伸阅读

托马斯·库克与中国

托马斯·库克和中国的故事要从1872年说起，但当时，托马斯·库克这位旅游鼻祖对中国的旅游市场却评价极低。

1872年，托马斯·库克组织了一次长达222天的9人环球旅行，而中国作为其中重要的一站，给他的印象却极其恐怖。就像他在私人信件中写的：

狭窄、肮脏的街道，令人哽咽，还有几乎令人窒息的集贸市场，以及狰狞的乞丐，简直每一处都是可怕而畸形的。周围的场景、声音与气味，使我们不得不缩短在这个所谓“故乡”的地方做停留——谁会想要花钱再来第二次？我们还是在美国、英国或法国多呆一会儿吧！

直到20世纪初，托马斯·库克过世之后，他一手创办的旅行社才开到了中国。

1906年底，托马斯·库克在香港设立分支机构，给去往远东和欧洲的商旅人士提供出行服务。之后，托马斯·库克旅行社（旧称“通济隆”）先后在上海、北京设立代办机构。

在中国开旅行社的这段时间，托马斯·库克旅行社服务的目标客户主要有两类人：来中国的外国人，以及有钱的中国人。

由于当时的中国并没有本土旅行社，中国的旅游市场几乎被托马斯·库克、美国运通等公司垄断。直至1923年，著名银行家陈光甫创办中国旅行社（港中旅的前身），这一局面才得到改变。

第二次世界大战的爆发让世界旅游业遭受了致命的打击，托马斯·库克旅行社在中国的业务也一度中止。

资料来源：改编自世界上第一家旅行社破产，旅游业一个时代的终结，你该怎么办．(2019-09-22)．https://www.sohu.com/a/342542503_698307.

二、新中国成立后旅行社业的发展历程

（一）起步阶段（1949年至改革开放初期）

中华人民共和国成立后，为了迎接海外侨胞和外国友人，在政府主导下设立了中国旅行社和中国国际旅行社两大旅行社系统，负责组织相应的接待工作。

新中国成立后的第一家旅行社是1949年11月19日成立的厦门华侨服务社。成立之初，厦门华侨服务社是为海内外侨胞、港澳台同胞和国际友人提供服务的专门

机构。其后，重点侨乡广东省、福建省和许多中心城市相继成立华侨服务社。1957年4月22日，经国务院批准，中国华侨旅行服务社总社在北京成立，并明确其主要任务是为华侨等回国探亲、访友、参观、旅游提供方便，做好接待服务。1963年，国务院又将港澳同胞纳入华侨服务社接待范畴。1974年1月3日，经国务院批准，中国旅行社成立，与华侨旅行社合署办公，统称中国旅行社。

1954年4月15日，中国国际旅行社在北京正式成立，其主要任务是负责访华外宾的食住行游等事务，发售国际铁路联运客票。之后，在直辖市、省会城市以及其他重要城市和国境口岸陆续设立了分、支社。1958年1月9日，国务院下发《关于开展国外自费来华者接待工作和加强国际旅行社工作的通知》，决定将中国国际旅行社划归国务院直属，由国务院外事办公室领导，各地分、支社归当地省市人民委员会直接领导，且必须接受中国国际旅行社分配的接待外宾的任务，并在接待业务上接受指导。1964年3月17日，中共中央决定，改组和扩大中国国际旅行社为旅游事业管理局，负责对外国自费旅行者在华旅行游览的管理工作，领导各有关地区的国际旅行社和直属服务机构的业务，并在7月22日第二届全国人民代表大会常务委员会第124次会议上，批准设立中国旅行游览事业管理局，直属国务院领导，对外仍保留中国国际旅行社的名称，局、社合署办公。中国旅行游览事业管理局的局本部机构，经国务院确定为行政单位。1966年5月“文化大革命”开始，旅游业进入停滞状态。

新中国成立直到1978年改革开放前，全国只有中国国际旅行社与中国旅行社(华侨旅行社)两大旅行社系统，垄断了中国的旅行社行业。其主要职能是为华侨归国探亲、访友、餐馆游览提供服务，兼及赚取少量的旅游创汇，政治意义较大。从规模上看，尽管其业务都有零星发展，但接待量一直不大，并不足以构成一个行业，且体制上属于行政事业单位，不具备企业性质。1980年成立中国青年旅行社，隶属于共青团中央，目的是加强和扩大国际青年之间的友好往来，至此三大旅行社系统形成了各自的分工：中国国际旅行社主要接待外国来华的旅游者；中国旅行社主要接待港澳同胞和来华旅游的海外华人；中国青年旅行社则以来华旅游的青年旅游者作为主要接待对象。在很长的一段时间内，这三大社垄断了中国的旅行服务，尤其是入境旅游业务。1980年，这三家旅行社接待的来华旅游者占到全国有组织接待人数的80%，其余20%由其他政府机构组织接待。

（二）初步形成阶段（1979—1989年）

自我国实施改革开放政策以来，旅游业也随之发展起来。开放当年，来华入境旅游人数就达到180万人次，旅游外汇收入2.6亿美元。在以后的10年中，来华旅游入境人数和旅游外汇收入都保持了较高的增长速度。为满足急剧增长的国际旅游需求，20 世纪 80 年初代初期，我国大量进口豪华旅游汽车，促进旅游交通业发展。80 年代中期，众多旅游饭店建立起来，形成我国旅游饭店发展的第一个高峰期。旅游交通和旅游设施以及旅游资源的开发从不同方面缓解了我国旅游供给方面的短缺局面，大幅度提高了我国旅游业的综合接待能力。

改革开放以后，旅行社开始由事业单位转向企业化经营，迈进了产业化进程，国旅、中旅、青旅的主要任务转变为接待自费来华的旅游者。转变的起点是 1978 年 3 月中共中央批转了《关于发展旅游事业的请示报告》，建议“将目前的中国旅行游览事业管理局改为直属国务院的中国旅行游览事业管理总局”，这意味着新成立的中国旅行游览事业管理总局不再隶属于外交部，也不再是准外交行政管理机构，而是旅游经济的管理部门。1978 年至 1980 年期间，我国入境旅游人数高速增长，以国旅和中旅为核心的旅游部门的接待能力远远不能满足市场的需求。1980 年 6 月 27 日，国务院批复共青团中央，同意成立中国青年旅行社，其接待对象是各国青年旅游者。此时的国、中、青三大旅行社系统仍然归政府部门直接管理，事实上仍然是统一领导、统一经营、领导经营一体化的管理体制，无法实现自主经营和自主决策，无法满足日益旺盛的市场需求。1981 年 3 月，中央书记处和国务院提出了旅游管理体制改革的重要指导思想，其中一项就是中国旅行游览事业管理总局作为旅游管理机构，必须和国际旅行社实行政企分开，国旅总社统一经营外国旅游者来华的旅游业务。1982 年 7 月 17 日，中国旅行游览事业管理总局和国旅总社正式分家，这是我国旅游管理中政企分开的第一步。从此，中国诞生了真正意义上的旅游企业和旅游行政管理机构，旅游业向着统一领导、分散经营、政企分开的管理体制迈进。

1984 年国家旅游局将旅游外联权下放，允许更多的企业经营国际旅游业务，将授予它们业务经营所必需的签证通知权。1981 年以前，全国具有外联权的旅行社只有国旅总社和中旅总社两家。但是 1978 年至 1984 年入境旅游人数的激增和对旅游需求的多样化，促使外联体制改革被提到日程上来。集中而统一的外联体制显然远远不能应对市场的变化，即使是两大社与其分社之间也因为外联和接待的利益分配问题而产生争议。1984 年，中共中央办公厅和国务院办公厅转发的《关于开创旅游工作新局面几个问题的报告》指出，旅行社业务要打破独家垄断的思想，允许国旅、中旅和青旅等单位开展竞争。之后，青旅被正式批准获得外联权和签证通知权。这一举措对我国旅行社的发展起到了积极的促进作用，旅行社业在全国范围内迅速发展起来。到 1988 年底，我国的旅行社猛增至 1 573 家，并由此彻底打破了我国旅行社寡头垄断的局面。1984 年以后，国旅、中旅和青旅接待人数占全国有组织接待人数的比例，由 1980 年的 80％降为 1988 年的 40％。

随着我国旅行社业的迅速发展，为加强行业管理，国务院于 1985 年颁布了《旅行社管理暂行条例》。这是我国旅行社行业的第一部管理法规。《旅行社管理暂行条例》将我国旅行社的性质确定为“依法设立并具有法人资格，从事招徕接待旅游者，组织旅游活动，实行独立核算的企业”。同时，《旅行社管理暂行条例》还按业务范围，将我国的旅行社划分为以下三类：

（1）经营对外招徕并接待外国人、华侨、港澳同胞、台湾同胞来中国，归国或回内地旅游业务的旅行社；

（2）不对外招徕，只经营接待第一类旅行社或其他涉外部门组织的外国人、华侨、港澳同胞、台湾同胞来中国、归国或回内地旅游业务的旅行社；

（3）经营中国公民国内旅游业务的旅行社。

根据这一标准划分，1989 年全国拥有一类旅行社 61 家、二类旅行社 834 家、三类旅行社 722 家。三类旅行社的出现和发展，是我国国内旅游业迅速发展的结果。根据国家旅游局提供的资料，1988 年，我国国内旅游已超过 3 亿人次，旅游支出达 187 亿元人民币。我国的国内旅游市场已初具规模，呈现良好的发展势头。

这个阶段旅行社的发展呈现三个明显的特征。首先，入境旅游人数和消费总额在整个 20 世纪 80 年代持续增长，在市场需求一路高歌的背景下旅游外联权力下放，从市场规模和制度环境两个方面推动旅行社产业供给规模的扩大；其次，《旅行社管理暂行条例》的颁布标志着政府开始将旅行社作为相对独立的经济行业实施有效的管理，旅行社作为旅游业重要组成部分的地位开始为人们所认识；最后，这一阶段国内旅游市场逐步形成，旅行社的业务由发展初期单一的国际入境旅游业务发展成为国际入境旅游业务与国内旅游业务并举。

（三）快速增长阶段（1990—1995 年）

1989 年由于内政外交的影响，我国年轻的旅游业受到了巨大的冲击，当年国际旅游入境人数比 1988 年减少 22.7％，旅游外汇收入减少 17.2％。这是我国旅游业自 1978 年以来出现的第一次负增长。在此情况下，我国旅行社经营者第一次强烈地意识到旅游产品的脆弱性和经营旅行社的风险性，我国旅行社的数量因此由 1989 年的 1 617 家减少为 1991 年的 1 561 家。但恰在此时，来自中国台湾和俄国的旅游者急剧增加，使我国旅游业在短短两年内就恢复到了 1988 年以前的水平。1991 年国际旅游入境人数和旅游外汇收入均超过历史最高水平。国家旅游局和国家民航局联合举办的“92 中国观光年”对我国旅游业的迅速恢复也起到了积极的作用。

在此期间，我国政府开始允许中国公民出国探亲和旅游，这是我国旅游业发展中的又一重大突破。中国内地成为仅次于中国香港、日本和中国台湾的亚洲第四大旅游客源产生地。尽管此间经旅行社组织的出境旅游人数所占比例只有30%左右，而且国家对出境旅游尚有许多政策限制，但我国的出境旅游市场已经开始形成，旅行社具有了更加广阔的客源市场，也改变了我国旅行社在国际旅游合作中的地位。过去我国的旅行社只能单方面要求客源产生地的旅行社输送客源，而现在我国的旅行社同样可以向他们的合作伙伴输送客源，极大地提高了我国旅行社在国际合作中的地位和影响力，有利于我国旅行社同客源地旅行社合作关系的巩固和发展。

在我国出境旅游崛起的同时，我国的国内旅游也保持了持续发展势头。三大业务市场的繁荣为我国旅行社业的进一步发展提供了更加广阔的天地。旅行社业以其较少的固定资产投资、解决人员就业、相对便利的市场准入等条件，吸纳社会各界的投入，迅速发展壮大起来。仅1992年一年，我国就新增旅行社千余家。截至1994年底，我国共有各类旅行社4 382家，其中一类社267家、二类社716家、三类社3 399家。一批在市场竞争中成长起来，并熟悉市场机制的旅行社群体成为中国旅行社的新型推动力量。1992年邓小平"南方谈话"以后，招商、康辉、铁旅三大网络成了旅行社业的后起之秀。全国总工会、总政、体委、文化部和妇联系统所办的职工、金桥、体育、文化、妇女国际旅行社形成了旅行社业第三层次的中坚力量。到20世纪90年代后期，产权制度改革效果比较突出的"上海春秋国旅"和广州"广之旅"走到了旅行社行业的潮头。

与上个阶段相比，这个时期我国旅行社发展呈现了新的特点：国内旅游的蓬勃兴起和逐步发育成熟，成为旅行社行业除入境旅游市场以外的另一个市场支点，为我国旅行社行业的规模扩张提供了广阔的空间；政策壁垒进一步降低，利润的驱使与行业本身投资少、见效快的特点，使旅行社行业成为投资热点，各种经济主体的旅行社企业在市场上参与角逐，市场集中度逐渐降低。一批在市场竞争中成长起来的旅行社，由于熟悉市场机制，成为中国旅行社行业的新兴推动力量。

（四）调整阶段（1996—2001年）

1997年7月1日，国务院批准的《中国公民自费出国旅游管理暂行办法》的发布和实施，标志着中国旅行社业所面临的旅游市场开始从入境和国内的二元市场转向出入境和国内游的三元市场。旅游市场的蓬勃发展，以及1996年《旅行社管理条例》对于投资主体性质的放宽，大大刺激了多种投资主体进入旅行社行业的热情，我国旅行社的数量迅速增长。市场主体快速增加的结果是直接导致了市场竞争趋向完全化，甚至过度竞争。在这种市场结构下，我国旅行社行业体现出行业集中度低、企业规模小、行业退出壁垒高、恶性价格竞争、市场秩序混乱和行业长期利润水平低下等特点。在此背景下，一系列法律法规相继出台，规范旅行社行业发展。

1. 质量保证金制度

我国旅行社行业蓬勃发展的同时也出现了许多问题，突出表现为市场秩序混乱。面对旅行社业发展中出现的问题和新兴的世界潮流，国家旅游局自 1995 年 1 月 1 日起，开始依照国际惯例实行旅行社质量保证金制度。其先后颁布并实施了《旅行社管理保证金暂行规定》《旅行社质量保证金暂行规定实施细则》《旅行社质量保证金赔偿暂行办法》《旅行社质量保证金赔偿试行标准》。根据《旅行社质量保证金暂行规定》，旅行社质量保证金是用于保障旅游者权益的专用款项，当出现以下四种情形而旅行社不承担或者无力承担赔偿责任时，此款项对旅游者进行赔偿。

1）旅行社因自身过错未达到合同约定的服务标准而造成旅游者的经济权益损失；

2）旅行社的服务未达到国家和行业规定的标准而造成旅游者的经济权益损失；

3）旅行社破产后造成的旅游者预交旅行费损失；

4）国家旅游局认定的其他情形。

旅行社质量保证金制度的实施标志着国家旅游局对旅行社实行行业管理的两个巨大转变：其一是适应国家旅游法制化管理的潮流，采取切实有效的措施保护旅游消费者的合法权益；其二是引导旅行社行业的发展，由单纯追求行业规模向追求企业素质转变，并希望通过这一转变改善旅行社行业混乱的市场秩序。旅行社质量保证金实施后，许多效益较差的中小旅行社无力承担规定数额的质量保证金，因而被迫退出经营。

2. 改革行业管理制度

中国旅游业的快速恢复和增长，高额利润的引诱与一二类社之间行使外联权的界限模糊问题使中国旅行社业面临着另一个难题。很多二类社看到外联社业务的高利润、高回报，在缺乏足够的商誉和能力的情况下，通过由当地一类社代办签证通知的方式获得了事实上的外联权。多头外联在某种程度上满足了当时各地方旺盛和日渐多元化的旅游需求，但是也带来了削价竞争、互相拆台、拖欠款等市场秩序混乱的问题。国务院于 1996 年 10 月颁布了《旅行社管理条例》，对我国旅行社又进行了重大调整：

1）对旅行社的分类进行调整。将我国旅行社按照经营的业务范围划分为国际旅行社和国内旅行社两种类型。国际旅行社的经营范围，包括入境旅游业务、出境旅游业务和国内旅游业务；国内旅行社经营范围限于国内旅游业务。

2）大幅度提高旅行社注册资本金额。根据新条例规定，国际旅行社注册资本不得少于 150 万元人民币，国内旅行社注册资本不得少于 30 万元人民币，此外，国际旅行社每增加一个分社应当增加注册资本 75 万元人民币，国内旅行社每增加一个分社应增加注册资本 10 万元人民币。

3）年接待十万人次以上的旅行社可以设立不具有法人资格的分社。

4）将旅行社质量保证金合法化。

5）赋予旅游行政管理部门行政处罚权。

3. 加强企业运营管理

不仅规范旅行社的市场经营和竞争行为，国家旅游局对旅行社的经营管理人员也做出相应规定。1997 年 5 月 8 日，国家旅游局发布了《旅行社经理资格认证管理规定》，要求旅行社在设立后的经营期间，其所聘用的持有国家旅游局颁发的资格证书的经理人员必须达到规定的数量，旅行社经理资格证书包括：国际旅行社总经理资格证书、国际旅行社部门经理资格证书、国内旅行社总经理资格证书、国内旅行社部门经理资格证书。该规定涉及旅行社经营管理人员的任职资格、培训与考核、监督与检查几个方面，对提高旅行社经营管理人员素质和企业信誉起到了积极的促进作用。

1999 年 5 月 14 日，国务院发布了《导游人员管理条例》，该条例对导游人员的范围进行了界定，对导游人员的入职资格、导游服务要求以及违规处罚做了规定。《导游人员管理条例》对规范导游活动，保障旅游者和导游人员的合法权益，促进旅游业的健康发展起了积极作用。

4. 实施外资开放策略

此外，为适应全国服务贸易自由化的趋势，在先期允许在国家旅游度假区内开办中外合资旅行社的基础上，国家旅游局和对外贸易经济合作部又于 1999 年 1 月联合发布了《中外合资旅行社试点暂行规定》，不再限定合资试点的地域范围，开始了我国旅行社市场开放的进程。同年，云南力天旅行社作为我国第一家合资旅行社宣告成立。

这个时期旅行社行业发展与市场竞争出现新的特点，首先，旅行社行业相关的法律法规密集出台，政府加强了对这一行业的监管，使我国旅行社业的市场运行基础更加完善。其次，随着国内旅游市场的兴起和产业投资管制的放松，一些非政府的投资机构开始进入这一领域，熟悉市场运营机制的民营旅行社很快占领行业潮头；市场违规成本加大，一系列的专项治理使得一部分违规经营的旅行社退出了市场，从而净化了产业运行环境，市场秩序逐渐向好的方面转化。

（五）全面开放竞争阶段（2002—2009 年）

在这一时期，旅游市场借助宏观面上的开放导向，正在强有力地推动旅行社产业的全面开放进程。

2001年，我国加入世界贸易组织，旅行事业呈现全面开放的态势。2003年，我国提前兑现了允许设立独资旅行社的承诺。2007年，我国又提前取消了对外商投资旅行社设立分支机构的限制，对外资旅行社的注册资本实行国民待遇，外资旅行社在中国落地生根。至2009年末，获得国家旅游局批准的外商投资旅行社共计38家，其中外商独资旅行社21家，外商控股合资旅行社8家，中方控股合资旅行社9家。2010年8月，国家旅游局和商务部联合发布《中外合资经营旅行社试点经营出境旅游业务监管暂行办法》，批准了中旅途易、国旅运通、交通公社新纪元三家旅行社经营出境游。2010年全国百强旅行社中，三家外资旅行社榜上有名。

电子商务技术在技术层面上向传统旅行社提出了前所未有的挑战，信息技术开始在旅行社被广泛应用。1997年至2009年，是我国在线旅行服务从萌芽走向成熟的发展阶段。1997年10月，全国首家旅游网站——华夏旅游网成立。同年，国家旅游局的中国旅游网、西安马可孛罗国际旅行社的英文网和桂林国旅的英文网开通。1999年，携程和艺龙相继成立，这两家公司的成立，标志着我国真正意义上的在线旅行服务业的开端。2003年至2009年是我国在线旅行服务业的快速成长期，一些如今已经在不同细分市场居于垄断地位的企业陆续成立，如2004年的同程、遨游和穷游；2005年的去哪儿、芒果网和悠哉网；2006年的酷讯、蚂蜂窝和途牛；2008年的驴妈妈和2009年的欣欣等。在线旅行服务业的成长极为迅速，至2009年，我国在线旅游渗透率已达4.8%，携程已名列我国旅游集团20强的第五位。面临市场环境的巨大变化，传统业态旅行社的优势受到严峻挑战，众多旅行社都在"线上线下""何去何从"的问题上思考着自身的生存与发展空间。

2009年，《旅行社条例》颁布，对旅行社的管理采用了"宽进严管"的思路，降低了旅行社的设立门槛。但同时对旅游行政管理部门的责任提出了具体要求，明确了旅游、工商、价格、商务、外汇等有关部门的职责，进一步扩大了旅行社的监督管理机构范围。

这一时期行业发展呈现扩大开放、深化改革和竞争加剧的特点。首先对外商投资主体，旅行社业的开放步伐正以前所未有的力度展开；其次在对外开放程度越来越高的同时，中国旅行社业也在积极地对内开放，政策门槛进一步降低。优胜劣汰的竞争机制作用呈现，行业兼并逐步增多，旅行社行业集中度提高，集团化趋势明显。

（六）旅行服务业转变阶段（2010年至今）

2010年以来，我国旅行社业面临的市场环境有两个突出变化：一是由散客化带来的消费模式的变化；二是以移动互联、云计算和大数据为代表的信息技术的发展带来的旅行社商业模式的变化。整个行业呈现出逐步向旅行服务业转变的趋势，具体表现为：①服务对象由“旅游者”向“旅行者”扩展，其服务的人群已经从以旅游为目的的旅游者扩大到出于任何动机出游的旅行者；②经营主体的范围扩大和多元化，旅行社业务的经营主体除传统业态旅行社外，还包括各类在线旅游企业、俱乐部、留学机构等；③业务范围从纯粹的旅游业务延伸至异地化生活服务。面对这一发展趋势，传统业态旅行社如何走出一条“传统优势＋现代技术＋品质建设”的创新发展之路，是一个值得深思的问题。

从管理体制角度来说，旅行社业向旅行服务业的转变，要求我国旅游监管部门以简政放权为核心，逐步从政府主导型管理转向政府引导型管理，更多地用法律、法规和产业政策为旅行社业的发展指明战略方向。通过产业政策、竞争政策和监管政策，营造公平、开放、透明的市场环境，形成职责明晰、积极作为、协调有力的长效工作机制和创新治理体系，最终促进我国旅行社业的健康持续发展。2013 年 4 月 25 日，十二届全国人大常委会第二次会议通过了《中华人民共和国旅游法》（以下简称《旅游法》），自 2013 年 10 月 1 日起实施。旅游法的出台为建立健全旅游市场规则提供了法律依据。《旅游法》按照市场经济和法治政府的要求，对政府公共服务和监管、行业组织自律、企业依法自主经营及旅游者守法都做出了较为明确的规定；坚持诚信经营、公平竞争原则，建立健全经营主体间的一系列规则。《旅游法》的出台实施将为进一步加强旅游监督管理，维护旅游者和旅游经营者合法权益，规范旅游市场秩序，提高旅游服务质量提供坚实的法律保证。在出台的《旅游法》中，主要涉及旅行社经营规范方面的有第四章“旅游经营”、第五章“旅游服务合同”、第九章“法律责任”，条款多达 45 条，约占《旅游法》总数的 40%。条款规定了旅行社企业要如何依法经营以及违反法律规定应承担的法律责任。

任务实施

1. 教师指导学生利用思维导图梳理思想和观点。学生每人绘制一幅思维导图，梳理中国旅行社行业产生和发展历程。内容包括：(1) 中国第一家旅行社行业的产生、发展历程、经营管理的理念与策略；(2) 中华人民共和国成立后旅行社行业的发展阶段，每一个阶段的背景和特点。形式要求：(1) 语言简洁；(2) 条理清晰。教师根据学生提交的作品进行指导和打分。

2. 分析中国第一家旅行社经营管理策略给我们的启示。

评分标准

序号	评分项目	分值	得分
1	内容的完整性	40 分	
2	语言的简洁性	20 分	
3	内容的条理性	20 分	
4	形式的创新性	10 分	

任务三　认识旅行社的本质及行业特点

学习目标

知识目标

1. 了解并掌握旅行社的主要业务；
2. 了解并掌握旅行社的主要职能；
3. 了解旅行社的行业特点。

能力目标

学会从行业角度分析旅行社企业。

素质目标

1. 提高专业素养；
2. 培养团队合作精神。

任务描述

了解了旅行社行业的前世今生，你的朋友对旅行社行业产生了浓厚的兴趣。可是他认为旅行社就是一个中介机构，并没有创造多少价值。以前人们选择通行旅行社出游是因为信息不对称，现在数据技术的发展解决了信息不对称的问题，人们利用手机就可以轻松搞定旅行中各种服务的预订，尤其在疫情期间，人们跟团旅游的意愿降低，旅行社还有存在的必要吗？你作为行业的专业人士，一定要用你的知识破除这些偏见。你决定使用思维导图梳理一下旅行社的性质、社会职能、经营内容和行业特点。并针对行业特点，分析一下行业存在的现象。

知识准备

一、旅行社的性质

旅行社是为人们旅行提供服务的专门机构，它在西方发达国家被认为是销售企业和服务性企业。国际官方旅游组织联盟（IUOTO）在其《现在和潜在销售渠道的研究》报告中认为旅游经营商是一种企业，它们在消费者提出要求之前，事先准备好旅游活动和度假地，组织旅行交流，预订旅游目的地的各类客房，安排多种游览娱乐活动，提供整套服务，并事先确定价格及出发和回归的时间，即准备好旅游产品，由自己下属的销售处或旅行代理商将产品销售给团体或个体消费者。而旅行代理商是服务性企业，它的职能是向公众提供有关旅行、住宿条件以及时间费用、服务项目等信息，并出售产品；受交通运输、饭店、餐馆及供应商的委托，以合同规定的价格向旅游者出售其产品，销售合同表明购买者和消费者是两相情愿的，旅行代理商只是起到中间人的作用；接受它所代表的供应商的酬劳，按售出旅游产品总金额一定比例提取佣金。

在我国国民经济行业分类中，旅行社被归为租赁和商务服务业中的旅行社及相关服务。指为社会各界提供商务、组团和散客旅游的服务，包括向顾客提供咨询、旅游计划和建议、日程安排、导游、食宿和交通等服务。从中外相关组织对旅行社的行业界定可以看出，旅行社具有以下性质：

（一）服务性

旅行社就是要最大限度为游客出行提供方便，这种方便体现在各个环节、各个细节中，从预订机票到住宿、餐饮、娱乐、景区，不需要游客自己在人山人海中排队，旅行社的工作人员都能给客人安排得舒适便捷。小到下雨送上雨伞，大到出现意外事故及时妥善处理，无不彰显旅行社“视顾客如上帝”的人文关爱。从某种意义上讲，旅行社就是服务，就是客人的出行管家，服务创造价值。服务工作管理到位，乃是旅行社形象塑造，无形资产增值的根本。

（二）代理性

旅行社是基于旅游的异地性和信息的不对称性而产生的，它是旅游中间商，在不改变产品特质的前提下丰富了产品的内涵，提高了产品的使用价值，并通过提供中介服务获取收益。旅行社犹如一座桥梁，将处于异地的旅游供应商和旅游者联系起来，按照游客的需求通过组合设计产品，实现旅游供应商旅游服务的销售，活跃旅游市场，繁荣旅游经济。旅行社本身的运作，主要是依托各类旅游吸引物和旅游供给设施，并设计旅游需求的全部内容来组织产品和创新产品，从而完成从资源到效益的转化。

（三）经营性

旅行社是自负盈亏、自主经营的企业，它必须不断地获取利润才能生存。因此旅行社要以市场需求为主导，进行产品的销售，完成从产品到商品的“惊人一跃”，实现从资源到效益的转化。经营是旅行社最基本的活动，是旅行社赖以生存和发展的第一职能。旅行社经营能力的高低以及经营效果的好坏，主要取决于其对市场需要及其变化能否正确认识与把握，企业内部优势是否得到充分发挥，以及企业内部条件与市场协调发展的程度。换句话说，即取决于旅行社适应市场能力的高低。

二、旅行社的职能

旅行社作为社会经济发展到一定阶段的产物，它在社会经济大舞台上承担了以下 5 大职能，这 5 大职能随着社会经济的发展呈现不同的形式。

（一）组合设计职能

旅行社首先调查旅游者需求，按照旅游者需要向饭店、旅游交通和其他旅游供应商采购旅游活动中所需要的各种服务项目，为达到旅游者的旅游目的，进行组装加工，并融入旅行社自身的服务内容，形成了独具特色的旅游产品，采用一次性报价的形式在市场上出售。就团体旅游而言，旅行社最终出售的是一个完整的产品而非组成旅游产品的零散部件，向旅游供应商采购的服务项目作为产品的“原材料”，旅行社作为“加工车间”，将零散的“原材料”组合设计，形成具有特殊意义和使用价值的旅游产品。它没有改变“原材料”的原貌，但组合设计的旅游产品不是原来服务项目的堆积，融入了旅行社工作人员的智慧和服务，提高了服务产品的附加价值。

（二）销售职能

旅行社被归属于商务服务业，销售是其基本的职能之一。从旅游者的角度来讲，旅游是一种跨区域的综合性活动，食、住、行、游、购、娱涉及众多的服务和环节，如果没有旅行社，旅游者需要与提供各项旅游服务的供应商打交道，意味着在信息不对称的情况下，旅游者要从海量的旅游服务中进行挑选和组合，必然是一个不小的挑战。而旅行社可以依据掌握的旅游供应商信息和专业旅行技能，帮助挑选，大大节约旅游者的精力和时间，提高旅游者的旅游体验。从旅游供应商的角度来讲，旅游生产与消费的同步性以及旅游消费者的异地性和分散性，不借助任何中间组织，将产品直接销售给旅游者，意味着和每一个旅游消费者个体打交道，销售工作将变得十分复杂和繁重。旅行社作为重要的销售渠道介入旅游供应商的销售活动中，旅游供应商只需要与少数旅行社打交道就可以完成销售任务，大大提高了销售效率。

（三）组织协调职能

旅行社是为旅游者在旅游过程中提供服务的专门机构，帮助旅游者完成旅游活动并获得较好的旅游体验。旅游者的旅游活动涉及食、住、行、游、购、娱各个方面，并且需要在预定的时间内完成旅行计划，不断地转换空间和服务商。旅行社要保障旅游活动的顺利进行，就离不开旅游业各部门和其他相关行业的合作和支持。旅游业各部门之间以及旅游业与其他行业之间因为面对同样的旅游消费者暂时形成一种相互依存、互利互惠的合作关系，但彼此之间是相互独立运营的个体。旅行社作为旅游活动的组织者，并不具备对其他部门的管辖指挥权，因此旅行社要确保旅游者旅游活动顺利进行就必须进行大量的组织协调工作，在确保合作各方实现各自利益的前提下协同旅游业各有关部门和其他相关行业，保障旅游者在旅游过程中各环节的衔接与落实。因此，组织协调就成为旅行社的基本职能。

（四）分配职能

旅行社提供的产品一般为包价产品，将旅游者在旅游过程中所需要的食、住、行、游、购、娱相关服务组合成不同的包价产品包，旅游者采用一次性预付全部或部分费用。旅游活动开始后，旅行社要根据旅游者的要求，在不同的旅游服务项目之间，合理分配旅游者的支出，以最大限度满足旅游者的需要，而且还要在旅游活动结束后根据接待过程中各相关部门提供服务的数量和质量合理分配旅游收入，这就是旅行社的分配职能。

（五）提供信息职能

旅游活动是一项复杂的综合性活动，在旅游者对旅游目的地知之不多，甚至一无所知的情况下广泛搜集相关旅游信息，办理各种烦琐的旅游手续，特别是当旅游者所需要的不仅是本国或本地区的个别旅游项目，而是一种跨国度、综合性旅游产品时，这种状况无疑会在一定程度上扼杀旅游者外出旅游的需求。社会生产的社会化分工，确实需要这样一种组织，它专门从事旅游产品的组装和加工，并广泛存储各种有效信息以满足旅游者对旅游产品信息的广泛需求，方便旅游者购买产品。旅行社恰好适应了这种社会需求，承担起沟通买卖双方的任务，使旅游产品更加顺利地进入消费领域。一方面，旅行社在为游客提供服务的过程中，及时、准确、全面地将旅游目的地各相关部门最新发展的变化，传递到旅游市场和旅游者。另一方面，旅行社作为旅游供应商相关产品的重要销售渠道，始终处于旅游市场最前沿，熟知旅游者的需求变化和市场动态，这些信息若能及时提供给各相关部门，将对他们的经营管理具有指导意义，而相关部门进行的改善和服务质量的提高，也有利于旅行社自身的发展。

三、旅行社的业务

（一）旅行社业务产生的原因

旅行社是为旅游者出游提供服务的组织，需要了解旅游者整个消费过程，针对过程中旅游者的需要提供个性化的服务。旅游者的消费从产生外出旅游的愿望开始，如何激发旅游者的消费动机是旅行社提供服务的第一步。旅行社要考察旅游者旅游动机是如何产生的，驱动因素是什么，以便激发旅游者进行旅游消费的热情，并据此进行产品设计和促销活动。旅游者在产生外出旅游的想法之后，会考虑去哪里、消费哪些内容和预算。旅游消费属于弹性消费，特别是对于支出较大的旅游消费，消费者一般经过一段时间思考和多方对比才能做出决定，为此，他们需要搜集和分析大量的旅游资料和产品信息，这时旅行社应关注旅游消费者查询资料和信息的方式、途径和习惯，将合适的信息推送给有需要的旅游者，以便减轻旅游者的搜索时间和精力，这一点在可以便捷获取海量信息的现代社会显得尤为重要。尽管游客通过网络获取信息非常方便，但获取的信息呈现碎片化，真伪难辨，似是而非，因此旅游消费者希望获得专业而肯定的解答。这时旅行社的工作是向旅游者提供准确的出行和消费信息，并针对消费者的个性化需求，向其推荐最佳的出游线路。消费者在做出购买决定时，旅行社有义务向消费者讲清楚一些注意事项，帮助消费者签订旅游合同和结清相关款项。之后，旅行社根据旅游合同约定的内容，向旅游供应商采购零散的服务和产品，落实旅游交通和线路节点服务的各个环节。旅游者开始外出旅游，即旅游消费开始进行，旅行社根据签订的合同，为旅游者提供接待或联络服务。旅游者旅游结束返回自己的家园，旅行社的销售收入才可以落袋为安。但是旅行社的工作并未结束，售后服务是旅行社业务的重要组成部分，包括处理旅游者旅游过程中出现的一些问题，与旅游者售后的联系和推销，把老客户变为忠诚的客户，实现旅游产品的多次销售。

（二）旅行社的基本业务

围绕着旅游者购买和消费的整个过程，旅行社在合理分工的基础上，形成了面向消费市场的一线经营业务以及为一线提供服务和支持的二线业务。

1. 旅行社一线经营业务

（1）旅游产品策划与市场推广。主要业务是进行旅行社市场细分与定位管理、品牌管理、旅游产品策划、市场推广活动策划等。

（2）旅游服务项目开发。由于旅行社经营的产品大都具有很强的综合性，涉及旅游者在旅游过程中食、住、行、游、购、娱的各个环节，加之其中绝大多数服务项目都不是旅行社自身能够提供的，因此旅行社在产品开发过程中必须与航空公司、饭店等旅游服务供应商保持密切的合作关系。旅游服务项目开发主要是完成这方面的工作，业务内容包括定制采购计划、采购调查、采购过程管理、维护采购关系、采购成本管理等。

（3）旅行社产品销售管理。主要业务包括旅游市场信息收集、旅行社产品销售、管理客户关系等。

（4）旅游业务调度。主要业务包括客户接待、制定和安排接待计划、协调与旅游服务提供商的关系、办理签证及相关旅游手续、预订管理、信息收集与资料统计等。

（5）旅游门市接待服务。主要业务旅游产品展示、旅游咨询服务、旅游产品销售等。

（6）导游服务。主要业务包括地陪、全陪、出境领队服务等。

（7）电子商务管理。主要业务包括网络管理、网站内容管理、交易服务管理等。

（8）客户服务管理。主要业务包括旅游质量管理、旅游投诉处理等。

2. 旅行社二线经营业务

（1）人力资源管理。主要业务包括人力资源管理制度建设、人力资源规划、员工招聘、员工日常管理、员工培训、绩效考核、薪酬与福利管理等。

（2）行政事务管理。主要业务包括内部协调沟通事务、接待活动、会议的组织管理、安全保障管理、后勤保障管理、文书档案管理、行政费用控制、财产物资管理等。

（3）财务管理。主要业务包括财务预算管理、融资管理、日常会计核算管理、财务分析管理、财务监督管理、税务管理、财务审计等。

四、旅行社的行业特点

（一）资金投入少

旅行社是旅游中间商，是通过提供中介服务获取收益的企业。作为企业，旅行社出售的产品，无论是单项的还是综合的，都是一种服务产品，该产品的无形性决定了旅行社的全部生产活动都表现为人的劳务活动，它无须借助于耗资巨大的机器设备来完成。因此，旅行社常被人们视作较为典型的劳动密集型企业。事实上，旅行社除了必要的营业场所、办公设施和通信设备外，其经营几乎不需要有更多的固定资产。与一般商贸企业相比，旅行社对流动资金的需求量也是有限的，尤其是作为组团社的旅行社，在经营中它依照“先付款后接待”的惯例，在招徕客源时可以暂时拥有一笔数量可观的流动资金，大大减少了旅行社的自筹资金。即便旅行社业务以接待为主，其经营资金也为垫付资金。因此，旅行社经营所需投资较少。而这一特点给我国旅行社经营活动带来三方面不利影响：

(1) 由于资金投入较少，因此新进入者面临的行业壁垒较低，若政府不加以控制数量，旅行社在数量上迅速增长，容易形成更为激烈的市场竞争。

(2) 由于资金投入较少，因此企业经营基础薄弱，在市场竞争激烈或企业资金周转发生困难时，旅行社容易出现亏损甚至破产，企业行为普遍短期化，投机性较强。

(3) 由于资金占有数量较小，因此多数旅行社难以获得较高的商业信用，而结算手段的落后又为相互拖欠款提供了可能，由此导致的流动资金周转速度缓慢，势必使旅行社的经济效益受到影响。

(二) 依附性较强

旅行社经营的依附性主要体现在两个方面：一方面是客源市场的依附，尤其是国际旅行社必须依靠客源地的旅行社为其提供客源。没有一个由一批分布合理、数量充足、关系稳固的异地旅行社组成的销售网络，旅行社的自下而上是难以想象的。另一方面是服务市场的依附，旅行社必须依靠当地众多的其他旅游企业为其提供各种相关服务。旅行社必须与各旅游企业进行广泛联络，以建立起一个完善的旅游服务供给网络，从而获得经营所需的各项服务。

旅行社对客源市场与服务市场的严重依赖，决定了其经营活动的重心之一就是要积极主动、千方百计地与相关企业建立长期可行的相互协作与信任的关系。在部分经营管理不善的旅行社中，这种企业之间的业务协作关系常常被个别具体经营人员的个人关系代替，从而导致公司行为个人化。因此，旅行社作为信用程度不高的企业，如何与自己必须依靠的相关企业，其中也包括一些信用程度同样不高的异地旅行社建立长期和稳定的协作关系，是摆在旅行社经营管理者面前的重要课题。

(三) 无形资产要求高

无形资产主要是指一个企业所拥有的良好声誉与信用。旅行社是服务性中介机构。有人说旅行社是出售“承诺”或让旅游者购买“梦想”的企业。旅游者外出旅游，购买具有不可感知特性的旅游产品，之所以选择旅行社，除了购买的方便之外，更重要的原因在于旅游者对旅行社中间商的信任，而这种信任通常基于对旅行社已有的声誉与信用等无形资产的良好评价。可见，无形资产对任何一个旅行社的经营都是非常重要的，旅行社的生存需要它，旅行社的发展更离不开它。从某种意义上讲，在既无雄厚资金实力，又无自己独特产品的条件下，旅行社要在激烈的市场竞争中取胜并立于不败之地，唯一依靠的就是企业自身的无形资产，依靠的是企业经过自身努力树立起来的良好声誉与信用。

（四）风险较大

旅行社业务的一个显著特点是客源与效益的不稳定，这增加了旅行社经营的难度与风险，而这种经营风险又是由旅游市场特殊的供求关系决定的。

从供给方面看，由于旅行社自己几乎不生产什么，旅行社的供给能力受制于各个旅游生产者的生产能力。从需求方面看，整个旅游市场的需求波动较大。其中，既有颇具规律的周期性淡、旺季变化，又有随机性较强的个别旅游者需求的变化。除此之外，国际局势的稳定与动荡、各国经济的繁荣与萧条、汇率的上升与下降等也都会对旅游需求造成突发性的影响。这些变化使得旅行社总处于旅游服务供求不平衡的状态之中。如何在这种状态中保持企业经营的相对稳定并做到处变不惊，是旅行社经营管理所面临的巨大挑战。事实证明，理智地正视现实，积极地应对挑战，适时地调整战略，是旅行社降低经营风险的有效途径。

任务实施

1. 教师指导学生利用思维导图梳理思想和观点。学生每人绘制一幅思维导图，梳理旅行社的性质与行业特点。内容包括：(1) 旅行社的性质；(2) 旅行社的社会职能；(3) 旅行社的工作内容；(4) 旅行社的行业特点。形式要求：(1) 语言简洁；(2) 条理清晰。老师根据学生提交的作品进行指导和打分。

2. 分析一下某些旅行社行业现状的本质原因。

评分标准

序号	评分项目	分值	得分
1	内容的完整性	50 分	
2	语言的简洁性	20 分	
3	内容的条理性	20 分	
4	形式的创新性	10 分	

任务四 预测中国旅行社行业的发展趋势

学习目标

知识目标

1. 了解中国旅行社的发展现状；

2. 熟悉中国旅行社未来的发展趋势。

能力目标

具有分析旅行社发展现状和预测未来趋势的能力。

素质目标

1. 提高旅行社专业素养；

2. 树立数字化运营的意识。

任务描述

你的朋友对旅行社的产生和发展了解清楚了，可是新的疑惑又产生了，疫情下旅游产业和旅行社行业都遭受了重创，现在这个行业变成什么样了？未来它又会走向何方呢？继续利用思维导图这个工具，帮你的朋友消除他的疑惑。书上的观点你是否都赞同呢？如果你有不同的看法，一并反映在思维导图上。

知识准备

旅游活动发展成为旅游经济是社会经济发展到一定阶段的产物，是以商品经济发展为基础的。19 世纪中叶，旅行社相继在英国、美国和欧洲兴起，将旅游活动中的需求与供给推上了完全商品交换的新阶段，即旅游经济的产生，以后处于缓慢的发展过程中。直到 20 世纪 60 年代后，旅游经济才进入高速增长时期。新世纪更为旅游经济的发展创造了广阔的空间。在我国，政治社会与旅游经济的发展将旅行社产业推向一个新的阶段。

一、中国旅游产业发展现状与趋势

受新冠疫情的影响，2021 年旅游入境市场和出境市场大幅度萎缩，国内旅游占据绝大部分市场份额。据文化和旅游部统计，2021 年，国内旅游总人次 32.46 亿，同比增长 12.8%。国内旅游收入（旅游总消费）2.92 万亿元，同比增长 31.0%。

疫情前，2015—2019 年国内旅游人次稳步增长，复合增长率为 10.71%，呈现出欣欣向荣的景象。2020 年受到新冠肺炎疫情限制，旅游总人次下降，同比减少 52.1%，2021 年回升，同比增长 12.8%，恢复至疫情前的 54.05%。

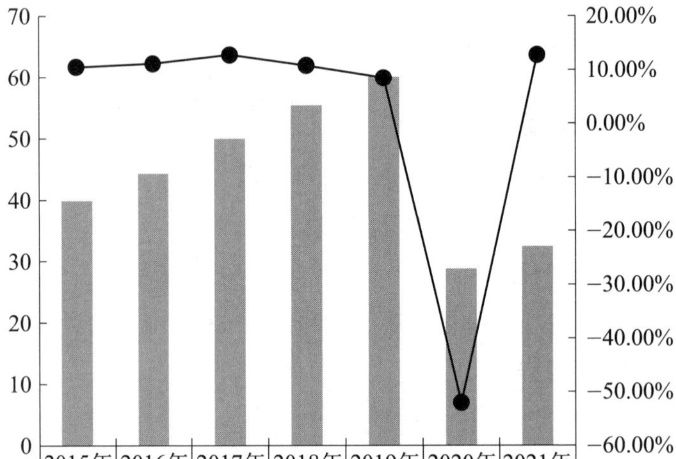

	2015年	2016年	2017年	2018年	2019年	2020年	2021年
旅游总人次（亿人次）	39.9	44.35	50.01	55.39	60.06	28.79	32.46
增长率（100%）	10.50%	11.15%	12.76%	10.76%	8.43%	−52.06%	12.75%

图 0－3　2015—2021 年旅游总人次

从旅游总收入上来看，疫情前，2015—2019 年国内旅游总收入的增长速度超过了旅游总人次，复合增长率为 13.77%，表明人均旅游消费增加，旅游消费水平提升，高品质旅游受到更多人的青睐。2020 年受新冠疫情的影响，旅游总收入下降 61.08%，高于旅游总人次的下降幅度，原因在于出境旅游市场萎缩。2021 年较 2020 年增加 0.69 万亿元，同比增长 31%，恢复到 2019 年的 51%。

新冠疫情阻断了我国旅游产业的发展历程，有三大特征越来越明显：

1. 旅游需求与供给更加多元化

旅游已不再是某个年龄或某个阶层的独有的活动，它越来越成为国民大众的刚需，越来越多的人对旅游表现出浓厚的兴趣，既有一二线城市的渗透度优势依然明显，也有三四线城市与农村旅游消费的快速增长。国民大众既有对大众旅游品质化的需求，也有多样性的需求。跟团观光游群体仍有较大的市场规模，自驾游、休闲游、乡村游、研学游、养生游等旅游形式也被更多的人追崇。旅游目的地全域化，既有主流景区人潮汹涌，也有网红打卡地吸引众多粉丝。旅游餐饮各具特色，住宿产品也更加丰富，从快捷酒店、精品酒店、主题酒店到精品民宿，满足不同需求。

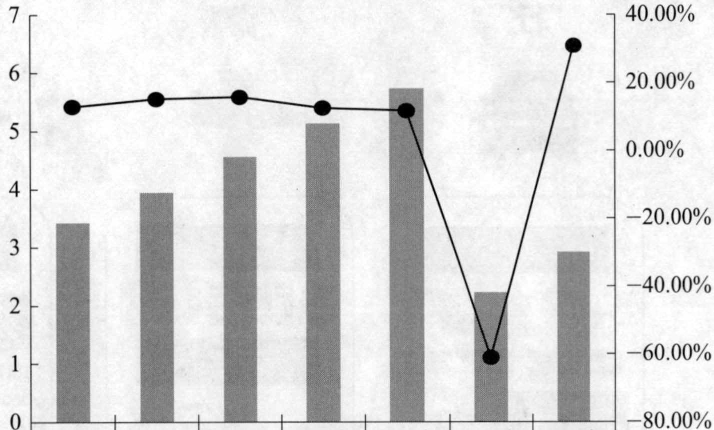

	2015年	2016年	2017年	2018年	2019年	2020年	2021年
旅游总收入（万亿元）	3.42	3.94	4.56	5.13	5.73	2.23	2.92
增长率（100%）	12.87%	15.20%	15.74%	12.50%	11.70%	−61.08%	30.94%

图 0－4　2015—2021 年旅游总收入

适应人们旅游需求的新变化新要求，实现高质量发展将是文旅产业的重要趋势。

2. 数字技术推动文旅产业变革

2021 年是我国国民经济和社会发展第十四个五年规划纲要的开局之年，根据规划，文旅行业的工作重点是完善现代旅游业体系，发展大众旅游、智慧旅游。这也意味着文旅行业在数字化转型上，将迎来更多的红利释放和发展机遇。5G、大数据、云计算、人工智能、虚拟现实、增强现实等新一代数字技术，正广泛应用于文旅行业的数字基建、内容消费、产品创新、综合治理等各个方面，抖音、小红书等新媒体平台成为大众接受旅游信息的渠道之一，在线预订、刷脸入园、电子支付成为民众的文旅消费习惯…… 数字技术正在深刻变革文旅行业。

延伸阅读

旅游产业链与发展环境（PEST）及趋势分析

一、旅游产业链

旅游产业链可用“行”“游”“住”三个词概括。旅游产业链涉及细分行业范围较大，包括消费者服务、交通运输等相关行业。其中，“行”即代表与出行相关的产业，主要涉及公路、铁路、航空等交通运输业。“游”即代表与居民旅游直接相关的服务，主要涉及旅游景区或景点，以及为景区提供配套运营、文化宣传等相关服务的企业。“住”即代表与居民旅游过程中所需的食宿服务，涵盖酒店、餐饮等相关企业。

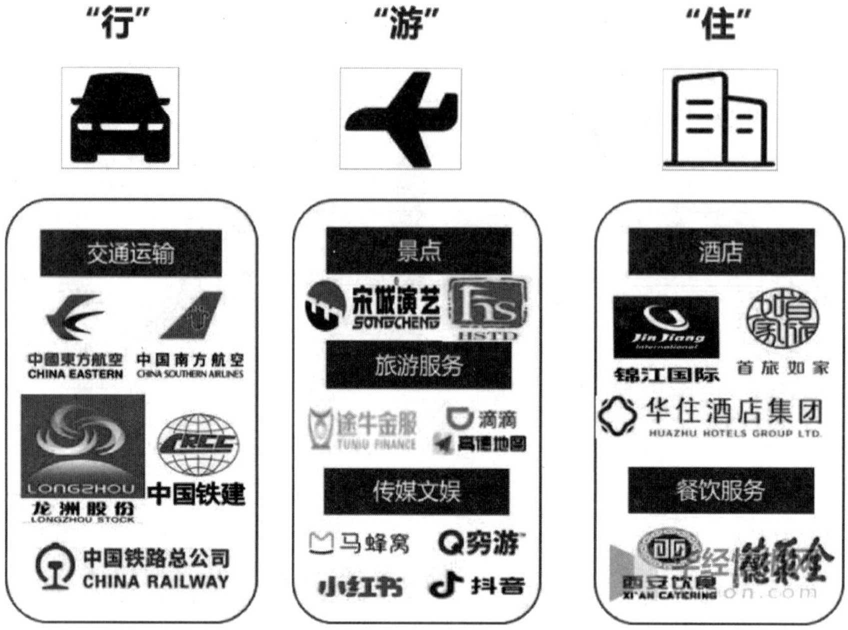

图 0－5　旅游产业链示意图

二、旅游行业发展环境（PEST）分析

（一）经济

中国 2020 年 GDP 首次突破 100 万亿元大关。2021 年虽然受到疫情、汛情等因素冲击，面临需求收缩、供给冲击、预期转弱三重压力，但中国经济展现了强大的韧性，GDP 总量达 1 143 670 亿元，比上年增长 8.1%。旅游业作为第三产业的主要支柱行业，是国民经济的重要组成部分，2020 年后主要受疫情限制，旅游收入大幅下降，占 GDP 的比重也随之下滑，2021 年国内旅游收入占 GDP 的比重为 2.55%。

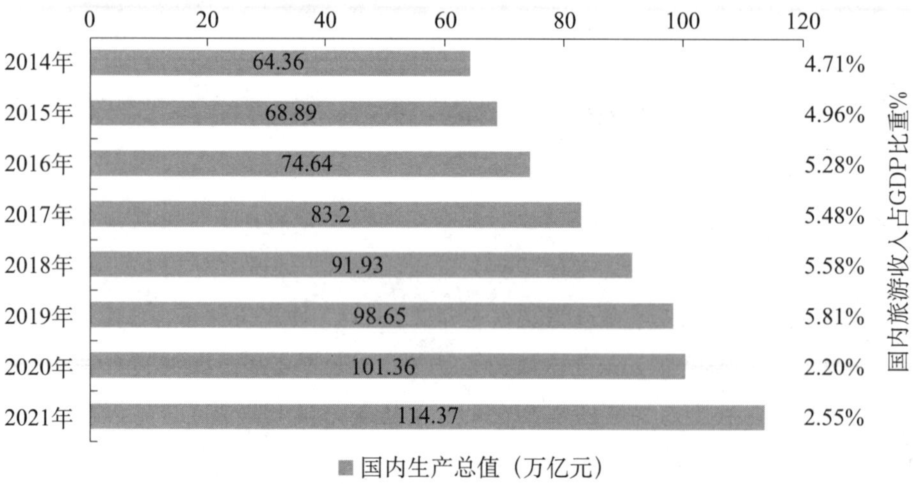

图 0－6　2014—2021 年国内生产总值及国内旅游收入占比

2012—2021 年，全国居民人均可支配收入从 16 510 元增长至 35 128 元，期间年均复合增速为 8.75%。根据马斯洛的需求层次理论，当人们的生活水平达到一定程度时，他们会将自己的收入投入满足更高层次需求的领域，作为满足人们目前需求的旅游业，无疑具有广阔的发展空间。

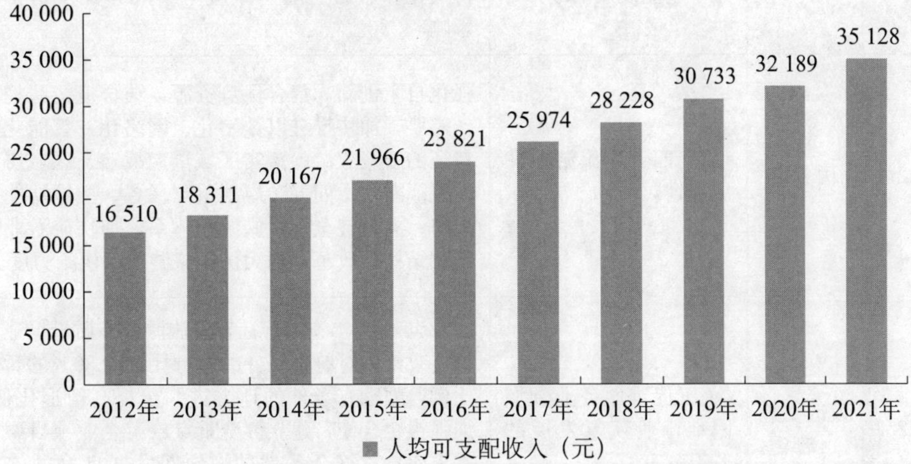

图 0-7 2012—2021 年中国居民人均可支配收入变化情况

（二）行业政策

行业发展规划框架下，旅游行业的具体支持政策逐步细化落地。2022 年 2 月，发改委等十四部门联合发布《关于促进服务业领域困难行业恢复发展的若干意见》，提出包括服务行业普惠性纾困措施（10 条）、餐饮业、旅游业等具体行业纾困措施（共 33 条）以及相应的配套疫情防控措施和保障措施。2022 年 3 月，文化和旅游部发布《关于抓好促进旅游业恢复发展纾困扶持政策贯彻落实工作的通知》，落实包括减税降费、旅游服务质量保证金扶持等具体举措。2022 年 4 月，文化和旅游部办公厅进一步发布《关于调整暂退旅游服务质量保证金相关政策的通知》，提出旅行社可全额暂退保证金或暂缓缴纳，并对补足保证金期限延长。文化和旅游部等多部委对行业扶持政策逐步细化落地，切实解决行业公司发展困难，保障旅游行业的有序恢复和良好发展。

表 0-1　　2021—2022 年出台的刺激旅游市场发展相关政策

时间	发布单位	政策名称	政策内容及影响
2021.7	文化和旅游部	《“十四五”文化和旅游市场发展规划》	到 2025 年文化和旅游市场监管机制进一步完善，市场主体活力进一步增强，服务质量进一步提升，市场治理能力进一步提高，文化市场综合执法改革深入推进，综合执法效能进一步增强，高标准现代文化和旅游市场体系基本建成

续前表

时间	发布单位	政策名称	政策内容及影响
2021.9	文化和旅游部	《关于进一步加强政策宣传落实支持文化和旅游企业发展的通知》	要求各地文旅系统扎实做好"六稳"工作、全面落实"六保"任务，着力打通政策落实"最后一公里"，切实发挥纾困惠企政策的积极作用，支持文化和旅游企业有效应对新冠肺炎疫情持续影响
2022.1	国务院	《"十四五"旅游业发展规划》	强化自主创新，集合优势资源，结合疫情防控工作需要，加快推进以数字化、网络化、智能化为特征的智慧旅游；落实区域重大战略、区域协调发展战略"十四五"规划重点任务、主体功能区战略；立足健全现代旅游业体系，加快旅游业供给侧结构性改革，加大优质旅游产品供给力度
2022.2	发改委等14部委	《关于促进服务业领域困难行业恢复发展的若干政策》	2022年继续实施旅行社暂退旅游服务质量保证金扶持政策，对符合条件的旅行社维持80%的暂退比例，鼓励有条件的地方进一步提高暂退比例；加强银企合作，建立健全重点旅游企业项目融资需求库；对符合条件的、预期发展良好的旅行社、旅游演艺等领域中小微企业加大普惠金融支持力度等
2022.3	文化和旅游部	《关于抓好促进旅游业恢复发展纾困扶持政策贯彻落实工作的通知》	做好普惠性减税降费政策在旅游业领域的落地服务；推动普惠金融政策在旅游业领域加快落实；落实阶段性缓缴失业保险费和工伤保险费政策"免申即享"；用好旅游服务质量保证金扶持政策；认真落实严格、科学、精准的疫情防控措施等
2022.4	文化和旅游部	《关于进一步调整暂退旅游服务质量保证金相关政策的通知》	支持旅行社行业纾困发展，旅行社可全额暂退保证金或暂缓交纳，补足保证金期限延至2023年3月31日

（三）社会环境

1. 人口

我国人口众多，中老年人口占据较大比重，他们大多有稳定的收入，有充足的时间，同时又希望去了解外面的世界。青年人是我国旅游市场的主力军，他们对旅游有着旺盛的需求。据国家统计局数据显示，2021年末全国人口总数为141 260万人，其中，0～15岁人口26 302万人，占人口总数的18.6%；16～59岁的人口数量为88 222万人，占比62.5%；60周岁及以上人口为26 736万人，占比18.9%。

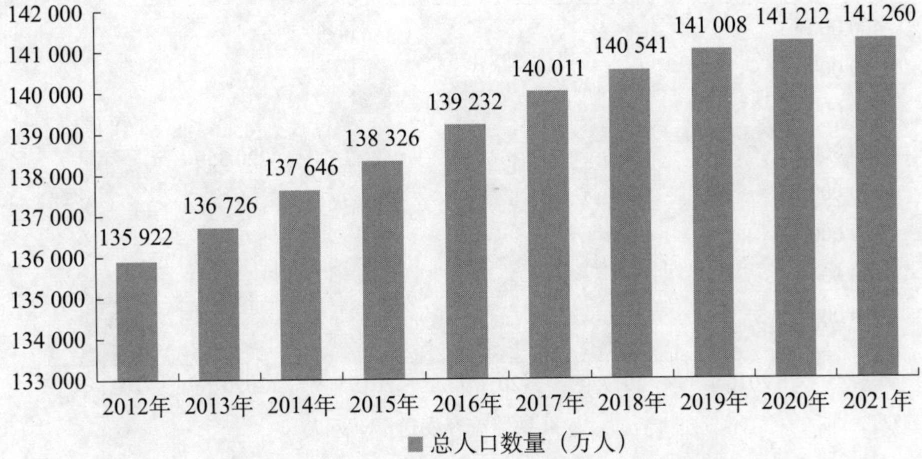

图 0-8 2012—2021 年末中国总人口数量变化趋势图

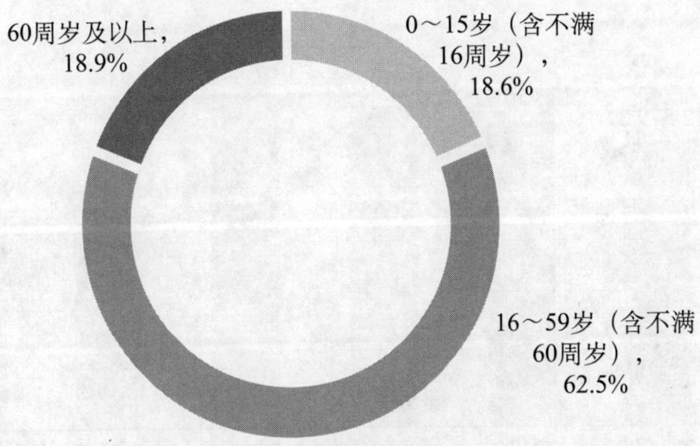

图 0-9 2021 年末中国人口年龄结构

2. 交通运输

交通是旅游业的重要组成部分，是旅游完成的充要条件。交通作为旅游通道的物质主体，是连接旅游目的地和旅游客源地的重要纽带，是旅客往返旅游目的地的途径，是完成旅游的必不可少的重要环节。

(1) 铁路。

据交通运输部数据，全国铁路旅客发送量完成 26.12 亿人，比上年增加 4.08 亿人，增长 18.5%。其中，国家铁路 25.33 亿人，比上年增长 16.9%。全国铁路旅客周转量完成 9 567.81 亿人公里，比上年增加 1 301.62 亿人公里，增长 15.7%。其中，国家铁路 9 559.09 亿人公里，比上年增长 15.8%。

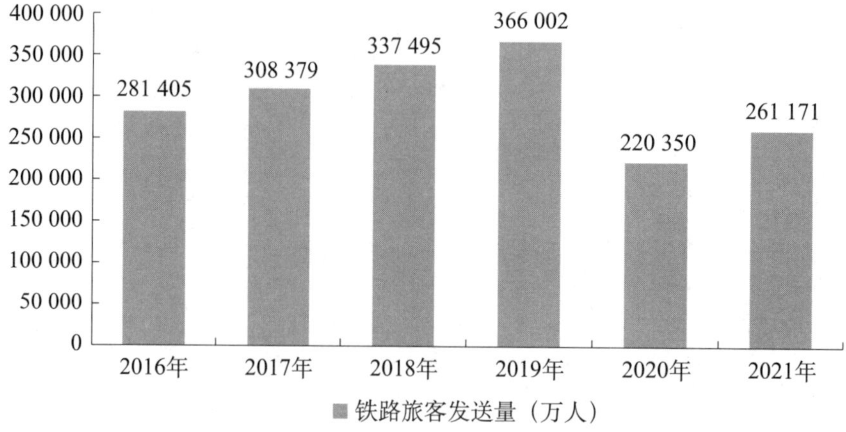

图 0-10　2016—2021 年全国铁路旅客发送量变化情况

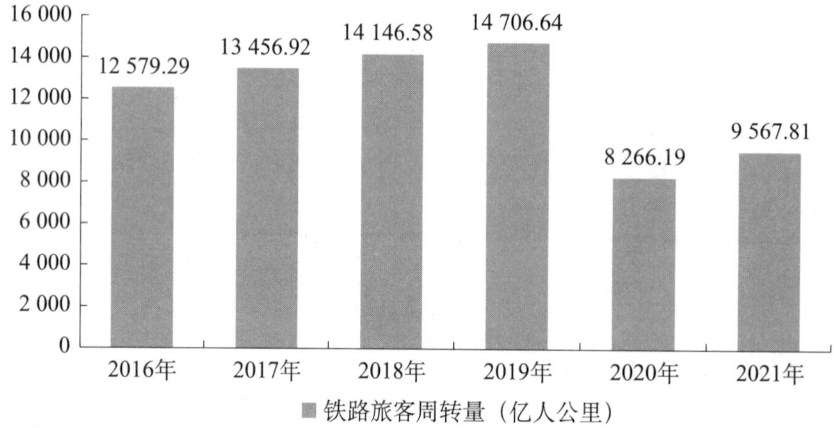

图 0-11　2016—2021 年全国铁路旅客周转量变化情况

（2）公路。

公路运输是物流运输行业中的重要组成部分，我国已成世界第一大公路运输市场。受高铁分流客源、私家车普及等因素影响，近年来，我国公路客运量及旅客周转量迅速下滑，2019 年中国公路客运量为 130 亿人，旅客周转量为 8 857.08 亿人公里，受疫情影响，2020 年全国公路客运量下降至 68.9 亿人，同比下降 47.02%，公路旅客周转量 4 641 亿人公里，同比下降 47.6%。2021 年全年中国公路运输旅客周转量为 3 627.5 亿人公里，同比下降 21.8%；客运量减少至 50.9 亿人次，同比下降 26.2%。

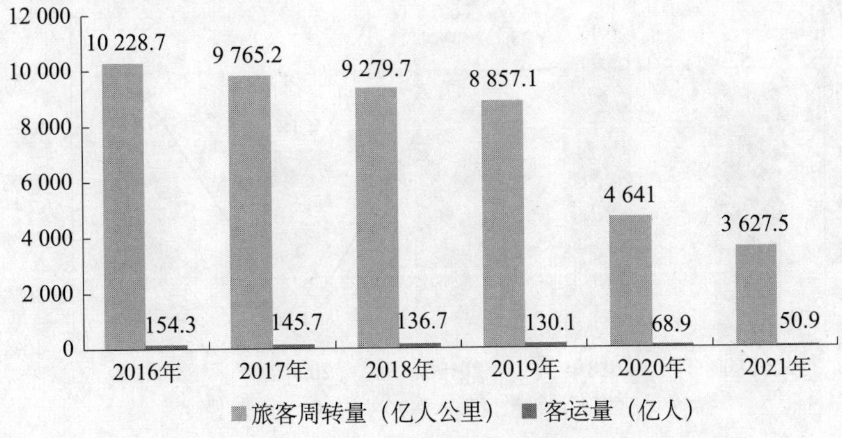

图 0-12 2016—2021 年中国公路旅客运输变化情况

(3) 民航。

2021 年，全行业完成旅客周转量 6 529.68 亿人公里，比上年增长 3.5%。国内航线完成旅客周转量 6 439.12 亿人公里，比上年增长 9.7%，其中，港澳台航线完成 8.19 亿人公里，比上年下降 36.1%；国际航线完成旅客周转量 90.56 亿人公里，比上年下降 79.5%。

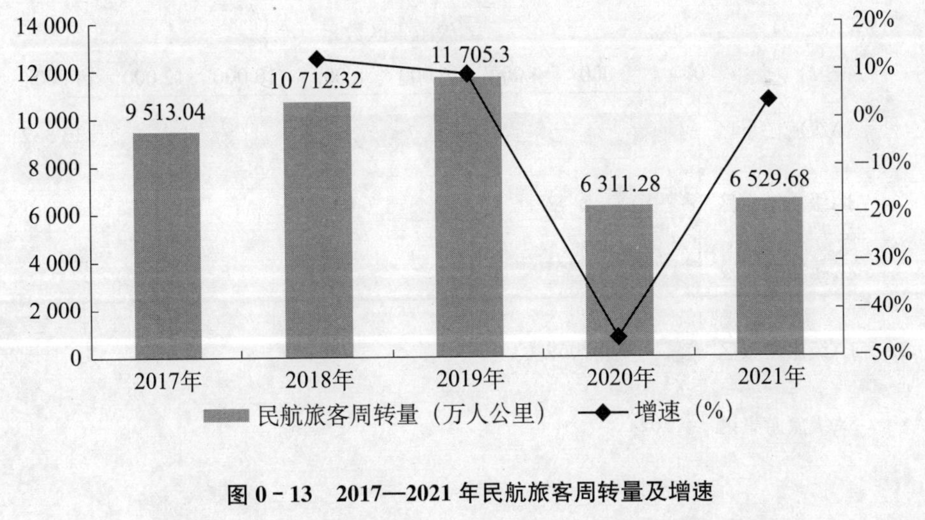

图 0-13 2017—2021 年民航旅客周转量及增速

2021 年，全行业完成旅客运输量 44 055.74 万人次，比上年增长 5.5%。国内航线完成旅客运输量 43 908.02 万人次，比上年增长 7.6%，其中，港澳台航线完成 59.25 万人次，比上年下降 38.4%；国际航线完成旅客运输量 147.72 万人次，比上年下降 84.6%。

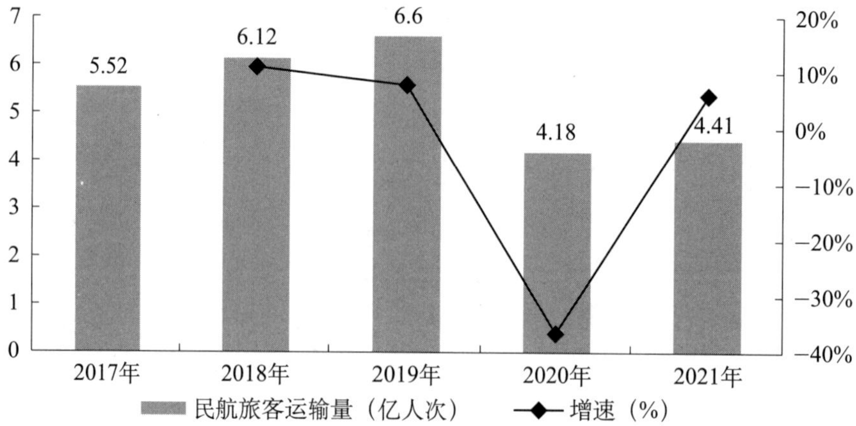

图 0－14　2017—2021 年民航旅客运输量及增速

3. 旅游景区

旅游景区是指以旅游及其相关活动为主要功能或主要功能之一的区域场所，能够满足游客参观游览、休闲度假、康乐健身等旅游需求，具备相应的旅游设施并提供相应的旅游服务的独立管理区。截至 2020 年末，全国共有 A 级旅游景区 13 332 个，其中 5A 级旅游景 302 个，4A 级旅游景 4 030 个，3A 级旅游景区 6 931 个，2A、1A 级景区合计 2 069 个。

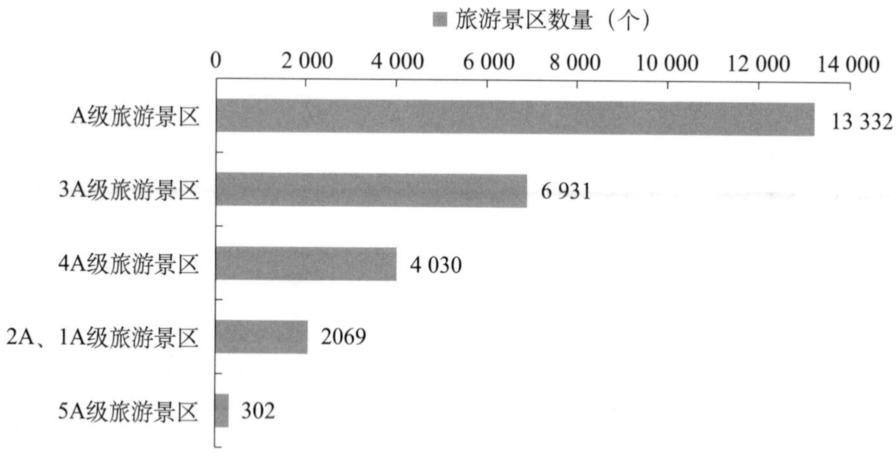

图 0－15　2020 年中国 1A～5A 旅游景区数量统计情况

2020 年全国共有 5A 级旅游景区 302 个，其中江苏省排名首位，拥有 24 个 5A 级旅游景区；其次为浙江省，5A 级旅游景区为 18 个；再是河南省及广东省，凭借 14 个 5A 级旅游景区数量并列第三。

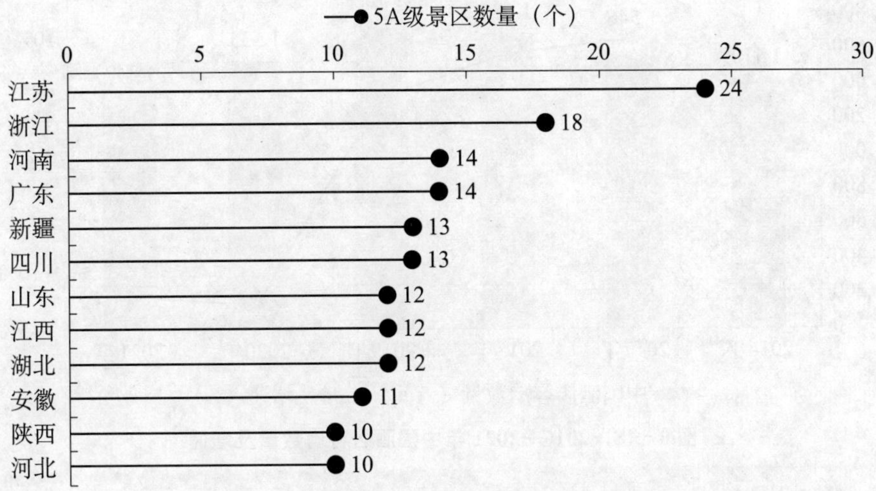

图 0-16　2020 年中国各地区 5A 级景区分布情况

4. 酒店

旅游业与酒店业息息相关，旅游业不仅能创造可观的经济效益，更由于其社会效益十分显著，带动了酒店业的发展。疫情对酒店经营冲击较大，行业供给深度出清，其中以抗风险能力弱的非连锁单体、中小规模酒店为主。2020—2021 年国内酒店存量下滑，2021 年我国酒店数量达 25.2 万家，同比减少 9.68%。

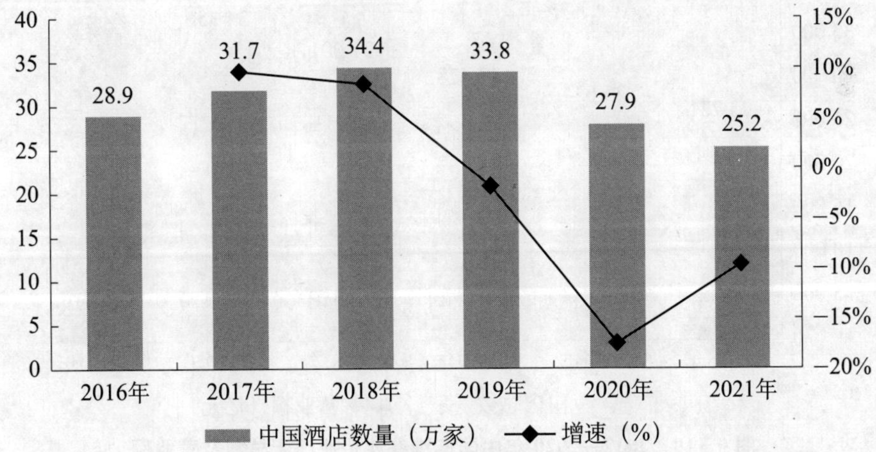

图 0-17　2016—2021 年中国酒店数量及增速

据中国饭店协会、北京第二外国语学院旅游科学学院和上海盈蝶企业管理咨询有限公司联合发布的《2022 中国酒店业发展报告》显示，2021 年，我国酒店客房数量为 1 347 万间，同比减少 12.13%。

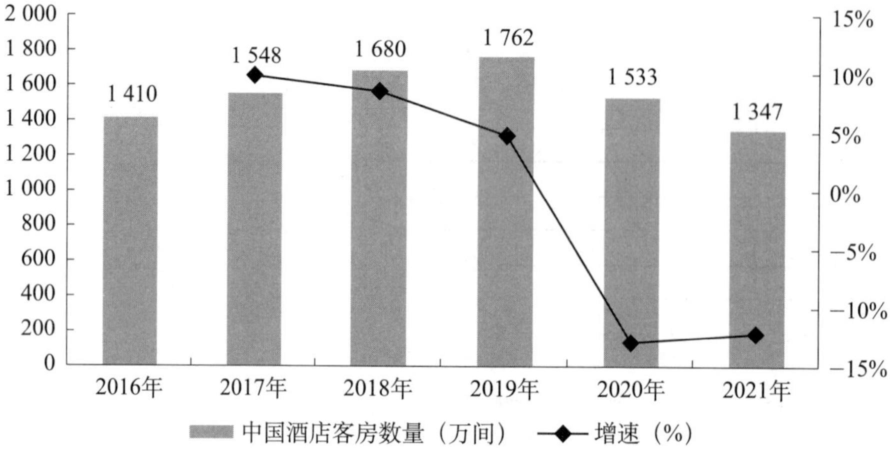

图 0－18　2016—2021 年中国酒店客房数量及增速

5. 餐饮

作为旅游文化的重要组成部分，餐饮与旅游业的关系十分密切。从产业要素配置的角度看，“食”作为旅游六要素中的基本要素之一，是旅游产品的一个有机组成部分，直接影响旅游业的深度发展。根据国家统计局数据，2015—2020 年连锁餐饮企业营业收入 CAGR 为 5.8%，其中 2020 年受疫情影响较上一年度同比减少 9.63%，达到 2 019.29 亿元，门店总数由 2015 年的 23 721 家升至 2020 年 37 217 家。疫情期间，连锁餐饮凭借强大的品牌效应与规模化经营具备更强的抗风险能力。

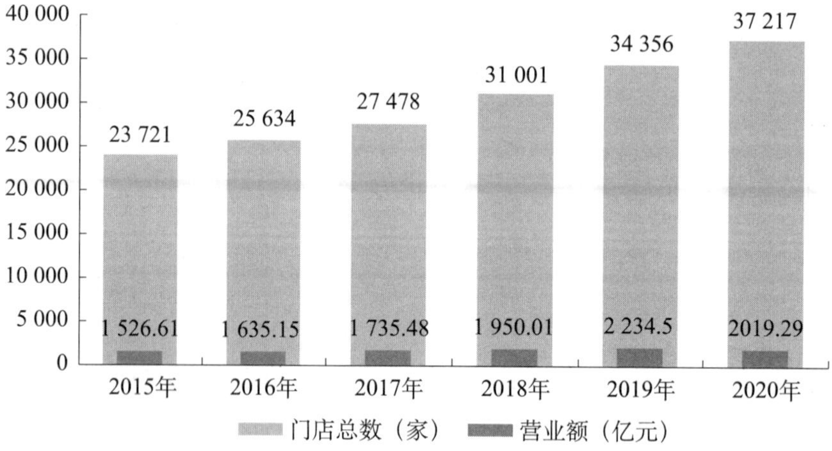

图 0－19　2012—2020 年中国连锁餐饮企业门店总数及营业额

（四）技术环境

2020 年，国家颁布《关于深化“互联网＋旅游”推动旅游业高质量发展的意见》，强调技术赋能旅游业的发展，在 5G 技术支持下，深入推进旅游领域数字化、网络化、智能化转型升级，开展产业融合，通过“互联网＋旅游”的产业融合，实现在线旅游消费、景区智慧运营、智能导游导览、VR沉浸式旅游等，完成旅游产品品质、消费者体验和旅游管理效率的同步提升，推动旅游产业变革。

在线旅游指“旅游消费者通过网络向旅游服务提供商预定旅游产品或服务，并通过网上支付或者线下付费，即各旅游主体可以通过网络进行产品营销或产品销售”。据统计，2021年中国在线旅游交易额达1.47万亿元，较2020年提升0.38万亿元，同比增长34.86%，旅游预订线上化率持续增长。

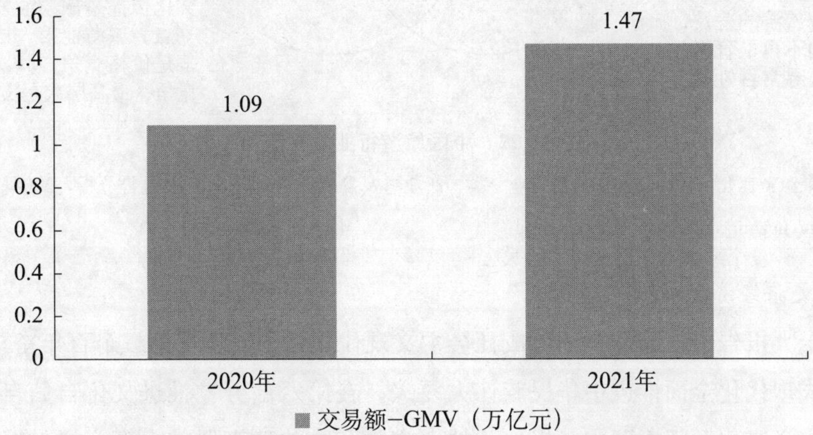

图0-20 2020—2021年中国在线旅游交易额-GMV变化情况

注：1. 在线旅游交易额统计按照订单提交口径统计，不考虑退改签等情况。2. 数据包括直销渠道及OTA渠道。受用户红利期结束及疫情影响，2021年12月在线旅游APP用户下载安装量约1 372万，同比减少2.2%。

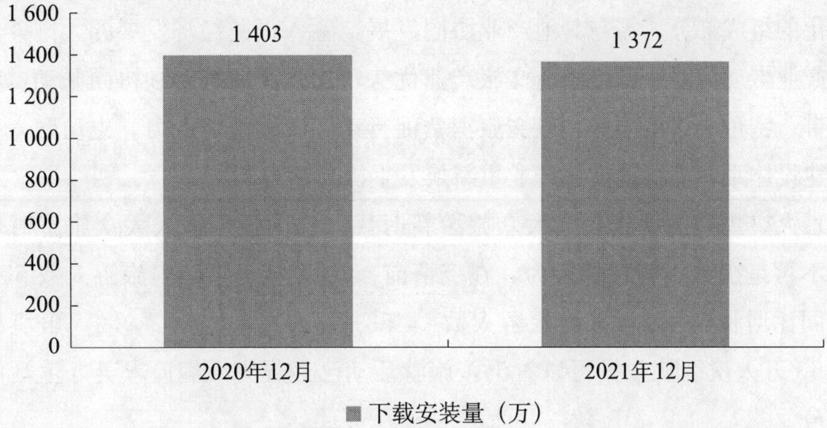

图0-21 2020-2021年12月中国在线旅游App用户下载安装量

注：统计结果不包括新机预装在线旅游App数据。

三、旅游行业发展趋势

我国旅游行业将朝着多样化、多元化、扩张化、远程化、普及化等方向发展。

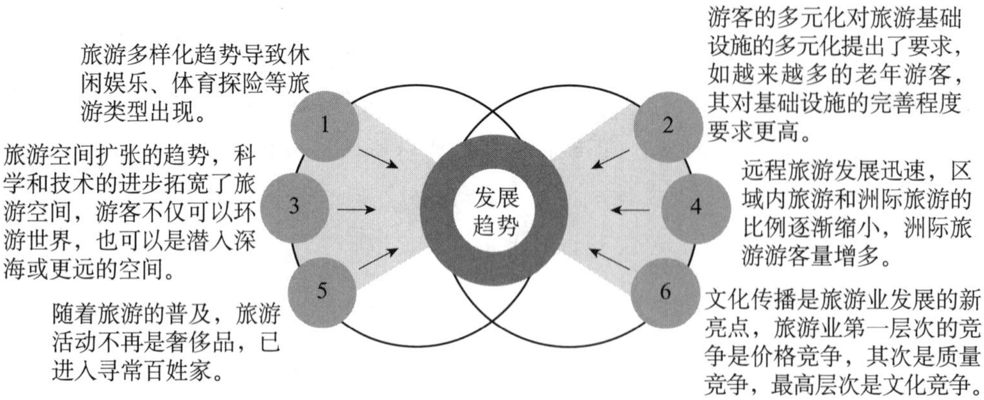

图 0－22　中国旅游行业发展趋势

资料来源：言九，2021 年中国旅游行业分类、产业链及发展环境（PEST）及趋势分析，2022－06－19，https：//m. huaon. com/detail/813045. html

3. 文旅经济发展的“现代化”

二十大报告中强调，全面建成社会主义现代化强国、实现第二个百年奋斗目标，以中国式现代化全面推进中华民族伟大复兴。在第八部分“推进文化自信自强，铸就社会主义文化新辉煌”中，提出“加大文物和文化遗产保护力度，加强城乡建设中历史文化保护传承，建好用好国家文化公园。坚持以文塑旅、以旅彰文，推进文化和旅游深度融合发展”。

中国式现代化离不开文旅产业的现代化，同时，中国式现代化为文旅产业发展提供了契机和机遇，也指明了文旅产业下一步发展的方向和路径。文旅产业作为我国现代化的组成部分，需与其他产业协同发展，融入国民经济发展的大潮，实施重大文旅产业带动战略，围绕塑造文旅产业优势，加强区域统筹和协同联动，建设文旅产业带、特色文旅集群等。以文旅消费促行动，激发消费潜力。主动融入中国式现代化建设体系，必将使文旅产业重新焕发生机与活力。

（1）人口规模的现代化与大众旅游新时代。我国已经进入大众旅游时代，旅游活动不再是少数人的特权行为。在疫情前，2019 年全年国内旅游人数 60.06 亿人次，同比增长 8.4％，入境旅游人数 14 531 万人次，增长 2.9％，出境旅游人数 15 463 万人次。从数据可以看出，旅游活动已经成为人们追求美好生活的重要组成部分。

（2）全体人民共同富裕的现代化与旅游高质量发展。旅游产业将以推动高质量发展为主题，以满足人民日益增长的美好生活需要为根本目的，推出更多体现时代特征、中国气派的旅游产品。在文旅经济发展过程中，秉承“景地共生共荣，旅游致富百姓”的理念，在发展自身产业的同时，积极践行社会责任，让越来越多的乡村在青山绿水中吃上“旅游饭”，推动当地向着乡村振兴、共同富裕的目标迈出坚定的步伐。

(3) 物质文明和精神文明相协调的现代化与文旅融合发展。以文塑旅，以旅彰文，文旅产业以文旅深度融合为抓手，加快从“卖风景”向“卖文化”转型，让旅游成为人们感悟中华文化、增强民族自信的过程。增进文化自信自强，铸就社会主义文化新辉煌。

(4) 人与自然和谐共生的现代化与生态康养旅游业态发展。以“生态、绿色、文明、宜居、宜游”为文旅产业振兴的蓝图，探索“新文化＋新生态＋新健康＋新旅游”的复合发展模式，打造文旅产业全新的文化符号和旅游品牌形象，促进人与自然和谐共生，推动构建人类命运共同体，创造人类文明新形态。

(5) 和平发展道路的现代化与旅游产业国际化发展。国内旅游、出境旅游与入境旅游业务齐头并进，深入融入世界旅游经济，以国内旅游业务为立足点，构建以国内大循环为主体，国内国际双循环相互促进的新发展格局。

延伸阅读

二十大报告——以中国式现代化全面推进中华民族伟大复兴

习近平在二十大报告中强调，从现在起，中国共产党的中心任务就是团结带领全国各族人民全面建成社会主义现代化强国、实现第二个百年奋斗目标，以中国式现代化全面推进中华民族伟大复兴。

习近平在报告中指出，在新中国成立特别是改革开放以来长期探索和实践基础上，经过十八大以来在理论和实践上的创新突破，我们党成功推进和拓展了中国式现代化。

中国式现代化，是中国共产党领导的社会主义现代化，既有各国现代化的共同特征，更有基于自己国情的中国特色。

——中国式现代化是人口规模巨大的现代化。

——中国式现代化是全体人民共同富裕的现代化。

——中国式现代化是物质文明和精神文明相协调的现代化。

——中国式现代化是人与自然和谐共生的现代化。

——中国式现代化是走和平发展道路的现代化。

习近平指出，中国式现代化的本质要求是：坚持中国共产党领导，坚持中国特色社会主义，实现高质量发展，发展全过程人民民主，丰富人民精神世界，实现全体人民共同富裕，促进人与自然和谐共生，推动构建人类命运共同体，创造人类文明新形态。

习近平在报告中指出，到二〇三五年，我国发展的总体目标是：经济实力、科技实力、综合国力大幅跃升，人均国内生产总值迈上新的大台阶，达到中等发达国家水平；实现高水平科技自立自强，进入创新型国家前列；建成现代化经济体系，形成新发展格局，基本实现新型工业化、信息化、城镇化、农业现代化；基本实现国家治理体系和治理能力现代化，全过程人民民主制度更加健全，基本建成法治国家、法治政府、法治社会；建成教育强国、科技强国、人才强国、文化强国、体育强国、健康中国，国家文化软实力显著增强；人民生活更加幸福美好，居民人均可支配收入再上新台阶，中等收入群体比重明显提高，基本公共服务实现均等化，农村基本具备现代生活条件，社会保持长期稳定，人的全面发展、全体人民共同富裕取得更为明显的实质性进展；广泛形成绿色生产生活方式，碳排放达峰后稳中有降，生态环境根本好转，美丽中国目标基本实现；国家安全体系和能力全面加强，基本实现国防和军队现代化。

未来五年是全面建设社会主义现代化国家开局起步的关键时期。

习近平在报告中指出，我国发展进入战略机遇和风险挑战并存、不确定难预料因素增多的时期，各种“黑天鹅”“灰犀牛”事件随时可能发生。我们必须增强忧患意识，坚持底线思维，做到居安思危、未雨绸缪，准备经受风高浪急甚至惊涛骇浪的重大考验。前进道路上，必须牢牢把握以下重大原则。

——坚持和加强党的全面领导。坚决维护党中央权威和集中统一领导，把党的领导落实到党和国家事业各领域、各方面、各环节，使党始终成为风雨来袭时全体人民最可靠的主心骨。

——坚持中国特色社会主义道路。既不走封闭僵化的老路，也不走改旗易帜的邪路，坚持把国家和民族发展放在自己力量的基点上，坚持把中国发展进步的命运牢牢掌握在自己手中。

——坚持以人民为中心的发展思想。不断实现发展为了人民、发展依靠人民、发展成果由人民共享，让现代化建设成果更多、更公平惠及全体人民。

——坚持深化改革开放。不断彰显中国特色社会主义制度优势，不断增强社会主义现代化建设的动力和活力，把我国制度优势更好转化为国家治理效能。

——坚持发扬斗争精神。增强全党全国各族人民的志气、骨气、底气，不信邪、不怕鬼、不怕压，知难而进、迎难而上，统筹发展和安全，全力战胜前进道路上各种困难和挑战，依靠顽强斗争打开事业发展新天地。

资源来源：二十大报告——以中国式现代化全面推进中华民族伟大复兴，https://export.shobserver.com/baijiahao/html/539401.html

二、我国旅行社的发展现状

文化和旅游部《2019 年度全国旅行社统计调查报告》显示，截至 2019 年 12 月 31 日，全国旅行社总数为 38 943 家。2019 年度全国旅行社营业收入 7 103.38 亿元，营业成本 6 512.90 亿元，营业利润 32.10 亿元，利润总额 43.28 亿元。从营业收入角度来看，三大市场分别占营业收入的比重为：国内旅游营业收入占 53.25%，出境旅游营业收入占 41.54%，入境旅游收入占 5.21%。疫情前，国内旅游市场与出境旅游市场几乎各占旅游总收入的半壁江山，入境旅游的比重增长缓慢，由此可见，国内游客贡献了绝大多数旅游营业收入。从类别的角度来看，2019 年度全国具有出境旅游业务资质的旅行社旅游业务营业收入占比为 76.66%，表明在疫情前旅行社行业的集中度在提高。截至 2019 年底全国旅行社直接从业人员 415 941 人，其中大专以上学历 282 214 人，签订劳动合同的导游人数 121 710 人，领队人员 57 148 人。

《2021 年度全国旅行社统计调查报告》显示，截至 2021 年 12 月 31 日，全国旅行社总数为 42 432 家，比 2019 年增长 8.96%。旅行社的数量继续增长，但经过两年的疫情，旅游营业收入锐减，整个行业进入亏损状态。《报告》显示，2021 年度全国旅行社营业收入 1 857.16 亿元，营业成本 1 769.04 亿元，营业利润－55.34 亿元，利润总额－53.44 亿元。表明旅行社行业在亏损经营，进入了发展的寒冬。截至 2021 年底，全国旅行社从业人员 278 772 人，其中大专以上学历人数 192 628 人，签订劳动合同的导游人数 94 332 人。与疫情前相比，人员流失 1/3，其中导游（包括领队）人员流失近一半。

纵观近 7 年（疫情前 5 年和疫情 2 年）的发展，旅行社行业现状呈现以下的特点。

1. 旅行社数量不断增长，行业集中度下降

自 2015 年期，旅行社行业的企业数量一直保持缓慢增长状态，除了在 2018 年增长速度较快之外，其他年份每年的增长率在 5%左右，在新冠疫情下仍保持逆势上行。但由此同时，旅行社行业的资产总额和负债总额在下降，2020 年与 2019 年相比，资产总额和负债总额分别下降了 26.81%和 27.39%。说明旅行社行业单体规模下降，大型旅行社受到的冲击更大。整个行业集中度下降。2021 年全国旅行社资产合计实现了 2020 年负增长后的反弹回升，恢复至疫情前同期的 82.63%。资产合计的增长或得益于部分旅企于 2021 年重新整合业务架构，调整运营方案以支撑主营业务度过疫情“寒冬”，通过集团并购重组、企业关联交易、资产划拨等方式内部转移部分资产至旅行社业务板块，实现出行受限影响下旅行社资产体量

下行的自救。

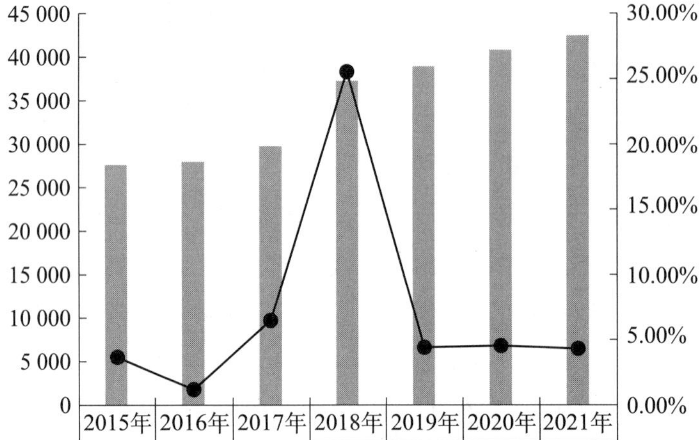

	2015年	2016年	2017年	2018年	2019年	2020年	2021年
旅行社每年数量	27 621	27 939	29 717	37 309	38 943	40 689	42 432
旅行社每年增长率	3.64%	1.15%	6.36%	25.55%	4.38%	4.48%	4.28%

图 0－23　旅行社数量与增长率

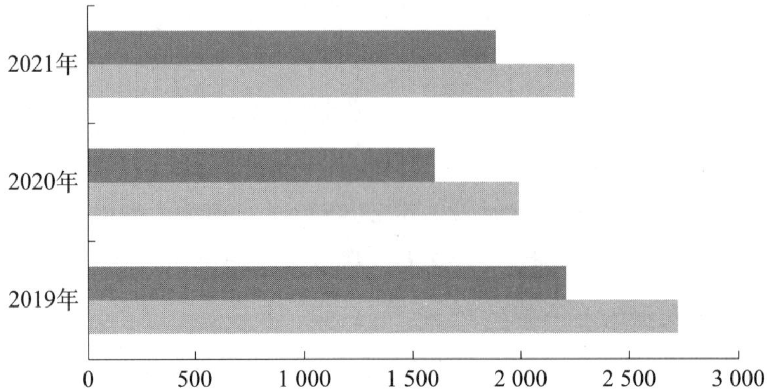

	2019年	2020年	2021年
负债总额（亿元）	2 208.09	1 603.29	1 886.71
资产总额（亿元）	2 722.13	1 992.46	2 249.16

图 0－24　旅行社资产总额与负债总额

2. 旅行社就业人数减少，学历水平提高

新冠疫情爆发以来，旅行社企业数量不减反增，多数旅行社采用大规模裁员的方式求得生存，使旅行社行业就业人数逐年下降。另一方面，大专以上学历水平的员工占比逐年升高，表明被裁掉员工的学历水平以大专以下学历为主。仍坚守在旅行社行业的这些员工为疫情结束后，行业恢复和再度繁荣奠定了坚实的基础。

3. 旅游接待人次数由降转升，国内游品类创新水平提高

疫情期间，旅行社的业务集中国内游客市场上。从 2019 年至 2021 年，旅行社

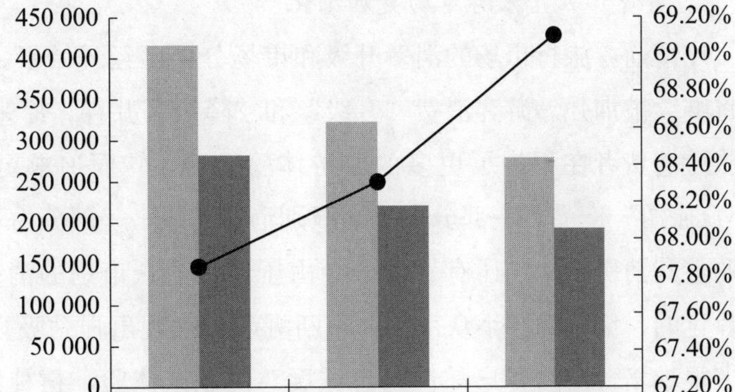

	2019年	2020年	2021年
从业人员数量（人）	415 941	322 497	278 772
大专以上学历人数（人）	282 214	220 322	192 628
大专以上学历人数比例（%）	67.85%	68.31%	69.10%

图 0－25　旅行社从业人员数量及大专以上学历人数

组织和接待国内游客人次数与人天数由降转升。系经过一年的调整，旅行社重新整备产品转型，专注于国内游品类创新，多样化改革使业务量取得一定恢复。

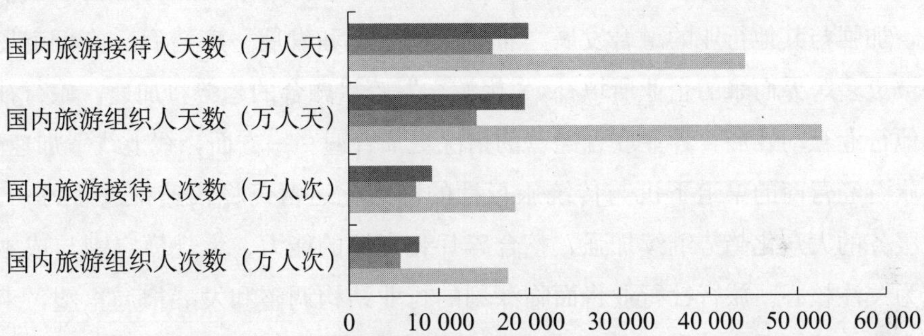

	国内旅游组织人次数（万人次）	国内旅游接待人次数（万人次）	国内旅游组织人天数（万人天）	国内旅游接待人天数（万人天）
2021年	7 857.59	9 291.12	19 572.99	19 993.66
2020年	5 772.71	7 515.82	14 217.91	16 028.7
2019年	17 666.29	18 472.66	52 868.42	44 212.68

图 0－26　旅行社国内旅游组织及接待情况

三、我国旅行社发展趋势

随着生活水平的提高，人们对健康和精神文化的需求日趋提升，带动了旅游业的发展。同时在国家产业政策的引导下，旅游业作为服务行业中高资本回收产业，得到了政策的大力支持和推动。伴随着信息与交通技术向旅游业的快速渗透，旅游业作为市场洼地不断聚集资本。在这种形势下，作为旅游产业的重要元素，我国旅行社在未来的行业竞争格局将呈现以下趋势。

1. 消费升级，旅游市场更加细化

疫情前，旅行市场的消费升级和市场分层已经开始了。疫情结束以后，这种趋势将继续被加强。游客消费“升级”和“降级”并存，原来购买“大众旅游”产品的旅游消费者在积累了更多的旅游体验之后，转而追求更加个性化更加精细化的“小众旅游”产品，一部分向更高级别消费升级，一部分由于进入新的生命周期阶段会调整其消费结构，还有一部分会由于增加小众市场的消费而减少大众品的消费。碎片化的、细分的“小众市场”不断崛起，表现出强劲吸力，并可能实现在大众市场上很难培育出的客户黏性与忠诚度。内涵式体验、精神满足是未来的消费诉求。中国市场已经从美丽风景走向美好生活，从小康型观光消费，进阶到休闲度假型消费，又转变为高级享受行消费，未来更将迈向精神消费。

另一方面，随着我国扶贫攻坚工作的顺利推进，越来越多的人达到小康生活水平，对旅游的消费需求越来越强烈，逐渐加入大众旅游市场。所以不论是大众旅游市场基数增加，还是小众旅游市场的蓬勃兴起，从本质来讲都是消费升级。

2. 结构调整，异业联合经营成为常态

疫情使一些旅行社不堪重负，退出旅行市场。坚持下来的旅行社也在创新商业模式，加强与其他行业的融合发展，希望获得生存和发展。疫情后，旅行市场的空白将被更多跨界而来的企业所填补，“旅游+”跨界融合的趋势将加速，旅行社行业与其他行业互动发展，异业联合经营的情况更加普遍。一方面，线上线下加速融合，在线旅游经营商的渠道下沉与传统旅行社的网络化运营仍将快速推进。另一方面，定制服务的大众化趋势继续加强，整合碎片化资源的能力、大规模定制与成本控制都成为关注核心。旅行社行业将面临深刻的行业结构调整和发展格局重塑，未来旅行社企业应积极适应旅游业发展新趋势，坚持以游客需求为导向，专注内容开发，创新产品供给，推进业态升级，提供更加优质丰富的旅游服务；注重科技赋能，应用数字化手段，加强虚实结合，发展跨界融合新模式，促进文化体验游、数字虚拟游等新业态发展；搭建多边服务合作平台，推动资源共享，加强精品线路开发合作，重塑企业品牌形象。

3. 业务重构，组织结构形式更加扁平化

传统的业务架构中，采购、设计、销售、人力等关键活动归属于不同的部门，相互独立，各有各的运作系统和管理方式，当需要部门之间进行工作协调时，部门就像一堵墙，每个部门只了解本部门的业务情况，对其他部门的业务活动知之甚少。工作之间的协调主要通过工作协调会和部门之间的沟通协调完成，信息传递依靠人工的方式进行。这种信息传递方式会造成信息的重复处理，由于人的主观性原因，信息传递出现扭曲，降低工作的效率，浪费了资源。重组业务流程是指对传统业务进行解构与重塑，将原先冗长的工作开展简化，减少中间节点，工作节点之间通过数字化技术实现自动化处理来提高效率和准确度，建立数字驱动的高效的业务流程。通过信息系统对数据进行充分整理、有效传递，使企业的采购、销售、设计、资金和物资等各个方面能够进行合理配置和利用。

未来的组织结构将打破层级和专业化部门的边界，实现组织偏平化设计，消除冗余的层级，基于细分市场组建小型团队作为运营的节点，赋予小型团队更多的决策权，使管理体制更加灵活多变；改变数据信息按照科级层次传播的路径，将运营数据和消费者需求信息无门槛地流动，提升数据体系质量，使数据无损共享、有效聚合，让数据在整个组织纵向的层级中与横向的职能间进行高效传输和共享，从而使所有人都能听得见“炮火”、看得到市场、听得到客户。

4. 数字赋能，商业模式创新发展

由于疫情的影响，旅游消费者将消费需求从线下转移到线上，养成线上购买与消费的习惯。随着疫情结束，线下旅游消费活动必然爆发，但不会取代线上购买与消费的习惯，甚至还会强化。社交平台、新媒体平台和电商平台等成为旅行社行业更为重要的销售与提供服务的渠道。以线上高效输出内容进行种草造势引流，和以线下拔草消费提供服务形成一个闭环。线上付费直播的模式将被更多的旅游消费者接受，成为为旅行行业创造更为直接的线上效益获取的新模式。不仅如此，随着AR/VR/MR/XR 虚拟技术在文旅垂直赛道进一步深耕与拓展，线上线下的消费界限也会越来越模糊，虚拟世界和现实世界融合在一起，重塑众多行业的产业链。

数字内容，建构了当下人与人的文化价值认同关联、社交关系关联和商业消费关联。数字内容消费的旅游消费者不断扩大，催生了文旅消费新场景，国漫、国风、国创、国乐、国艺等大批中国文化数字内容 IP，正激发游客的文旅消费新需求，引领者旅行社行业新产品开发和新业态打造。未来，随着文旅产业链和创新链的纵横联合，优质文旅数字内容创作、IP 协同出海将是旅行社行业资本布局的方向。

延伸阅读

旅行社行业产业链

旅行社在旅游产业链中位于中游，处于上游旅游资源和下游用户之间。在在线旅游经营商以及互联网没有兴起和普及之前，游客自己预订旅游资源较不便利，并且也拿不到较好的价格，因此旅行社主要通过压低上游资源价格，通过资源整合形成产品，而后销售给用户，赚取利润。但随着信息的透明化，旅行社对上游的议价能力减弱。

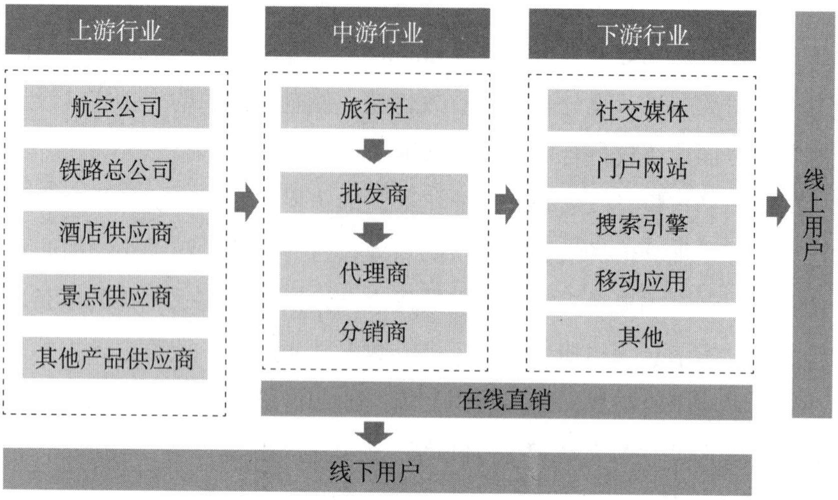

图 0－27　旅行社产业链

资料来源：陈佳．2020 年中国旅行社行业发展现状研究：后疫情时代，行业迎来快速恢复．(2021－03－31)．http://www.huaon.com/channel/trend/700854.html.

任务实施

1. 教师指导学生利用思维导图梳理思想和观点。学生每人绘制一副思维导图，梳理中国旅游产业和旅行社行业的发展现状与趋势。内容包括：(1) 中国旅游产业发展现状与特点；(2) 中国旅行社业发展现状与特点；(3) 中国旅行社未来的发展趋势。形式要求：(1) 语言简洁；(2) 条理清晰。老师根据学生提交的作品进行指导和打分。

2. 针对中国旅行社行业的发展趋势发表你的见解。

评分标准

序号	评分项目	分值	
1	内容的完整性	50 分	
2	语言的简洁性	20 分	
3	内容的条理性	20 分	
4	形式的创新性	10 分	

项目总结

该项目主要是分析旅行社产生与演变的历史规律，指导我们更好地看清楚行业的现状。其中蕴含一个亘古不变的辩题：是时势造就了英雄还是英雄造就了时势？托马斯·库克等人为旅行社业的开拓和推进做出了杰出的贡献，留下了难以磨灭的足迹。但离开了历史的机缘巧合，他们的成就也失去了萌芽和成长的土壤。每个行业都有独特的个性，旅行社也是如此，正因为这些独特的行业特点，与历史机遇和市场环境耦合的作用，才使它长成“现在的模样”。历史的车轮仍将滚滚向前，市场环境仍然变幻莫测，了解了旅行社行业的本质，才能大致看清楚它的发展方向。

项目一
组建旅行社

根据旅行社业“经营许可”制度，想要成立一家旅行社需要经过行业主管部门审核与许可。那么怎样通过这些“关卡”？需要哪些“通关文牒”？当你闯关成功，顺利地拿下营业执照和经营许可证时，就组建了一家正规的旅行社，可以开门经营了。可是万里长征才刚刚开始。第一步当然是招人了，把人招过来，怎么来安排他们的工作呢？如何既能让他们人尽其才，又能利用这些人力资源“玩转”旅行社，让它不断产生利润？

任务一　申请设立旅行社

学习目标

知识目标

1. 了解并掌握旅行社成立的条件；
2. 了解并掌握旅行社申报需要提交的材料；
3. 了解旅行社申报程序。

能力目标

能够完成旅行社申报工作。

素质目标

1. 增强统筹规划能力；
2. 增强团队合作精神；
3. 加强人际沟通能力。

任务描述

俗话说，大疫不过三年，新冠疫情就要结束的好消息不断传来，你的朋友觉得这正是在旅行社行业“抄底”的好机会。投资建立一家旅行社需要的资金少、门槛低，且正是行业政策最宽松的时期，注册旅行社的流程更加简单方便，而且旅游服务质量金保证金还可以少缴存。等待疫情一结束，旅游业将再回繁荣的巅峰，旅行社行业自然也会水涨船高。通过以上分析，你的朋友决定投资建立一家旅行社。可是申报设立旅行社需要具备什么条件、准备哪些文件、经过哪些流程呢？如果将来旅行社做大了，想要扩大规模，又该怎么办呢？为了提高申请的效率，你帮你的朋友把申报材料准备好，并和自己的同学一起模拟了申报流程。

知识准备

一、旅行社的概念

旅行社是指从事招徕、组织、接待旅游者的活动，为旅游者提供相关旅游服务，开展国内旅游业务、入境旅游业务或者出境旅游业务的企业法人。所谓招徕、组织、接待旅游者提供的相关旅游服务，主要包括：

（1）安排交通服务；

（2）安排住宿服务；

（3）安排餐饮服务；

（4）安排观光游览、休闲度假服务；

（5）导游、领队服务；

（6）旅游咨询、旅游活动设计服务。

旅行社还可以接受委托，提供下列旅游服务：

（1）接受旅游者的委托，代订交通客票、代订住宿和代办出境、入境、签证手续；

（2）接受机关、事业单位和社会团体的委托，为其差旅、考察、会议、展览等公务活动代办交通、住宿、餐饮、会务等事务；

（3）接受企业委托，为其各类商务活动、奖励旅游等代办交通、住宿、餐饮、会务、观光游览、休闲度假等事务；

（4）其他旅游服务。

以上所列出境、签证手续等服务，应当由具备出境旅游业务经营权的旅行社代办。

国内旅游业务是指旅行社招徕、组织和接待中国内地居民在境内旅游的业务。

入境旅游业务是指旅行社招徕、组织、接待外国旅游者来我国旅游，香港特别行政区、澳门特别行政区旅游者来内地旅游，台湾地区居民来大陆旅游，以及招徕、组织、接待在中国内地的外国人，在内地的香港特别行政区、澳门特别行政区居民和在大陆的台湾地区居民在境内旅游的业务。

出境旅游业务是指旅行社招徕、组织、接待中国内地居民出国旅游，或赴香港特别行政区、澳门特别行政区和台湾地区旅游，以及招徕、组织、接待在中国内地的外国人、在内地的香港特别行政区、澳门特别行政区居民和在大陆的台湾地区居民出境旅游的业务。

二、旅行社设立的条件

（一）申请经营国内旅游业务和入境旅游业务

（1）有固定的经营场所。旅行社的经营场所应当符合下列要求：

1）申请者拥有产权的营业用房，或者申请者租用的、租期不少于 1 年的营业用房；

2）营业用房应当满足申请者业务经营的需要。

（2）有必要的营业设施。旅行社的营业设施应当至少包括下列设施、设备：

1）2部以上的直线固定电话；

2）传真机、复印机；

3）具备与旅游行政管理部门及其他旅游经营者联网条件的计算机。

（3）有不少于30万元的注册资本。

（4）有指定银行存入质量保证金20万元或依法取得银行担保的证明文件。

（二）申请经营出境旅游业务

（1）旅行社取得许可经营满两年。

（2）连续两年未因侵害旅游者合法权益受到行政机关罚款以上处罚。

（3）增存质量保证金120万元或依法取得银行担保。

（三）外商投资旅行社

外商投资旅行社实行国民待遇，但外商投资旅行社不得经营中国内地居民出国旅游业务以及赴香港特别行政区、澳门特别行政区和台湾地区旅游的业务，但是国务院决定或者我国签署的自由贸易协定和内地与香港特别行政区、澳门特别行政区关于建立更紧密的经贸关系的安排另有规定的除外。

在旅行社发展过程中，旅行社如需扩展业务规模，可以建立分社和服务网点。旅行社分社及其服务网点，不具有法人资格，也就是分社和服务网点都不可独立经营，其经营范围不能超出设立社即设立分社和服务网点旅行社的经营范围，比如：一家经营国内旅游和入境旅游业务的旅行社设立分社或者服务网点，其分社和服务网点只能经营国内旅游和入境旅游业务，不能超出这个经营范围。如果在经营过程中出现任何问题，分社和服务网点也无法独立承担责任，由此造成的责任和后果需要设立社来承担。

（四）设立旅行社分社

（1）经营场所规定。同旅行社设立。

（2）经营设施规定。同旅行社设立。

（3）质量保证金。旅行社每设立一个经营国内旅游业务和入境旅游业务的分社，应当向其质量保证金账户增存5万元；每设立一个经营出境旅游业务的分社，应当向其质量保证金账户增存30万元。

（4）旅行社分社的设立不受地域限制。

（5）分社的名称中应当包含设立社名称、分社所在地地名和“分社”或者“分公司”字样。

（五）设立旅行社服务网点

服务网点是指旅行社设立的，为旅行社招徕旅游者，并以旅行社的名义与旅游者签订旅游合同的门市部等机构。

（1）设立社可以在其所在地的省、自治区、直辖市行政区划内设立服务网点及其分社所在地的设区的市的行政区划内设立服务网点。

（2）服务网点设立不受数量限制。

（3）分社不得设立服务网点。

（4）服务网点应当设在方便旅游者认识和出入的公众场所。

（5）服务网点的名称、标牌应当包括设立社名称、服务网点所在地地名等，不得含有使消费者误解为是旅行社或者分社的内容，也不得使用易使消费者误解的简称。

（6）服务网点应当在设立社的经营范围内，招徕旅游者、提供旅游咨询服务。

设立社应当与分社、服务网点的员工，订立劳动合同。设立社还应当加强对分社和服务网点的管理，对分社实行统一的人事、财务、招徕、接待制度规范，对服务网点实行统一管理、统一财务、统一招徕和统一咨询服务规范。

三、旅行社设立的申请材料

（一）经营国内旅游业务和入境旅游业务的申请材料

申请设立旅行社，经营国内旅游业务和入境旅游业务的，应当向省、自治区、直辖市旅游行政管理部门（简称省级旅游行政管理部门，下同）提交下列材料：

（1）设立申请书。内容包括申请设立的旅行社的中英文名称及英文缩写，设立地址，企业形式、出资人、出资额和出资方式，申请人、受理申请部门的全称、申请书名称和申请的时间；

（2）法定代表人履历表及身份证明；

（3）企业章程；

（4）经营场所的证明；

（5）营业设施、设备的证明或者说明；

（6）工商行政管理部门出具的企业法人营业执照。

旅游行政管理部门应当根据《旅行社条例》第六条规定的最低注册资本限额要求，通过查看企业章程、在企业信用信息公示系统查询等方式，对旅行社认缴的出资额进行审查。

旅行社经营国内旅游业务和入境旅游业务的，企业法人营业执照的经营范围不得包括边境旅游业务、出境旅游业务；包括相关业务的，旅游行政管理部门应当告知申请人变更经营范围；申请人不予变更的，依法不予受理行政许可申请。

（二）经营出境旅游业务申报材料

应当向国务院旅游行政主管部门提交经营旅行社业务满两年且连续两年未因侵害旅游者合法权益受到行政机关罚款以上处罚的承诺书和经工商行政管理部门变更经营范围的企业法人营业执照。

旅行社取得出境旅游经营业务许可的，由国务院旅游行政主管部门换发旅行社业务经营许可证。在取得换发的经营业务许可证之后，需要在 3 个工作日之内向原账户增存 120 万元旅游服务质量保证金。

旅行社申请经营边境旅游业务的，适用《边境旅游暂行管理办法》的规定。

旅行社申请经营赴台湾地区旅游业务的，适用《大陆居民赴台湾地区旅游管理办法》的规定。

（三）设立旅行社分社的申报材料

旅行社在经营过程中，需要扩大企业规模，开设分社的，设立社应向分社所在地工商行政管理部门办理分社设立登记，接着向分社所在地与工商登记同级的旅游行政管理部门备案，需要备案的材料包括：

（1）分社的营业执照；

（2）分社经理的履历表和身份证明；

（3）增存质量保证金的证明文件。

（四）设立旅行社服务网点的申报材料

旅行社服务网点的设立与分社设立的程序基本相同，先是由设立社向服务网点所在地工商行政管理部门办理服务网点设立登记，然后在 3 个工作日内，持下列材料向服务网点所在地与工商登记同级的旅游行政管理部门备案，包括：

（1）服务网点的营业执照；

（2）服务网点经理的履历表和身份证明。

（五）申请外商投资旅行社的申报材料

我国对外商投资旅行社实行国民待遇，除了申请的旅游行政管理部门和审核时间不同，其他程序与中资旅行社完全一致。外商投资企业申请经营旅行社业务，应当向所在地省级旅游行政管理部门提出申请。省级旅游行政管理部门应当自受理申请之日起 30 个工作日内审查完毕。予以许可的，颁发旅行社业务经营许可证；不予许可的，书面通知申请人并说明理由。

四、旅行社设立的审批程序

（一）经营国内旅游业务和入境旅游业务的审批程序

申请设立旅行社，经营国内旅游业务和入境旅游业务的，应当向所在地省、自治区、直辖市旅游行政管理部门或者其委托的设区的市级旅游行政管理部门提出申请，并提交符合规定的相关证明材料。

申请单位在备齐以上材料之后，需要在“全国旅游监管服务平台”系统内提交这些申请材料。负责受理的旅游行政管理部门通过“全国旅游监管服务平台”系统网上受理，对照行政许可条件进行审核。不符合许可条件的通过“全国旅游监管服务平台”系统网上补正，符合许可经营条件的签发受理凭证，申请企业可以通过“全国旅游监管服务平台”系统网上获取。接下来进入审查审批阶段，受理的旅游行政管理部门对申请单位进行实地勘察，对营业场所、经营设施是否合理等进行实地勘察并写出勘察意见。另外还需要业务主管领导对申请单位进行技术审核并出具审核意见。审核结束后，旅游行政管理部门下发审批决定书。审批文书通过“全国旅游监管服务平台”系统网上查看及自助下载打印。拿到审批文书，旅行社就可以去领取旅行社业务经营许可证的正副本了。

拿到了经营许可证，接下来就要去缴存质量保证金。根据《旅行社条例》规定，旅行社应当自取得旅行社业务经营许可证之日起 3 个工作日内，在国务院旅游行政主管部门指定的银行开设专门的质量保证金账户，存入质量保证金，或者向作出许可的旅游行政管理部门提交依法取得的担保额度不低于相应质量保证金数额的银行担保。经营国内旅游业务和入境旅游业务的旅行社，应当存入质量保证金 20 万元；质量保证金的利息属于旅行社所有。

这里所缴存的质量保证金是指旅游服务质量保证金，是用于旅游服务质量赔偿支付和团队旅游者人身安全遇有危险时紧急救助费用垫付的资金。旅行社在银行存入质量保证金，须在原国家旅游局指定的范围内，选择一家银行（含其银行分支机构）存储保证金。保证金实行专户管理，专款专用。银行为旅行社开设保证金专用账户，存期由旅行社确定，但不得少于 1 年。当专用账户资金额度不足时，旅行社可对不足部分申请银行担保。

旅行社存缴保证金时，须持营业执照副本、旅行社业务经营许可证副本到银行办理存款手续。存缴保证金的旅行社须与银行签订旅游服务质量保证金存款协议书，并将复印件送许可的旅游行政主管部门备案。

为最大限度提高资金效益、简化续存手续，银行按照不少于一年定期、到期自动结息转存方式管理保证金，中途提取部分改按活期结算利息。利息收入全部归旅行社所有。

为防止保证金存单质押，银行应在存单上注明“专用存款不得质押”字样。

银行提出保证金担保的，由银行向许可的旅游行政主管部门出具旅游服务质量保证金银行担保函。银行担保期限不得少于一年。担保期限届满前 3 个工作日，应续办担保手续。

（二）经营出境旅游业务的审批程序

（1）申请经营出境旅游业务的，应当向国务院旅游行政主管部门或者其委托的省、自治区、直辖市旅游行政管理部门提出申请，并按要求提交相关的证明文件。

（2）受理申请的旅游行政主管部门收到符合规定的申请材料之日起 20 个工作日内，依据设立条件进行资格审核和审批，做出许可或不予许可的决定。予以许可的，向申请人换发许可证；不予批准的，书面告知申请人并说明理由。

（3）申请人持换领的许可证到所在地工商行政管理部门办理经营范围变更登记，换领企业法人营业执照。

（4）申请人持换领的许可证、营业执照副本到国家旅游管理部门指定的银行开设专门的质量保证金账户，增存质量保证金 120 万元或依法办理银行担保后，将相关的证明文件交回原许可的市旅游局备案。

（三）旅行社的变更与终止

旅行社名称、经营场所、出资人、法定代表人等登记事项变更的，应当在办理变更登记后，持已变更的企业法人营业执照向原许可的旅游行政管理部门备案。

旅行社终止经营的，应当在办理注销手续后，持工商行政管理部门出具的注销文件，向原许可的旅游行政管理部门备案。

延伸阅读

国家旅游局关于放宽旅行社设立服务网点政策的有关事项

允许设立社在所在地的省（市、区）行政区划内及其分社所在地的设区的市的行政区划内设立服务网点，不受数量限制。

在设立社所在地的省（市、区）行政区划内设立服务网点的，设立社向服务网点所在地工商行政管理部门办理服务网点设立登记后，应当在 3 个工作日内，持设立社营业执照副本、设立社旅行社业务经营许可证副本、服务网点的营业执照、服务网点经理的履历表和身份证明向服务网点所在地与工商登记同级的旅游主管部门备案。

旅行社在其分社所在地的设区的市的行政区划内设立服务网点的，设立社向服务网点所在地工商行政管理部门办理服务网点设立登记后，应当在 3 个工作日内，持设立社营业执照副本、设立社旅行社业务经营许可证副本、分社的营业执照、旅行社分社备案登记证明、服务网点的营业执照、服务网点经理的履历表和身份证明向服务网点所在地与工商登记同级的旅游主管部门备案。

旅行社服务网点应当接受旅行社的统一管理，不得从事招徕、咨询以外的活动。

资料来源：《国家旅游局关于放宽旅行社设立服务网点政策有关事项的通知》（旅发〔2015〕211 号）

延伸阅读

旅行社分社和服务网点的设立

旅行社设立分社的，应当持旅行社业务经营许可证副本向分社所在地的工商行政管理部门办理设立登记，并自设立登记之日起 3 个工作日内向分社所在地的旅游行政管理部门备案。

旅行社分社的设立不受地域限制。分社的经营范围不得超出设立分社的旅行社的经营范围。

旅行社每设立一个经营国内旅游业务和入境旅游业务的分社，应当向其质量保证金账户增存 5 万元；每设立一个经营出境旅游业务的分社，应当向其质量保证金账户增存 30 万元。

任务实施

教师从网上下载旅行社申报材料，组织学生分组，3～5 人为一组，共同商讨旅行社申报文件的填写内容。教师根据申报材料的完整性、准确性和合理性进行打分。

旅行社申报材料准备齐全后，每一个小组成员分担不同的角色，根据《旅行社条例》和《旅行社条例实施细则》的相关内容，模拟经营入境旅游业务和国内旅游业务的旅行社在旅游行政管理部门的申报工作，取得旅行社业务经营许可证。要求：（1）材料准备齐全，需要准备好模拟申报所需要的道具；（2）申报机构准确无误；（3）申报流程符合法律法规要求。教师就道具准备、申报流程的准确性和团队合作情况进行小组打分。

评分标准

序号	评分项目	分值	得分
1	表格填写的完整性	40分	
2	团队配合	20分	
3	仪容仪表	10分	
4	态度	20分	
5	模拟的真实性	10分	

任务二 搭建旅行社工作舞台

学习目标

知识目标

1. 了解旅行社主要部门职能；
2. 了解并掌握旅行社结构设置需要考虑的因素；
3. 掌握旅行社结构设置模式及优缺点。

能力目标

能够搭建旅行社的组织结构。

素质目标

1. 提高统筹规划能力；
2. 培养团队合作精神。

任务描述

现在旅行社已经申报成功，经营资金、设施设备和经营场所都已具备，只要经营人员到位，就可以发动“马达”，让旅行社这个“机器”运转起来。在经营人员到位之前，需要把公司的“位子”设置出来，这个过程就是组织结构设计。你的朋友对如何搭建旅行社组织结构一头雾水，你决定设计三种结构图，分别讲解每一种组织结构的优势和劣势，让你的朋友从中选择。

知识准备

一、组织结构的概念

旅行社是劳动力密集型行业，能使旅行社取得竞争优势的不是先进的设备和科学技术，而是企业的员工。为使旅行社在市场竞争中生存下去并获得发展，需要将员工有效地组织起来，分配到不同的组织部门中，承担不同的工作任务。组织结构设计就是要协调好组织中部门与部门之间的关系，人员与任务间的关系，使员工明确自己在组织中应有的权力和应承担的责任，有效地保证组织活动的开展。

旅行社组织结构设计，是通过对旅行社组织资源（如人力资源）的整合和优化，确立旅行社某一阶段的最合理的管控模式，实现组织资源价值最大化和组织绩效最大化。狭义通俗地说，就是在人员有限的状况下通过组织结构设计提高组织的执行力和战斗力。

旅行社的组织结构设计是在旅行社的组织中，对构成旅行社组织的各要素进行排列组合，明确管理层次，分清各部门、各岗位之间的职责和相互协作的关系，并使其在旅行社的战略目标过程中，获得最佳的工作业绩。

从最新的观念来看，旅行社的组织结构设计实质上是一个组织变革的过程，它是把旅行社的任务、流程、权力和责任重新进行有效组合和协调的一种活动。根据时代和市场的变化，进行组织结构设计或组织结构变革（再设计）的结果是大幅度地提高企业的运行效率和经济效益。

二、组织结构设计的主要内容

（一）职能设计

职能设计是指企业的经营职能和管理职能的设计。旅行社作为一个经营单位，要根据其战略任务设计经营、管理职能。职能设计的核心是对工作进行专门化，即将工作细分到具体工作岗位的程度。一般来讲，人员数量较多的旅行社专业化程度较高，设计的职能比较多。反之，人员较少的旅行社设计的职能比较少，每人都是多面手，承担多方面的工作。职能设计基于旅行社要实现的战略目标、经营环境等因素。如果旅行社的部分职能不合理，就需要进行调整，对其弱化或取消。

（二）框架设计

框架设计是企业组织设计的主要部分，运用较多。其内容简单来说就是纵向的分层次、横向的分部门。

框架的纵向设计主要是处理好管理层次和管理幅度之间的关系。管理层次是指旅行社自上而下管理层的数目。管理幅度是指旅行社上级管理部门主管能够直接有效指挥和领导下属的数量。在旅行社企业中，在员工数量确定的情况下，管理层次越多，管理幅度越小。这种框架设计称为高耸型组织结构。窄幅度的监督控制可能使管理更为周密，但管理层次多会使垂直沟通更加复杂、妨碍下属工作的自主性和增加管理成本。另一种减少管理层次和增加管理幅度的设计称为扁平化组织结构，可以克服高耸型组织结构的缺点，但却会降低管理的效能，使管理者对下属不能进行密切监督。

框架的横向设计是指按照一定的方式将相关的工作和人员组织成易于管理的单位，即部门化。在旅行社的框架设计中，进行部门化的依据通常有 4 种因素，因此形成 4 种部门化形式。①产品导向的部门化，是将旅行社生产的产品划分为几大类别，设置不同的部门，便于旅行社在产品设计、销售和组织接待等方面发挥专业化优势。②顾客导向的部门化，是指旅行社对服务的市场进行细分，根据不同的细分市场设置部门，便于旅行社了解服务的消费市场，提供针对性、个性化的服务。③地理位置导向的部门化，是指按照业务涉及的地点进行部门划分，一个部门对应一个区域，全面负责本区域的所有业务，便于旅行社组织活动和区域市场的巩固与发展，有利于部门业务的总结策划；同时便于管理和实施业务考核，减少内部竞争。④职能导向部门化，是指根据职能的相关性设置部门，便于发挥工作专业化的优势。

（三）职权设计

职权是指经由一定的正式程序所赋予某项职位的一种权力。这种权力是一种职位的权力，而不是特定的某个人的权力。职权设计就是全面、正确地处理企业上下级之间和同级之间的职权关系，将不同类型的职权合理分配到各个层次和部门，明确规定各部门、各职务的具体职权，建立起集中统一、上下左右协调配合的职权结构。它是旨在保证各部门能够真正履行职责的一项重要的组织设计工作。

企业各层次、各部门、各种职务所享有的内容各异、大小不同的各种职权及其相互联系，即为企业的职权结构。职权设计工作有以下两方面内容：职权的纵向结构和横向结构。职权的纵向结构一般由高层的经营决策权、中层的专业管理权以及基层的作业管理权 3 个部分组成。将这 3 个组成部分联结起来，使之成为上下衔接、贯穿到底的纵向系统，靠的是决策权在各个层次的合理配置。职权的横向结构，指的是同一管理层次各个部门的职权配置及相互关系。它与职能结构和部门结构相适应，包括相互联系的 3 个方面的内容：一是按照专业分工，各部门所享有的相应职权；二是按照在各项工作中同级部门之间的协作关系，各自享有的相应职权，如决定权、建议权、确认权、协商权等；三是按照有关部门之间的横向制约关系所确定的监督权。

（四）管理规范设计

管理规范就是企业的规章制度，它是管理的规范和准则。结构本身设计最后要落实并体现为规章制度。管理规范保证了各个层次、部门和岗位，按照统一的要求和标准进行配合和行动。通过规范化管理，建立以责、权、利对等为基础的管理体系，实现企业由“人治”向“法治”，由“经验管理”向“职业化”管理的转变。具体来讲，管理规范化需要解决相互关联的5个问题：每个人的工作目标；为达成这样的工作目标应该怎样去做；控制员工行为和相关要素以保证员工能完成工作目标；对员工的工作数量和质量进行考核；对员工工作考核的结果进行奖励或惩罚。规章制度建设是企业管理的基础性工作，成功的企业背后一定有规范性与创新性高度融合的企业管理制度。管理制度建设是企业运行的必要保障，其规范的对象是企业管理者的权力和管理对象的自主行为。一方面，最大限度地调动员工的积极性，避免在企业管理中出现家长式的任意强权；另一方面，消除企业内部管理的无政府主义和软弱涣散状态，维护管理者的法定权威，实现企业意志和行为的统一。

（五）人员设计

人员设计就是管理人员的设计。企业结构本身设计和规范设计，都要以管理者为依托，并由管理者来执行。因此，按照组织设计的要求，必须进行人员设计，配备相应数量和质量的人员。

三、组织结构设计的基本原则

（一）任务与目标原则

旅行社组织设计的根本目的，是为实现企业的战略任务和经营目标服务的，这是一条最基本的原则。组织结构的全部设计工作必须以此作为出发点和归宿点，即旅行社任务、目标同组织结构之间是目的同手段的关系；衡量组织结构设计的优劣，要以是否有利于实现企业任务、目标作为最终的标准。从这一原则出发，当企业的任务、目标发生重大变化时，如从单纯生产型向生产经营型、从内向型向外向型转变时，组织结构必须作相应的调整和变革，以适应任务、目标变化的需要。又如，进行企业机构改革，必须明确要从任务和目标的要求出发，该增则增，该减则减，避免单纯地把精简机构作为改革的目的。

（二）专业分工和协作的原则

现代企业的管理，工作量大，专业性强，分别设置不同的专业部门，有利于提高管理工作的质量与效率。在合理分工的基础上，各专业部门只有加强协作与配合，才能保证各项专业管理的顺利开展，达到组织的整体目标。贯彻这一原则，在组织设计中要十分重视横向协调问题。因此要创造协调的环境，提高管理人员的全局观念，提高相互间的协作程度。

（三）有效管理幅度原则

由于受个人精力、知识、经验条件的限制，一名领导人能够有效领导的直属下级人数是有限的。有效管理幅度不是一个固定值，它受职务的性质、人员的素质、职能机构健全与否等条件的影响。这一原则要求在进行组织设计时，领导人的管理幅度应控制在一定水平，以保证管理工作的有效性。由于管理幅度的大小同管理层次的多少呈反比例关系，这一原则要求在确定企业的管理层次时，必须考虑有效管理幅度。因此，有效管理幅度也是决定企业管理层次的一个基本因素。

（四）集权与分权相结合的原则

组织设计时，既要有必要的权力集中，又要有必要的权力分散，两者不可偏废。集权是大生产的客观要求，它有利于保证企业的统一领导和指挥，有利于人力、物力、财力的合理分配和使用。而分权是调动下级积极性、主动性的必要组织条件。合理分权有利于基层根据实际情况迅速而正确地做出决策，也有利于上层领导摆脱日常事务，集中精力抓重大问题。因此，集权与分权是相辅相成的，是矛盾的统一。没有绝对的集权，也没有绝对的分权。企业在确定内部上下级管理权力分工时，主要应考虑的因素有：企业规模的大小，企业生产技术特点，各项专业工作的性质，各单位的管理水平和人员素质的要求等。

（五）稳定性和适应性相结合的原则

稳定性和适应性相结合的原则要求组织设计时，既要保证组织在外部环境和旅行社任务发生变化时，能够继续有序地正常运转，又要保证组织在运转过程中，能够根据变化了的情况做出相应的调整，组织应具有一定的弹性和适应性。为此，既需要在组织中建立明确的指挥系统、责权关系及规章制度，又要求选用一些具有较好适应性的组织形式和措施，使组织在变动的环境中，具有一种内在的自动调节机制。

（六）权、责、利对等原则

责任、权力和利益三者之间是不可分割的，必须是协调的、平衡的和统一的。在委以责任的同时，必须委以必需的权力，还必须有利益来激励。有责无权，有权无责，或者权责不对等、不匹配，都会使组织结构不能有效运行，组织目标也难以实现。

四、组织结构框架设计

（一）直线职能制结构

直线职能制是旅行社企业中常见的一种结构形式，被称为“U形组织”或“单一职能型结构”“单元结构”。

1. 直线职能制结构的特点

以直线为基础，在各级行政主管之下设置相应的职能部门从事专业管理，并作为该级行政主管的参谋，实现主管统一指挥与职能部门参谋指导相结合。这种结构下，下级机构既受上级部门的管理，又受同级职能管理部门的业务指导和监督。各级行政领导人逐级负责，高度集权。这是一种按管理职能划分部门，并由最高经营者直接指挥的体制。

2. 直线职能制结构的优势

它既保持了直线型结构集中统一指挥的优点，又吸收了职能型结构分工细密、注重专业化管理的长处，从而有助于提高管理工作的效率。

3. 直线职能制结构的缺陷

（1）它属于典型的集权式结构，权力集中于最高管理层，下级缺乏必要的自主权。

（2）各职能部门之间的横向联系较差，容易产生脱节和矛盾。

（3）这种组织结构建立在高度的“职权分裂”的基础上，各职能部门与直线部门之间如果目标不统一，则容易产生矛盾。特别是对于需要多部门合作的事项，往往难以确定责任的归属。

（4）信息传递路线较长，反馈较慢，难以适应环境的迅速变化。

4. 直线职能制结构的适用范围

直线职能制结构适用于产品单一、销量大、决策信息较少的企业，大中型旅行社组织较普遍采用。

（二）事业部制结构

事业部制组织结构，亦称M形结构或多部门结构，有时也称为产品部式结构或战略经营单位。

1. 事业部制结构的特征

事业部制是分级管理、分级核算、自负盈亏的一种形式，即一个组织按地区或按产品类别分成若干个事业部。从产品的设计、原料采购，一直到产品销售，均由其所属事业部负责，实行单独核算、独立经营，公司总部只保留人事决策、预算控制和监督大权，并通过利润等指标对事业部进行控制。

2. 事业部制结构的优点

(1) 总公司领导可以摆脱日常事务，集中精力考虑全局问题。

(2) 事业部制实行自主经营、独立核算，更能发挥经营管理者的积极性，更利于组织专业化生产和实现组织的内部协作。

(3) 各事业部之间有比较、有竞争，有利于组织的发展。

(4) 事业部内部的供、产、销等职能之间容易协调。

(5) 事业部经理要从事业部整体来考虑问题，有利于培养和训练全能型管理人才。

3. 事业部制结构的缺点

(1) 总部与事业部的职能机构重叠，造成管理人员浪费。

(2) 事业部实行独立核算，各事业部只考虑自身的利益，影响事业部之间的协作。

(3) 资源的分散使用使得深层次研究活动难以开展。

4. 事业部制结构的适用范围

事业部制适用于规模庞大、产品品种繁多、技术复杂的大型组织。当总部的无形资产有巨大吸引力、管理能力很强，同时分公司又有独立的市场和独立的利益时适宜选择事业部制。

(三) 矩阵制结构

矩阵制结构是把按职能划分的部门和按产品（项目）划分的小组结合起来组成一个矩阵，员工既同原职能部门保持组织与业务上的联系，又参加项目小组的工作。

1. 矩阵制结构的特点

矩阵制的特点表现在围绕某项专门任务成立跨职能部门的专门机构。这种组织结构形式是固定的，人员却是变动的。

2. 矩阵制结构的优点

(1) 将组织的横向与纵向关系相结合，有利于协作生产和适应环境变化的需要。

(2) 针对特定的任务进行人员配置有利于发挥个体优势，集众家之所长，提高项目完成的质量，提高劳动生产率。

(3) 各部门人员的不定期的组合有利于信息交流，增加互相学习的机会，提高专业管理水平。

3. 矩阵制结构的缺点

(1) 项目负责人的责任大于权力，没有足够的激励手段与惩治手段；员工面临双重的职权关系，容易产生无所适从和混乱感。

(2) 由于项目组成人员来自各个职能部门，当任务完成以后仍要回原单位，因而容易产生临时观念，对工作有一定影响。

（3）员工需要有良好的人际关系技能并接受高强度的训练。

（4）耗费时间，需要频繁开会以讨论冲突解决方案。

4. 矩阵制结构的适用范围

（1）拥有中等规模和中等数量产品线的组织适宜采用矩阵制结构。

（2）当环境的不确定性和部门之间存在高度依存关系时，适宜采用矩阵制结构。

（四）网络型结构

1. 网络型结构的特点

网络型结构是利用现代信息技术手段，建立与发展起来的一种新型的组织结构。该网络型结构的核心是一个小规模的销售公司，其工作是直接监督公司内部开展的各项活动，并协调同其他制造、分销和执行网络组织的其他重要职能的外部机构之间的关系。

网络型结构是一个精干的中心机构，以契约关系的建立和维持为基础，依靠外部机构进行制造、销售或其他重要业务经营活动的组织结构形式。

2. 网络型结构的优点

（1）降低管理成本，提高管理效率。

（2）实现了更大范围内供应链与销售环节的整合。

（3）简化了机构和管理层次，实现了充分授权式的管理。

3. 网络型结构的缺点

网络型结构需要科技与外部环境的支持。

4. 网络型结构的适用范围

采用网络型结构的组织需要相当大的灵活性以对环境的变化做出迅速反应，它适合于需要低廉劳动力的组织，比如玩具和服装制造业等。

延伸阅读

旅行社主要职能部门职责设计

（一）策划推广部

表 1-1　　策划推广部职能表

一级职能	二级职能	三级职能
旅游产品策划与市场推广	1. 旅行社市场细分与定位管理	A. 制定与修订旅行社市场细分与定位管理制度 B. 旅行社市场细分管理 C. 旅行社市场定位管理 D. 行业发展情况与竞争对手情况调查
	2. 品牌管理	A. 制定与修订旅行社品牌管理制度 B. 旅行社品牌策划 C. 旅行社品牌推广

续前表

一级职能	二级职能	三级职能
旅游产品策划与市场推广	3. 旅游产品策划	A. 制定与修订旅行社产品策划管理制度 B. 旅游产品策划的调研工作 C. 旅游产品线路设计 D. 策划旅游产品定价工作 E. 旅游产品推广策划
	4. 市场推广活动策划	A. 制定与修订市场推广活动策划管理制度与方案 B. 市场推广活动策划的调研活动 C. 进行市场推广营销策划 D. 广告方案设计 E. 组织、执行市场推广活动策划方案
	5. 内部管理	A. 合理调配部门员工的工作 B. 部门经费的控制与管理 C. 定期对员工进行业务培训与考核工作

（二）采购中心

表 1－2　　采购中心职能表

一级职能	二级职能	三级职能
旅游服务项目开发	1. 制定采购计划	A. 采购中心根据旅行社各种旅游服务的市场行情、旅游服务的季节性变化规律等制定采购计划 B. 采购计划的执行
	2. 采购调查	A. 制定与修订采购调查管理制度 B. 调查同业竞争对手食、住、行、游、购、娱的信息，为旅行社采购业务的开拓与调整提供依据 C. 调查旅游市场食、住、行、游、购、娱的产品信息
	3. 采购过程管理	A. 制定与修订采购管理制度 B. 选择合适的采购旅游供应商 C. 对采购对象进行考察、评估 D. 与采购对象洽谈 E. 签订合同
	4. 维护采购关系	A. 维护与旅游供应商的关系 B. 配合旅游供应商的工作 C. 建立广泛的采购协作网络
	5. 采购成本管理	A. 控制采购成本 B. 处理好供应和降低成本的关系
	6. 内部管理	A. 合理调配部门员工的工作 B. 定期对员工进行业务培训与考核工作

（三）外联部

表 1-3　　外联部职能表

一级职能	二级职能	三级职能
旅行社产品销售管理	1. 信息收集	A. 收集所获得的旅游市场信息 B. 收集竞争对手的旅游线路开发、宣传情况信息 C. 为制定新的旅游线路、修改完善已有旅游线路提供依据
	2. 旅行社产品销售	A. 寻找新的旅游中间商或游客 B. 开拓更多可与客户合作的领域 C. 向旅游中间商传递公司的相关信息 D. 根据客户需求向旅游中间商或游客提供报价 E. 与客户进行谈判 F. 与旅游中间商或游客签订协议或旅游合同
	3. 客户关系管理	A. 制定与修订客户管理制度 B. 建立客户档案 C. 沟通、协调好与旅游中间商或游客的关系 D. 协调、处理旅游中间商与旅行社之间的问题 E. 协调、处理游客与旅行社之间的关系
	4. 内部管理	A. 合理调配部门员工的工作 B. 定期对员工进行业务培训与考核工作

（四）计调部

表 1-4　　计调部职能表

一级职能	二级职能	三级职能
旅游业务调度	1. 接待工作	A. 客户接待 B. 组团工作
	2. 制定、安排接待计划	A. 制定接待计划 B. 下发旅游团、导游及接待计划 C. 安排旅游接待计划、旅游预算单
	3. 协调关系	A. 协调旅行社与旅游中间商的关系 B. 协调旅行社与旅游服务提供商的关系 C. 协调导游的关系
	4. 签证办理	A. 核实游客的身份、资料 B. 为旅行社的游客办理签证业务 C. 协调好旅行社与各出境游地大使馆/领事馆的关系
	5. 预订管理	A. 酒店预订管理 B. 票务预订管理 C. 车辆预订管理 D. 其他旅行社预订管理
	6. 信息收集与资料统计	A. 收集、整理旅游业的各种信息 B. 收集旅行团的反馈信息 C. 统计旅行社旅游业务月报、季报表
	7. 内部管理	A. 合理调配部门员工的工作 B. 定期对员工进行业务培训与考核工作

（五）前台服务部

表 1-5 前台服务部职能表

一级职能	二级职能	三级职能
前台服务	1. 前台管理	A. 制定与编制前台管理制度 B. 内部前台管理 C. 外聘前台管理
	2. 接待来访人员	A. 负责来访人员进行信息登记 B. 接受散客预订，为散客办理相关手续，交给计调和财务人员 C. 收集、整理游客的反馈信息

（六）接待部

表 1-6 接待部职能表

一级职能	二级职能	三级职能
导游服务	1. 导游管理	A. 制定与编制导游管理制度 B. 内部导游管理 C. 外聘导游管理
	2. 导游服务	A. 全陪服务管理 B. 地陪服务管理 C. 领队服务管理
	3. 关系协调	A. 协调接待部与旅行社其他各部门的关系 B. 协调导游与旅行社其他各部门的关系
	4. 内部管理	A. 合理调配部门员工的工作 B. 定期对员工进行业务培训与考核工作

（七）电子商务部

表 1-7 电子商务部职能表

一级职能	二级职能	三级职能
电子商务管理	1. 网络管理	A. 旅行社内部网络与外部网络的设计与管理 B. 计算机技术支持管理 C. 电子邮件与信息系统管理
	2. 网站内容管理	A. 网站信息分类管理 B. 公司产品与信息发布 C. 公司内部信息的发布
	3. 交易服务管理	A. 向客户提供可供交易的商品和服务的目录 B. 客户订单处理 C. 进行网上交易 D. 提供网络售后服务
	4. 内部管理	A. 合理调配部门员工的工作 B. 定期对员工进行业务培训与考核工作

（八）客户服务部

表 1-8 客户服务部职能表

一级职能	二级职能	三级职能
客户服务管理	1. 旅游质量管理	A. 制定与修订旅行社质量管理制度与客户服务标准 B. 制定与实施客户满意度调查计划 C. 客户意见的汇总分析，提出客户服务改进方案
	2. 旅游投诉处理	A. 旅游投诉受理 B. 旅游投诉调查 C. 旅游投诉处理
	3. 内部管理	A. 合理调配部门员工的工作 B. 定期对员工进行业务培训与考核工作

（九）人力资源部

表 1-9 人力资源部职能表

一级职能	二级职能	三级职能
人力资源管理	1. 人力资源管理制度建设	A. 编制人力资源管理的各项规章制度及员工日常行为规范。 B. 定期对人力资源管理制度的执行情况进行监督、检查 C. 根据公司的发展对人力资源管理制度及员工日常行为规范进行个性化完善
	2. 人力资源规划	A. 根据旅行社总体业务发展状况及各分支机构的实际业务状况，编制旅行社整体人力资源规划 B. 定期或不定期对人力资源规划进行修订
	3. 员工招聘	A. 根据公司及各下属分支机构员工需求情况，编制员工需求计划 B. 依照员工需求计划及岗位职责，编写招聘信息，并选择恰当的招聘方式进行招聘工作 C. 对应聘人员进行初试筛选 D. 与用人部门共同组织复试并确认录用对象 E. 为录用员工办理入职手续
	4. 员工日常管理	A. 组织、指导旅行社各部门、各分支机构编写职位说明书并审核 B. 根据国家劳动部门的规定，结合公司实际情况，制定统一的劳动合同文本，并组织员工签订及续签 C. 办理员工调配、任免、晋升、奖惩的相关手续 D. 对各类员工档案进行综合管理 E. 办理人事档案调转手续 F. 协同法律顾问处理有关劳动纠纷，进行员工关系管理

续前表

一级职能	二级职能	三级职能
人力资源管理	5. 员工培训	A. 根据各部门、各分支机构提交的员工年度培训计划，编制旅行社年度培训计划 B. 培训费用预算及费用申请 C. 根据培训计划，组织员工进行相应培训 E. 培训结束后对参加培训的员工进行培训效果跟踪与评估
	6. 绩效考核	A. 根据各部门职能分解和各岗位的职位说明书，组织实施绩效考核 B. 配合相关部门，依据年度经营目标计划对中层以上干部实施考核 C. 按照公司的组织任命程序，组织实施干部晋升考核
	7. 薪酬与福利管理	A. 根据国家的相关规定，结合旅行社的实际情况，制定公司薪酬福利政策，报领导审批后执行 B. 进行旅行社的薪酬福利体系设计，报领导审批后执行 C. 制定员工工资发放程序与手续 D. 对员工进行考勤管理 E. 编制员工工资表

（十）行政部

表 1-10　　行政部职能表

一级职能	二级职能	三级职能
行政事务管理	1. 内部协调、沟通事务	A. 协调好旅行社领导与各部门之间的关系 B. 做好旅行社内部各部门以及各分支机构的联络、协调、沟通工作 C. 负责以董事会、旅行社名义发布的各种文件的下发、管理工作 D. 负责收集、汇总各部门、分支机构向旅行社汇报的工作计划及工作总结，供领导及时了解情况
	2. 接待、活动、会议的组织管理	A. 负责公司日常接待、大型活动的策划和组织 B. 负责公司会议的筹备、组织和记录
	3. 安全保障管理	A. 负责公司和分支机构的安全、保卫、治安、消防管理 B. 负责与保安公司的联系及保安员的调配与管理
	4. 后勤保障管理	A. 员工宿舍和休息室的管理 B. 员工活动场所的管理 C. 环境建设和环境保护的管理 D. 通信器材和通信费用的管理 F. 根据公司日常工作需要，提供其他必要的后勤保障服务

续前表

一级职能	二级职能	三级职能
行政事务管理	5. 文书、档案管理	A. 公司印章、证书和相关资质文件的管理 B. 公司文件、制度的审核、印发及存档 C. 公司往来文件、受控文件和文书的管理
	6. 行政费用控制	A. 根据各部门、各分支机构的年度行政费用预算，制定公司的年度行政费用计划，并报领导审批 B. 按照公司年度行政费用预算，严格控制各项费用支出 C. 确认费用分摊范围，按月向各部门、各分支机构分摊各项行政费用
	7. 财产物资管理	A. 制定公司低值易耗品和行政财产物资管理办法，报领导审批后并监督其他部门的执行情况 B. 根据公司各部门对财产物资的需求，统一协调、购买 C. 对公司行政财产物资进行登记、造册、定期盘点 D. 对公司行政财产物资进行维修和保养

（十一）财务部

表 1-11　　财务部职能表

一级职能	二级职能	三级职能
财务管理	1. 财务预算管理	A. 制定和修订旅行社财务预算与核算管理制度 B. 编制旅行社年度、季度、月度财务计划 C. 汇总各部门预算，组织编制及审核旅行社财务预算 D. 组织实施旅行社财务预算计划
	2. 融资管理	A. 负责具体协调和融资机构之间的关系，建设企业的融资信誉和融资渠道 B. 负责处理和融资机构之间的具体工作 C. 配合主管副总经理监控融资渠道结构，降低融资成本
	3. 日常会计核算管理	A. 制定和修订旅行社日常会计核算管理制度 B. 组织进行会计核算和账务处理 C. 对旅行社的账目进行管理 D. 旅行团费的收取与管理 E. 对旅行社各项费用的支出管理
	4. 财务分析管理	A. 定期进行旅行社财务综合分析和预测 B. 针对出现的财务问题，向相关领导提出财务控制措施和建议 C. 对旅行社新的业务项目进行财务预测与分析

续前表

一级职能	二级职能	三级职能
财务管理	5. 财务监督与管理	A. 制定和修订旅行社财务监督管理制度 B. 执行相关财务制度 C. 监督各项财务收支 D. 对违反财务纪律的事件及时进行处理，发现重大问题及时上报旅行社相关领导，并提出处理意见
	6. 税务管理	A. 制定和修订旅行社财务部门税务管理相关制度 B. 及时了解、掌握国家有关税务政策 C. 执行旅行社的报税工作 D. 协调好与税务部门的关系
	7. 财务审计	A. 制定旅行社内部审计管理制度 B. 制定旅行社年度审计工作计划 C. 对旅行社经营成果的真实性、准确性、合规合法性进行审计 D. 对旅行社及分支机构的财务收支情况进行审计

任务实施

教师组织学生画出组织结构图。每个学生画出三个组织结构图，对每一个组织结构图进行描述，并说出每一种组织结构设计的优势和劣势。

评分标准

序号	评分项目	分值	得分
1	组织结构图	30 分	
2	职能部门设置合理性	20 分	
3	语言表达	40 分	
4	礼仪礼节	10 分	

项目总结

《旅行社条例》是指导旅行社经营管理最重要的法律规范。与其他行业相比，旅行社有最低注册资本金要求、缴纳质量保证金和行业许可制度。在经营管理过程中，旅行社经常需要打交道的政府部门是旅游行政主管部门，因此，旅行社负责人应了解相应法律法规的要求，在法律法规许可的范围内合法经营。旅行社经营是否成功的关键在于人才，人才能否发挥作用，关键在于组织的设计。当企业组织结构设计合理时，职场就成为人尽其才、各显才能的职业舞台，旅行社就会充满活力和发展动力；反之，就会人浮于事、效率低下，不断消耗旅行社的资源，最终导致旅行社经营失败。

项目二
开发旅行社产品

传统的旅游六大要素“食、住、行、游、购、娱”中，“食”由餐饮行业提供，“住”由住宿行业提供，“行”由交通行业提供，“游”由旅游资源行业提供，“购”由旅游商品经营行业提供，“娱”由娱乐服务行业提供，那还要旅行社干什么？事实告诉我们，旅行社从产生到现在已经有150多年的历史，从无到有，从几枝独秀到遍地开花，旅行社行业越来越壮大。那么旅行社主要经营什么产品？怎么设计旅行社的产品？让我们带着这些问题，一同走近旅行社产品开发，去一探究竟吧！

任务一　认识旅行社产品

学习目标

知识目标

了解旅行社产品的概念、特征、类型。

能力目标

会搜集、分析旅行社产品。

素质目标

培养学生搜集分析问题的能力、创新能力及沟通、配合、协调等团队协作能力。

任务描述

要开发好的旅行社产品，首先要了解旅行社产品，最好的办法就是向别的旅行社取经。各小组请施展浑身解数，多渠道向周边旅行社获取旅行社产品信息，对获取的旅行社产品信息进行分析总结，并分组汇报。

知识准备

旅行社产品是旅行社生存和发展的基础，随着旅游方式和旅游理念的不断革新，旅行社产品也需要不断创新和发展。只有随时根据旅游市场的需求调整和创新产品，旅行社才能赢得市场，从而在激烈的竞争中立于不败之地。

一、旅行社产品的概念

在学术界和业界，旅行社产品作为一种特殊的产品，相关的定义很多，在此不予赘述。在了解旅行社产品的概念之前，我们先要了解它的上一级产品和旅游产品的概念。产品是指能够提供给市场，为消费者或组织所使用和消费，并能满足消费者或组织某种需求的任何东西，包括有形的物品、无形的服务、组织、观念或它们的组合。产品的提供者可以是个人或组织。对旅游产品概念的理解可以从两个角度来看：从旅游经营者角度，是指旅游经营者凭借一定的旅游资源直接或间接向旅游者提供的满足其在旅游过程中综合需求的服务；而从旅游者角度，则是指旅游者支付一定的金钱、时间和精力后所获得的满足其旅游需求的经过。旅游产品的提供者可以是包括个人或组织在内的任何旅游经营者，如体验式家庭作坊、酒店、景区等，当然也包括旅行社。

从旅游产品的概念可以看出，旅行社产品属于旅游产品，它是旅行社根据市场需求，通过采购并整合景点、交通、住宿、餐饮、购物、娱乐等单项服务产品，并将自己的服务贯穿其中的、向旅游者提供的在旅游活动过程中的全部产品和服务的总称。包价旅游是旅行社产品最简单、最典型的形式。在旅行社的实际经营过程中，其提供的产品既包括整体或综合的旅游服务，也包括零散或单项的旅游服务，还包括介于两者之间的任意组合的旅游服务。组合和包价产品是旅行社产品中的核心，是旅行社利润的主要来源。

旅行社产品最主要、最典型的反映形式是“旅游线路”。旅行社所提供的旅游线路，是旅行社从业人员经过市场调查、筛选、组织、创意策划、服务采购、广告设计等最终生产出来的，以旅游资源点或区域为节点，以交通路线为线索，向旅游者提供的旅游过程的具体走向。当旅游者购买了这个“旅游线路”，并在法律上得以承认时，“旅游线路”就具体化或变成“有形物”从而成为“旅行社产品”。其后的接待服务（导游服务、后勤保障等）开始释放并融入整个过程中。

随着旅游业的不断发展，旅行社的经营范围也在不断扩展，部分旅行社走上了集团化发展的道路，经营上开始走向多元化，包括相关多元化和不相关多元化。相关多元化是指向与旅行社业务关联度较高的行业如旅游纪念品生产企业、餐饮业、酒店住宿业、交通运输业等的扩展，不相关多元化是指向与旅行社业务关联度较低的行业如金融业、房地产行业等的扩展。但从旅行社经营的专业化角度来说，具有旅游产品属性的旅行社产品应是其经营的最核心产品。

延伸阅读

产品的概念

20 世纪 90 年代以来，菲利普·科特勒等学者倾向于使用 5 个层次来表述产品整体概念，认为 5 个层次的表述方式能够更深刻、更准确地表述产品整体概念的含义。产品整体概念要求营销人员在规划市场供应物时，考虑到能提供顾客价值的 5 个层次。产品整体概念的 5 个基本层次是：

（1）核心产品。核心产品是指向顾客提供的产品的基本效用或利益。从根本上说，每一种产品实质上都是为解决问题而提供的服务。因此，营销人员向顾客销售任何产品，都必须具有反映顾客核心需求的基本效用或利益。

（2）形式产品。形式产品是指核心产品借以实现的形式，由 5 个特征构成，即品质、式样、特征、商标及包装。即使是纯粹的服务，也具有相类似的形式上的特点。

(3) 期望产品。期望产品是指购买者在购买产品时期望得到的与产品密切相关的一整套属性和条件。

(4) 延伸产品。延伸产品是指顾客购买形式产品和期望产品时附带获得的各种利益的总和，包括产品说明书、保证、安装、维修、送货、技术培训等。国内外很多企业的成功，在一定程度上应归功于它们更好地认识到服务在产品整体概念中所占的重要地位。

(5) 潜在产品。潜在产品是指现有产品包括所有附加产品在内的，可能发展成为未来最终产品的潜在状态的产品。潜在产品指出了现有产品可能的演变趋势和前景。

旅游业一般采用产品的 3 个层次划分，即将产品划分为核心产品、形式产品和附加产品。核心产品是旅游产品能带给旅游者的基本利益和效用，形式产品是核心产品借以实现的旅游产品形式，附加产品是旅游者在购买旅游产品时所获得的附加的服务和利益。

随着科学技术的日新月异以及企业生产和管理水平的提高，不同企业提供的同类产品在实质和形式产品层次上越来越接近，而附加产品在企业市场营销中的重要性日益突出，逐步成为决定企业竞争能力高低的关键因素，对于旅行社行业来说更是如此。

资料来源：https://baike.baidu.com/item/产品/105875?fr=aladdin.

二、旅行社产品的特征

（一）综合性

综合性是旅游业的基本特征之一，旅行社产品作为旅游产品的重要体现形式，也具有明显的综合性特征。从旅游要素上看，旅行社产品是由多种旅游吸引物、交通工具、餐饮住宿、娱乐项目及多项设施和服务要素组成的满足旅游者在旅游活动中多方面需求的综合性产品。从旅游供给上看，旅行社产品的各个要素，都是由不同的旅游企业及相关企业和部门所生产的，既包括直接为旅行社产品提供支持的交通、旅游资源、餐饮住宿、娱乐服务等行业，也包括间接为旅行社产品提供支持的金融保险、轻工、农副、建筑等行业和政府、文化、教育、卫生、公安等部门。旅行社产品的综合性是其区别于其他物质产品和服务产品的重要特征。由于旅行社产品所涉及的要素和行业多，且单项服务产品的主导权又不在自己的掌控中，因此，旅行社产品在其组合过程中只是部分地利用或暂时地利用，不排斥其他旅游行业和其他社会单位对其旅游产品和社会公共产品的利用。

（二）依附性

旅行社产品因其综合性特征，产品的生产和消费涉及多个行业和部门，需要多个行业和部门的支持和协作，这些行业和部门中的任何一个发生变化，都可能直接或间接地影响旅行社产品的生产和消费的水平，都可能会引起旅游者对该产品的评价和选择。因此，旅行社在设计和生产旅行社产品时也要加强与相关行业和部门的协作，并做好应急预案的准备。

（三）敏感性

由于旅行社产品涉及人与自然、人与社会和人与人之间的诸多关系，致使旅行社产品对外界环境包括战争、政治动荡、政策、国际关系、经济金融、自然灾害、疫情等有着非常高的敏感性。外界环境的任何一项发生变化，都有可能引起旅游需求的变化，进而影响旅行社产品的生产和消费。诸如 2003 年的“非典”疫情、2008 年的汶川地震、2020 年的新冠肺炎疫情，近几年韩国部署萨德反导系统事件等均对我国旅行社行业产生了一定的冲击和影响。但旅行社产品对外界变化反应的异常迅速并不代表旅行社产品的脆弱。旅行社产品受冲击和影响快，一旦外界环境变化，恢复也很快，这主要是由日益增强的旅游需求所决定的。正像世界旅游组织秘书长弗朗加利说过的那样，“在旅游的历史上，从来没有出现过深度的、长期的萧条”，旅游业是永远的朝阳产业，旅行社产品也同样具有顽强的生命力。

延伸阅读

新冠病毒 COVID－2019 给我国旅行社行业带来的影响

自 2019 年底新型冠状病毒（COVID－2019）疫情爆发以来，对我国旅行社行业带来巨大冲击，根据文化和旅游部的统计数据比较如下：

一、行业规模缩减

2019 年度，全国共有旅行社总数为 38 943 家，直接从业人员 415 941 人，签订劳动合同的导游人数为 121 710 人，领队人员 57 148 人。

2020 年度，全国共有旅行社总数为 40 682 家，直接从业人员 322 497 人，签订劳动合同的导游人数为 108 803 人，未体现领队人员。

2021 年度，全国共有旅行社总数为 42 432 家，直接从业人员 278 772 人，签订劳动合同的导游人数为 94 332 人，未体现领队人员。

从旅行社总数上来看有所增加，但直接从业人员 2021 年底仅有 2019 年底的 67%，签订劳动合同的导游人数 2021 年底仅有 2019 年底的 78%。

二、经营情况萎缩

2019 年度，全国旅行社营业收入为 7 103.38 亿元，利润总额为 43.28 亿元，旅游业务营业收入为 5 165.72 亿元，旅游业务利润为 233.27 亿元。其中入境旅游营业收入为 269.20 亿元，入境旅游业务利润为 20.19 亿元，国内旅游营业收入为

2 750.96 亿元，国内旅游业务利润为 123.50 亿元，出境旅游营业收入为 2 145.56 亿元，出境旅游业务利润为 89.58 亿元。

2020 年度，全国旅行社营业收入为 2 389.69 亿元，利润总额为－71.77 亿元，旅游业务营业收入为 1 374.56 亿元，旅游业务营业利润为 3.27 亿元。其中入境旅游营业收入为 16.16 亿元，入境旅游业务利润为 0.05 亿元，国内旅游营业收入为 1 194.49 亿元，国内旅游业务利润为 2.65 亿元，出境旅游营业收入为 163.91 亿元，出境旅游业务利润为 0.57 亿元。

2021 年度，全国旅行社营业收入为 1 857.16 亿元，利润总额为－53.44 亿元，旅游业务营业收入 1 467.48 亿元，旅游业务营业利润－3.00 亿元。其中入境旅游营业收入为 2.90 亿元，入境旅游业务利润为－0.09 亿元，国内旅游营业收入为 1 457.95 亿元，国内旅游业务利润为－2.47 亿元，出境旅游营业收入为 6.63 亿元，出境旅游业务利润为－0.44 亿元。

营业收入 2021 年度仅有 2019 年度的 26%，利润总额 2021 年度比 2019 年度减少了 96.72 亿元，连续两年利润总额为负值，其中旅游业务营业收入 2021 年度仅有 2019 年底的 28%，旅游业务营业利润 2021 年底比 2019 年度减少 236.27 亿元，出现负值。三大市场也均呈现明显萎缩，入境旅游、国内旅游、出境旅游营业收入 2021 年度分别为 2019 年度的 1%、53%、0.3%。

三、组接情况走低

2019 年度，全国旅行社入境旅游外联 1 227.29 万人次，4 780.87 万人/天，接待 1 829.62 万人次，5 911.27 万人/天；国内旅游组织 17 666.29 万人次，52 868.42 万人/天，接待 18 472.66 万人次，44 212.68 万人/天；出境旅游组织 6 288.06 万人次，32 070.63 万人/天。

2020 年度，全国旅行社入境旅游外联 41.31 万人次，156.05 万人/天，接待 66.15 万人次，216.00 万人/天；国内旅游组织 5 772.71 万人次，14 217.91 万人/天，接待 7 515.82 万人次，16 028.70 万人/天；出境旅游组织 341.38 万人次，1 672.63 万人/天。

2021 年度，全国旅行社入境旅游外联 1.17 万人次，4.47 万人/天，接待 2.20 万人次，6.50 万人/天；国内旅游组织 7 857.58 万人次，19 572.98 万人/天，接待 9 291.13 万人次，19 993.66 万人/天；出境旅游组织 0.94 万人次，1.90 万人/天。

全国旅行社入境旅游外联人次 2021 年度仅有 2019 年度的 0.09%，国内旅游人次 2021 年度为 2019 年度的 44%，出境旅游人次 2021 年度为 2019 年度的 0.01%。

资料来源：文化和旅游部 2019 年度、2020 年度、2021 年度全国旅行社统计调查报告.

（四）异质性

旅行社产品是以“人”为中心的服务性产品，购买和消费旅行社产品的旅游者自始至终参与旅行社提供的产品，产品的生产与消费高度同步，在整个生产与消费的过程中，不仅旅行社的导游员经常与旅游者密切接触，而且旅行社的其他相关人员与旅游者的接触频率也较高，因此旅行社产品的质量受人为因素的影响较大。由于人类个性的存在，使得旅行社产品存在较大的异质性：一方面是服务者自身因素（如心理、生理状态）的影响，即使由同一服务者所提供的服务也可能会有不同的水准；另一方面，由于旅游者本身的因素（如知识水平、兴趣和爱好等），也会对旅行社产品和服务质量有着不同的理解。正是由于旅行社产品异质性的存在，使得人们对于旅行社产品的质量评价很难采用统一的标准，这就要求旅行社在提供产品时应尽量加强对服务人员的培养和管理，减少人为因素对产品质量的负面影响。

三、旅行社产品的类型

旅行社要根据旅游者不同的需求，开发不同的旅行社产品。从不同的角度，根据不同的标准，可以对旅行社产品进行不同的分类。从旅行社的角度出发常见的有以下几种划分方式：

（一）按照包价内容划分

1. 全包价旅行社产品

全包价旅行社产品是我国旅行社产品的主要形式，指旅游者将食、住、行、游、购、娱等各种相关的旅游服务全部委托给一家旅行社办理，一次性预付所有的旅游费用。全包价中主要包括综合服务费、房费、餐费、交通费、各类门票费、保险费和专项附加费等。一般来说，参加全包价旅游特别是全包价团体旅游（团体一般为10人或以上，低于10人则称为散客）可以获得较优惠的价格且较为省心，缺乏个性则是全包价旅游的主要缺点。

2. 半包价旅行社产品

半包价旅行社产品是指在全包价的基础上，扣除中、晚餐费用的一种包价形式。该种产品能较好地满足不同旅游者对餐饮方面的不同需求，旅游者可以在旅游目的地自由选择中、晚餐，费用现付。与全包价旅行社产品相比，因为旅游者自由选择中、晚餐需要较多的时间，所以在行程安排中就要为用餐留出较为充足的时间。

3. 小包价旅行社产品

小包价旅行社产品也叫可选择性旅行社产品，即旅游者可按本人意愿自由选择所需的旅游项目。该产品的可选择部分主要包括导游服务、中晚餐、参观游览项目和娱乐项目等，旅游者可以根据时间、兴趣和经济情况等自由选择和安排，费用可预付也可现付，不可选择部分主要包括住房、早餐、大交通服务等，该部分费用和一些其他附加费用要提前支付。小包价旅行社产品的主要特点是明码标价、机动灵活，能够给旅游者较大的自由度。

4. 零包价旅行社产品

零包价旅行社产品是指旅游者必须随团前往和离开旅游目的地，但在旅游目的地的活动完全由旅游者自行决定和安排。参加零包价旅游的旅游者可以获得团体机票价格等的优惠，并可由旅行社统一代办签证等。该种产品较多见于旅游发达国家。

5. 单项委托服务旅行社产品

单项委托服务旅行社产品是旅行社根据旅游者的需求，为旅游者提供各种按单项计价的可供选择的服务。主要的服务项目包括：代办签证、机票预订、客房预订、导游服务、行李托运、代客联系参观游览项目等。该种产品主要适合于散客旅游者。近年来，散客旅游的迅猛发展，也给单项委托服务旅行社产品提供了广阔的市场。

（二）按照产品档次划分

1. 经济型旅行社产品

经济型旅行社产品较适合于经济实力较低，对价格敏感的旅游者。该种产品的价格相对比较低，在旅游过程中的硬件配备相对也较低：旅游者住宿一般安排在普通的招待所或旅社的双人标间或三人间、四人间；餐饮多以包席为主，餐标较低，也可以不含餐；交通上一般为普通旅游客车、轮船、火车硬卧（座）。

2. 标准型旅行社产品

标准型旅行社产品较适合于经济实力略高于经济型旅行社产品的旅游者。该种产品的价格相对适中，在旅游过程中的硬件配备相对较好：旅游者住宿一般安排在二、三星级酒店的双人标间；餐饮一般以包席为主，餐标略高；往返多使用飞机航线，享用豪华空调车。

3. 豪华型旅行社产品

豪华型旅行社产品较适合于经济实力高，对价格不太敏感的旅游者。该种产品的价格相对比较高，在旅游过程中的硬件配备也高：旅游者住宿一般安排在四星或以上酒店或豪华邮轮里；餐饮上档次，以当地风味餐、特色餐为佳；往返使用飞机航线，享用高档豪华进口车；购物选择上以提供当地特色、高档商品为主；享用高水准的娱乐节目；对导游员的服务能力要求也较高。

（三）按照旅行社的业务范围划分

1. 省内旅行社产品

省内旅行社产品一般由国内接待社进行设计和推出。国内接待社通过对旅游者消费需求的了解，结合本省或区域的旅游资源等要素禀赋，合理地对资源进行配置与整合，设计出旅游者喜欢的本省或区域的旅行社产品。

2. 省外旅行社产品

省外旅行社产品一般由国内组团社进行设计和推出，与省内旅行社产品相比，主要差别在于设计和推出的主体不同。省外旅行社产品开发是国内组团社的重要工作，需要加强对地接社的协调和管理，也有少部分国内组团社会配备全兼地导游，而不需要地接社的配合。

3. 出境旅行社产品

出境旅行社产品一般由出境组团社进行设计和推出。该类产品的服务对象为出境旅游者，对出境组团社的要求也相对较高，手续办理也相对复杂。该类产品一般需要配备专职的出境领队或导游，并要做好境外接待社的协调和管理。

4. 入境旅行社产品

入境旅行社产品一般由入境接待社进行设计和推出。该类产品的服务对象为入境旅游者，一般需要配备相应语种的导游，对导游的服务能力要求相对较高，旅游者的消费能力也相对较高。

除上述分类方式外，旅行社产品还可以按照活动的天数分为一日游、二日游……多日游，按照旅游的目的分为观光游、探亲游、商务游、修学游，按照资源结构分为自然风光游、人文景观游等，在此不予赘述。

任务实施

五人一组，由组成员选出组长、定出组名，在组长的主持下，各组借助网络分头查阅并制作当地县市区的旅行社布点图。各组分头通过电话咨询等多渠道搜集部分旅行社的产品，并对搜集到的产品进行分析汇报，听取汇报的同学可提出问题。最后采取小组互评与教师评议相结合的方式对任务实施情况进行评价。

评分标准

序号	评分项目	分值	得分
1	仪容仪表	10 分	
2	语言表达	20 分	
3	问题分析	30 分	
4	知识运用	20 分	
5	团队协作	20 分	

任务二 设计旅行社产品

学习目标

知识目标

熟悉旅行社产品的创新策略，掌握产品设计的原则和方法。

能力目标

会设计简单的旅游线路产品。

素质目标

锻炼创新能力。

任务描述

了解了旅行社产品之后，拥有自己的旅游线路产品则成为旅行社运营的必要条件。旅游线路产品的设计权就在你们的手里，发动小组成员，着手设计旅游线路产品，并对设计的产品进行展示汇报。

知识准备

旅行社产品的最主要、最典型的反映形式是“旅游线路”，在很多情况下，旅游线路产品被等同于旅行社产品或被看作旅行社产品的代名词。本任务也将以旅游线路设计为目标，进行学习和训练。

一、旅游线路设计的基本原则

（一）市场原则

市场原则要求旅行社在设计旅游线路之前，对市场的需求情况进行调查研究，了解旅游者出游的动机、需求的内容、潜在的需求状况、市场的规模、旅游者的支付能力等。不同的旅游者在不同阶段对旅游的需求也会有一定的差别。如果旅游线路的设计脱离了市场需求，则会成为空中楼阁。

延伸阅读

旅游者常见的需求动机

身体方面的动机：包括为了调节生活规律，促进健康而进行的度假休息、体育活动、海滩消遣、娱乐活动，以及其他直接与保健有关的活动。此外，还包括遵照医嘱或建议做异地疗法、洗温泉浴、做医疗检查以及类似的疗养活动。属于这方面的动机都有一个共同特点，即通过与身体有关的活动来消除紧张情绪。

文化方面的动机：人们为了认识、了解自己的生活环境和知识范围以外的事物而产生的动机，其最大的特点是希望了解异国他乡的情况，包括了解其音乐、民俗、舞蹈、绘画及宗教等。

人际（社会交往）方面的动机：人们通过各种形式的社会交往，保持与社会的接触，包括希望接触他乡人民、探亲访友、逃避日常的琐事及惯常的社会环境、结交新友等。

地位和声望方面的动机：这方面的动机主要与个人成就和个人发展的需要有关。属于这类动机的旅游包括事务、会议、考察研究、追求业余爱好以及求学等类型的旅游。旅游者通过旅游实现自己受人尊重、引人注意、被人赏识、获得好名声的愿望。

（二）特色原则

特色原则要求旅行社在设计旅游线路时，使线路具有独特性。无论出游的动机如何，旅游者一般都会将追求新奇异美，体验不同于日常生活的经历作为重要的诉求，因此旅游线路越有特色，就越能给旅游者带来更多的满足，就越能受到旅游者的青睐。有些旅游项目的特色是很鲜明的，如历史悠久的名城北京、南京、西安，别具一格的地方风俗“云南十八怪”“摩梭人的走婚制度”，特色名吃天津的“狗不理包子”、德州的“扒鸡”等，在设计旅游线路时可予以结合。有些旅游线路的特色可能还需要再发掘、再创新，或根据不同的旅游群体展现不同的特色。

（三）布局合理原则

一个完整的旅游活动涉及食、住、行、游、购、娱多个方面，既要考虑到各节点安排的衔接，也要考虑到旅游者的心理、身体运动规律，因此旅行社在设计旅游线路时，应慎重选择和安排各个节点。具体地讲，在设计旅游线路时应注意如下几点：

1. 旅游点间距离适中、不重复

各个旅游点之间的距离要适中，不能太远，在条件允许的情况下，尽量不两次经过同一个旅游点，在线路安排上尽量不安排特色过于相近的旅游点，在旅游交通上也尽可能往返不走同样的路线。

2. 劳逸结合、顺序科学

在安排旅游活动时要注意结构顺序和节奏，尽量让体力消耗大的旅游项目和相对节省体力的旅游项目交叉进行，同时要也注意到旅游者的心理运动规律，一条旅游线路如同艺术作品，也应当有序幕、发展、高潮、尾声。

3. 择点适量

旅游线路不是安排的旅游点或项目越多越好，根据边际效应递减规律，过多的旅游点或项目会降低旅游者满意程度。

案例

这么“好”的旅游线路为什么没人理?

小王是刚毕业于某旅游院校的大学生，经过认真调研发现有很多人对山东的名山很感兴趣，他认为这是一个很好的市场机会，于是经过精心的查阅和设计，为他刚入职的一家小旅行社推出了一款“齐鲁名山游”的旅游线路。在名山的选择上他花了较大的工夫，分别选择了“海上名山第一”的崂山、“五岳之首”的泰山、“大海东来第一”的沂山、“天然氧吧长寿圣地”蒙山、“齐鲁界山”鲁山为主要的旅游点，为配合此项目，小王还设计了精美的宣传册，制定了合理的价格。随后到对山东名山感兴趣的人群中去发放推荐该旅游线路。结果，半个月过去了，竟无人来电咨询该项目，更别说登门咨询或报名了。精心设计的这么“好”的旅游线路为什么就没有人理呢？小王陷入了困惑。

小王带着这些困惑去向对山东名山感兴趣的人群中去调研，一位男士的反问点醒了小王：“你推荐的这些山东名山从山本身来看是很有吸引力，但是一个线路下来全都是山，你想累死我啊？再者说了，从头到尾全都是山，好山也看不出好来了！”

（四）主题鲜明原则

旅游线路设计要有鲜明的主题，只有这样才能更快、更大地获得旅游吸引力。旅游线路的主题设计主要依靠旅游点之间性质或形式上的内在联系，将之有机地串联和提炼出来。例如“烹饪王国游”旅游线路将广州—成都—北京—南京—上海有机地串联起来，为“吃货”们设计了一条品尝我国南北大餐的特色线路。

（五）旅游知识产权保护原则

这是一个很容易被淡忘，但很必要的原则。因旅游线路是要面向市场公开推出的产品，很容易被其他竞争者获取和模仿，甚至会同时推向市场，从而使旅游线路开发者失去竞争优势。从成本上来看，开发一个新的旅游线路往往需要比较大的投入，相比直接获取和模仿的竞争者，新线路开发者甚至会陷入竞争劣势，这也是很多旅行社不愿意在产品开发上进行较大投入的主要原因。这一现状不利于旅行社产品的创新，因此保护旅游知识产权至关重要。旅游知识产权保护可以从两个方面考虑：一个是借助与知识产权保护相关的法律等外部力量来保护，现阶段该种方式在实际执行上效果并不太好；再一个就是通过增加垄断性或障碍性的设计，来保障旅游线路即使被竞争者获取，短期内也无法被模仿或较难被模仿，这一方式在实际执行上效果相对较好，也被一些旅行社所采用，但该种方式也限制了旅游线路设计的自由度。

二、旅游线路设计的方法

（一）围绕主题设计

主题是产品的灵魂和核心。旅游线路设计应深入挖掘主题，努力让产品突出文化特色。旅游线路设计需要鲜明的主题，旅游线路设计也要有力地支撑主题。主题需要挖掘、发现和创新，但也要注重市场的可行性，切忌凭空想象。

案例

非凡少年 2017 夏令营：我到北京上大学

第一天　放飞梦想　圆梦北京

放假了！让我们满怀激情，放飞梦想，背起行囊，向北京进发……

☆16:00 郑州火车站集合；17:02 乘高铁 G664 次向北京进发，感受国产最新型高科技列车的风驰电掣，赴首都北京，迎接夏令营的同学们入住营地，竞选小组长，开始全新的夏令营生活。

第二天　我爱北京天安门

☆好梦醒来，审视神往已久的首都北京。在天安门广场举行开营仪式。巍峨的人民英雄纪念碑、庄严的人民大会堂就在我们眼前，在天安门前合影留念，外观艺术殿堂“巨蛋”——国家大剧院，感受祖国建设新气象。参观毛主席纪念堂，向毛主席致敬，缅怀一代伟人的光辉业绩。

☆探访故宫博物院。故宫是世界上现存规模最大、保存最完整、建构最精致的古代宫殿建筑群，也是人类珍贵的文化遗产，其因拥有 150 万件历史文物典籍和艺术工艺珍品而举世闻名。让我们一起来寻访皇都足迹，了解紫禁城的秘密。参观景泰蓝工艺品世界。

☆走进国家博物馆。参观当今我国规模最大、设计最先进、馆藏文物最多、特色展览最精彩的国家博物馆，从古代中国到复兴之路，从启蒙艺术到国之瑰宝，在这里，你可以了解华夏文明五千年的艺术结晶！

☆参观中国人民革命军事博物馆。它是我国唯一的大型综合性军事博物馆，陈列有 6 000 余件珍贵的文献、实物，可了解中国军事历史、国防科技最新成就和人民军队从无到有、从弱到强的光辉历程。

☆游览什刹海风景区。这里是京城内老北京风貌保存最完好的地方，碧波荡漾，风光绮丽，这里有“燕京八景”中的“银锭观山”“荷花市场”，还有最具老北京特色的胡同——“烟袋斜街”，感受古典与现代相容，传统与前卫碰撞。

第三天　不到长城非好汉

☆观看升旗仪式，亲眼看着五星红旗与太阳一起升起，心潮澎湃，抒发爱国情怀。

☆登“天下第一雄关”——居庸关长城，在“不到长城非好汉”碑前留影，抒发营员“登长城做好汉”的雄心壮志；观长城内外祖国大好河山，赏“燕京八景”之“居庸叠翠”美景。

☆参观中国航空博物馆，这是中国第一座对外开放的大型航空博物馆，也是亚洲最大的航空珍品荟萃地。馆藏270余架飞机、99架国家文物飞机、近万件航空文物，是集科技教育、旅游于一体的国家级军事主题博物馆，也是目前亚洲规模最大、跻身世界前5位的航空博物馆。品尝老北京百年名吃——果脯、烤鸭！

☆游览北京奥林匹克公园，这里是北京举办2008年奥运会的心脏，容纳了包括“鸟巢”“水立方”“国家体育馆”三大标志性场馆在内的44%的奥运会场馆和为奥运会服务的大多数设施，集中体现了“科技、绿色、人文”三大理念。营员可近距离与“鸟巢”和“水立方”等宏伟壮观的建筑合影，回味奥运，圆梦北京。

第四天　我的北大清华梦

☆走进百年学府——北京大学，走进我梦想中的大学，参加“做一天北大学生”活动。参观北大校园未名湖、博雅塔、李大钊雕像等，看古朴传承、先哲遗风，了解北大的历史及未来的发展，体验北大精神，磨炼自我意志，在北大餐厅用中餐，开展“我的北大，我的梦”征文活动。

☆走进清华大学——我国理工科的最高等级学府，看“水木清华”的隽秀、“图书馆”的浑厚、“古月堂”的肃穆、“近春园”的古朴，在“自清亭”前感受“自强不息，厚德载物”的清华精神，勉励自我，立志成才。获赠清华T-Shirt一件、营帽一顶、校徽一枚。

第五天　快乐拓展　欢乐海洋

☆前往北京动物园，参观我国规模最大的动物园。参观熊猫馆、狮虎山、金丝猴馆、爬行动物馆等，亲眼看见大熊猫、金丝猴、丹顶鹤、扬子鳄、食蚁兽、树懒、斑马、犀牛等来自世界各地的珍稀动物。

☆北京海洋馆。欢乐的海洋、知识的殿堂，这里是世界内陆最大、设施最先进的海洋馆。在热带雨林里观赏非洲王子、七彩神仙、巨骨舌鱼等；在触摸池里看各色的海胆、海葵、海星、大海龟等；开展惊险刺激的海底环游，从南中国海下潜，经过西太平洋、印度洋、红海到地中海、大西洋，静谧瑰丽的海底世界，斑斓多姿的深海鱼类，造型奇特的珊瑚世界，定会让你置身梦幻的世界；在充满浓郁、浪漫的夏威夷海滨风光的海洋剧院里，你可以尽情欣赏火箭飞人表演、海狮、海豚表演等，徜徉在海洋世界里度过快乐充实的一天。

☆开展“非凡少年”联谊会，一人一首歌，一人一支舞，都是朝气蓬勃的非凡少年，尽情地展现自我文艺才能；中段开展“我们都是好朋友”“营员日记大比拼”“我给爸妈一封信”和“谁是天才”的知识竞答活动，看谁最聪明，能独中魁元，将获得重量级礼品一份。

☆开展“心方向”快乐拓展，通过精彩刺激的拓展活动培养营员的团队协作精神，增强抗压能力，学会独立自主，将体验中所提升的团队意识、创新能力、个人激情运用到学习和生活中。

☆举行闭营仪式，请学生代表讲话，谈参加此次夏令营的感受，互留联系方式。再见了北京，再见了梦想中的大学！跟几天来互帮互助的营员们拥抱祝福吧，大家永远是朋友，合影留念！请记住这一刻，我们是最幸福的！欢送各位学生离开北京，前往火车站返回温馨的家。晚乘坐 K179、1303、K471、K157 次等车次返回郑州。

第六天　满载而归　展望未来

满载收获回到家乡，又将开始新的历程，希望本次活动给你带来的感受能助你规划学业，锻炼人生，祝愿你早成“英”才！

赠　送：夏令营服、营员手册、背包、营帽、营员卡、水杯等！精美奖品派送！

特别赠送：清华 T-shirt 一件、营帽一顶、校徽一枚，送集体照！

安排标准：

交通：去程新型动车组二等座、返程空调火车硬卧、当地空调旅游车。

住宿：宾馆 2～3 人标准间（电视、空调、独卫、热水）。

用餐：4 早 8 正餐（中餐以套餐为主，晚餐为指定餐厅桌餐，六菜或八菜，面条、汤等）。

门票：景区、博物馆首道学生团体门票。

购物：景泰蓝（参观为主）、果脯、烤鸭。

导游：专业夏令营辅导员全程陪同。

活动费用：市场统一价：1960 元（郑州起止）。

（身高在 1.5 米以下儿童报名按动车组规定优惠 100 元/人，需提前报名）

开营日期：6 月 24、28 日，7 月 2、4、6、8、10、12、14、18、22、26、30 日，8 月 3、7、11、15、18、20 日。

备注：

1. 由于火车票实行实名制售票，报名时请认真填写报名表及营员姓名、身份证号，营员出行时请携带学生证、户口本、户籍证明或户口本复印件（以上 4 项任选一）。15 岁以上必须携带身份证或户口本原件。如因报名不准确造成的一切损失由组团社或营员承担！

2. 此线路报名年龄范围：8～16 岁，严禁超年龄报名。

3. 清华大学、北京大学由于期末考试、校庆、政府政治活动等原因，不定期开放，可替换成颐和园或圆明园，校园内餐厅不营业时，中餐可改在校外吃。

4. 此价格为郑州起止。

（二）围绕热点设计

“热点”往往是旅游者特别关注或向往的旅游目的地，能满足旅游者从众的心理需求。旅行社在设计旅游线路时就要时刻关注热点、发现热点、研究热点和开辟热点，也要善于将冷点转化为热点。诸如浙江安吉的大竹海景区，因为《卧虎藏龙》电影的热播，而成为众多旅行社竞相推出的旅游主打线路目的地；2018 年热播的电视剧《延禧攻略》，使紫禁城的延禧宫一度成为旅游热点，诸多游客慕名前往参观游览，这就是旅行社很好地利用了热点效应的结果。

（三）求同设计

求同设计分为目标市场的求同设计和资源类型的求同设计。目标市场的求同设计要求旅行社充分研究目标市场的共同特征，然后根据目标市场的特征进行开发和设计旅游线路去迎合同一目标市场的消费者，如夏令营项目就是遵循目标市场的求同设计方式。资源类型的求同设计要求旅行社将资源类型相近、性质相同、知名度大的旅游点组合起来，开发出特色相同、各具内涵的旅游线路来，如三山五岳之旅、美食王国之旅等就是按照资源类型进行的求同设计方式。

（四）求异设计

求异设计要求旅行社的线路设计不断地创新，敢于打破传统旅游线路设计的理念，追求一种“人无我有，人有我廉，人廉我优，人优我专”的境界，只有这样才能开发出独具特色，更具吸引力的产品。

三、旅游线路设计的一般流程

（一）调查分析阶段

调查分析阶段的主要目的是通过对市场的调查分析发现潜在的市场机会。调查常见的方法包括文献资料调研法、实地调研法和网络问卷调研法等。在开始调查之前应进行认真的准备，确定调研目标并制订详细的调研计划。调查的主要内容包括目标客户群外出旅游的动机、支付能力和闲暇时间情况，市场的规模和可进入性情况，同业间的竞争情况等。在调查的基础上，结合旅行社自身的条件对收集到的信息进行整理分析，形成调研报告，为旅游线路的设计打好基础。

案例

是谁偷走了我的客户?

浙江某旅行社已经连续多年推出面向老年人的天目山养生之旅项目，按照惯例，又到了推出该项目的时间，作为该项目负责人的小周今年又做了认真的准备，按照往年的模式满怀信心地前往原来的客户群所在区域发放宣传彩页，推介该产品。但一周过去了，来电咨询的客户却非常少，半个月过去了，也没能凑够一个团。小周开始有点着急了，往年这个时候报名人数早就爆满了，到现在却连一个团也没能凑成，照此下去，这个月的业绩就要泡汤了。小周赶忙紧急出动，最后通过不断跑老客户，搞优惠活动等才勉强成行了两个团，但比起往年，明显冷清了很多。后来经过了解发现，大部分客户报了另外一家旅行社的医护团。

（二）开发设计阶段

开发设计阶段的主要目的是结合调查分析开发设计出适合市场的旅游线路产品。开发设计阶段一般包括旅游线路的创意和定义、产品开发和产品测试环节。

创意和定义阶段的主要工作是结合调查分析的情况，进行创新创意，勾画出适合潜在市场的线路产品方向和思路，并初步规划出商业计划和关键性评估，如该线路产品针对的目标市场是什么，价值诉求是什么，该产品通过什么渠道销售，有什么样的投资回报等。

产品开发阶段的主要工作是结合产品的定义，实地踩线调研，并在调研的基础上设计旅游线路，将创意变成产品。旅游线路产品一般应包括目的地的选择、每个旅游团接待量的确定、行团时间以及行程设计、城市间的交通方式、交通工具、住宿设施、每个具体产品的期限、价格的制定以及发团的日期。

产品测试阶段的主要工作是通过模拟或实际的产品试产试销来检验和发现产品设计中存在的问题，并进一步对产品设计进行调整完善。产品测试往往最容易发现问题。解决好发现的问题，将为产品的成功上市奠定坚实的基础。

在实际的旅游线路设计中，除了全新型的旅游线路产品，还可以对已有的旅游线路产品进行仿制、改进或升级换代，以适应市场新的需求状况。借助已有的旅游线路产品进行设计，可以有更多的经验可循，进而减少设计成本，降低产品风险。

现阶段旅行社产品同质化较为严重，在实际运营中较多旅行社只关注价格战，重视渠道建设和推广宣传，而忽视产品的创新，在学界甚至还出现了“渠道为王”“资金为王”还是“产品为王”的争论。伟大的企业必须有一系列伟大的产品，旅行社业也是如此，旅行社的出路最终还是要回归到产品创新上。

延伸阅读

创造性思维激发方法之头脑风暴法

1938 年美国 BBDO 广告公司的副总经理 A. F. 奥斯本首次提出了一种创造性思维的激发方法——头脑风暴法，该方法的提出奠定了创新学的基础，奥斯本被人们尊称为“创新学之父”。

头脑风暴法是一种以小型会议为组织形式，通过诱发集体智慧，相互启发灵感，最终产生创造性思维的创新方法。它的基本执行原则是：1. 人数不宜过多，人员选取应考虑有不同的专业背景，领导人不应参加；2. 欢迎各抒己见，追求数量，探索取长补短和改进的办法；3. 禁止当庭评头论足，庭外判决。

在传统的群体决策中，由于群体成员心理相互作用影响，易屈于权威或大多数人的意见，形成所谓的“群体思维”。群体思维削弱了群体的批判精神和创造力，损害了决策的质量。而头脑风暴法则较好地解决了这一问题。

典型案例：通讯电线积雪清理

某年美国北方大雪纷飞，由于积雪严重，很多大跨度电线被压断，严重影响了通信。电信公司经理应用头脑风暴法，尝试解决这一难题。他召开了一个由不同专业的技术人员参加的座谈会，并要与会者遵守以下原则：

第一，自由思考。即要求与会者尽可能解放思想，无拘无束地思考问题并畅所欲言，不必顾忌自己的想法或说法是否“离经叛道”或“荒唐可笑”。

第二，延迟判断。即要求与会者在会上不要对他人的设想评头论足，不要发表“这个主意好极了”“这种想法太离谱了”之类的“赞美句”或“扼杀句”。至于对设想的评判，留在会后组织专人考虑。

第三，以量求质。即鼓励与会者尽可能多而广地提出设想，以大量的设想来保证质量较高的设想存在。

第四，结合改善。即鼓励与会者积极进行智力互补，在增加自己提出设想的同时，注意思考如何把两个或更多的设想结合成一个更完善的设想。

按照这种回忆规则，大家七嘴八舌议论开来。有人提出设计一种专用的电线清雪机，有人想到用电热来化解冰雪，也有人建议用震荡技术来清除积雪，还有人提出能否带上几把大扫把，乘直升机去扫电线上的积雪。对于这种“坐飞机扫雪”的设想，大家尽管觉得滑稽可笑，但在会上也无人提出批评。相反，有一位工程师在百思不得其解时，听到用飞机扫雪的想法后，大脑突然受到冲击，一种简单可行且高效率的清扫方法冒了出来。

他想，每当大雪过后，出动直升机沿着积雪严重的电线飞行，依靠高速旋转的螺旋桨即可将电线上的积雪扇落。他马上提出“用直升机扇雪”的新设想，顿时又引起其他与会者的联想，有关用直升机除雪的主意一下子又多了七八条。不到一个小时，与会的 10 名技术人员共提出 90 多条新设想。

会后，公司组织专家对设想进行分类论证，专家们认为设计专用的清雪机，采用电热或电池震荡等方法清理电线上的积雪，在技术上虽然可行，但研制费用高、周期长，一时难以见效。那种因“坐直升机扫雪”激发的几种设想，倒是一种大胆的新方案，如果可行，将是一种既简单又高效的好办法。经过现场试验，发现用直升机扇雪真能奏效，一个久悬未决的难题，终于在头脑风暴中得到了巧妙的解决。

四、旅游线路设计的要素组合

一条完整的旅游线路一般包括：线路名称、线路内容、线路价格、注意事项等。

（一）线路名称

线路名称是线路的性质、内容和设计思路等核心竞争物的高度概括，应该勾勒出产品的全貌。因此，确定线路名称时应考虑各方面的因素，并力求简约明了、主题突出、富有吸引力。如“老三峡让我再看你一眼!”“故乡山东游——青岛青”“泰山雄，故乡情浓在山东!”“看《康熙王朝》，观皇城相府!”短短的一个名称，让旅游者既对旅游目的地有了一个大约的概括，又品味到了浓浓的情感。

（二）线路内容

线路内容是旅游线路的主干部分，包括线路节点策划、活动日程计划、旅游交通、餐饮、住宿、娱乐活动和购物时间安排等。

1. 线路节点策划

线路节点策划就是从始端到终端以及中间途经地之间的游览顺序，在线路上要合理布局节点。线路的始端是第一个旅游目的地，是该线路的第一个节点，终端是最后一个节点，是旅游活动的终结，往往也是活动的高潮部分，而途经地则是线路中的其他节点，是为主题服务的旅游目的地。例如：“烹饪王国游”线路的始端是广州，终端是上海，途经地为成都、北京、南京和无锡，游览顺序即为“广州—成都—北京—南京—无锡—上海”。可以说，旅游线路一方面是对符合主题特色的节点城市或景区的选择，另一方面是对节点游览顺序的安排，应以时间最短、费用最省、交通便利、合理搭配为原则进行全面考察、综合平衡及合理选择。

2. 活动日程计划

活动日程是指在具体的旅游线路中对各旅游项目进行时间、地点等的安排，应体现劳逸结合、丰富多彩、节奏感强、高潮迭起的原则。

3. 旅游交通安排

随着交通工具的不断革新和发展，特别是高铁动车、飞机航线、豪华邮轮等的出现和改善，为旅游线路中的旅游交通安排提供了更多的选择，部分交通工具本身也成为旅游吸引物，如豪华邮轮、慢行火车等。但一般而言，在旅游交通安排上还是要体现“安全、舒适、经济、快捷、高效”的原则。如多利用高铁、飞机可以减少旅行时间避免疲劳，用汽车做短途交通工具机动灵活等。

4. 旅游餐饮安排

不同类型的旅游方式对旅游餐饮的要求差别较大，如经济型的团体旅游方式或一些短途的旅游方式对餐饮的要求往往比较低，部分餐饮的安排基本以吃饱为标准，甚至有的线路不安排餐饮，由旅游者自行解决。但随着人们消费水平的不断提高和对旅游诉求的不断变化，作为旅游六大传统要素之一的旅游餐饮在旅游过程中也越来越受重视，无论国内旅游还是出入境旅游都逐渐将品味地方特色美食、感受地方美食文化作为重要的环节，某些专题旅游还会要求将餐饮与旅游项目融合起来。我国的餐饮文化旅游资源开发也开始由基础层次的佳肴品尝逐渐向医疗保健、餐饮文化旅游方向过渡。如近些年发展起来的乡村旅游，品味地道农家饭、感受乡村饮食文化就成为主要的卖点之一。

5. 旅游住宿安排

不同类型的旅游者对旅游住宿安排的要求会有所差别，在旅游线路设计时一般会按照团费的情况，以方便旅游为前提安排相应档次的酒店住宿。但随着住宿行业的不断发展，住宿可选择的范围越来越大，可选择的形式也越来越丰富，如我国正在蓬勃发展的民宿、欧洲的家庭旅馆，甚至很多旅游者会选择户外野营，如帐篷、吊床、船屋等。有些地方甚至开发出了独具特色的住宿方式，如山东枣庄的柤族部落，就利用各种类型的集装箱，开发出各具特色的生肖房等散落在农田之上、湖光山色之间，使住宿本身就成为重要的旅游吸引物。

6. 旅游娱乐活动安排

旅游娱乐活动是指在旅游过程中，以娱乐、消遣、放松为目的，以获得精神愉悦和身心平衡为感受的多种旅游活动方式的总称。良好的旅游娱乐活动安排有助于改善旅游产品结构，丰富旅游活动内容，树立旅游目的地和旅游企业的良好形象，提升旅游线路产品的竞争力，进而提高经济效益。在旅游娱乐活动安排时，既要丰富多彩、雅俗共赏，又要健康文明、体现民族文化的主旋律以达到文化交流的目的。

7. 购物时间安排

《旅游法》第三十五条规定：旅行社组织、接待旅游者，不得指定具体购物场所，不得安排另行付费旅游项目。但是，经双方协商一致或者旅游者要求，且不影响其他旅游者行程安排的除外。第四十一条规定：导游和领队应当严格执行旅游行程安排，不得擅自变更旅游行程或者中止服务活动，不得向旅游者索取小费，不得诱导、欺骗、强迫或者变相强迫旅游者购物或者参加另行付费的旅游项目。

从以上条款可以看出，《旅游法》对购物做了明确的限定，一是线路安排中不得指定具体购物场所，二是导游和领队不得诱导、欺骗、强迫或变相强迫旅游者购物。这一法律规定，有力地遏制了旅游过程中强迫购物、加点，旅行社和导游领队等从中获取回扣的情况。在法律执行的初期，在部分省市，团队旅游购物几乎杜绝，一度使购物从旅游六大传统要素中消失。但从旅游者的消费需求来看，旅游购物往往又是一个必要的环节。因此，经双方协商一致或者旅游者要求的，也可以适当安排购物项目，或者在旅游线路安排中明确留出适当的购物时间，供旅游者自行选择安排。

（三）线路价格

一般来说，一条旅游线路的价格在制定时既要考虑成本，也要考虑顾客感受到的价值以及竞争者的价格等。具体的价格制定方法在本书的销售管理部分会涉及，此处不予展开。自 2003 年“非典”结束之后，受东南亚等国家和地区营销方式和我国境内旅游市场环境变化等因素的影响，短短几年时间，价格的激烈竞争乃至恶性竞争迅速波及我国旅行社行业，部分旅行社推出的旅游线路报价明显低于成本，个别旅行社甚至推出了零团费乃至负团费，致使正常的旅游活动变成了强制购物和强迫加点的活动。虽然这种方式让很多原来没有旅游支付能力的人有机会感受旅游的乐趣，但也极大地破坏了旅游的初衷，损害了旅游行业的形象。

（四）注意事项

注意事项部分是对旅游线路设计中可能存在问题或不明确内容的有益补充，该部分一般以备注、说明或补充条款的方式出现。一般包括安排标准说明（如住宿、车辆、用餐标准等）、特别情况说明（如不同年龄阶段、不同身份旅游者的费用差别等）、出现突发事件导致行程变更的解决方式等。该部分一般出现在旅游线路的最后，但也是非常重要的一部分，合理的注意事项说明可以有效地减少一些不必要的争论和纠纷。

延伸阅读

文化和旅游部专项整治未经许可经营旅行社业务——严查以中老年为目标群体的包价游产品

人民网 2021 年 3 月 18 日，记者郑海鸥报道：文化和旅游部近日部署开展未经许可经营旅行社业务专项整治行动，将重点整治两类违法违规经营行为：一是以免费旅游、购物（会员）送旅游、旅游赠礼品等名义或者以俱乐部、康养活动等形式招徕旅游者，未经许可经营旅行社业务的违法违规经营行为；二是未经许可，通过互联网开展招徕旅游者等旅行社业务的违法违规经营行为。

各地文化和旅游行政部门、文化市场综合执法机构应重点检查保险、保健品等各类市场营销活动中的包价旅游产品，特别是以中老年为主要目标群体的包价旅游产品。加强在线旅游市场执法，重点查处未经许可通过互联网推广和公众号营销等方式开展旅行社业务的违法违规经营行为。加强对旅游团队、地接社的执法检查，对旅游集散地、主要景区中的旅游团队进行重点执法。执法检查过程中，发现涉嫌违反消费者权益保护、反不正当竞争、广告等领域法律法规的，移送有关行政机关查处；涉嫌触犯非法经营、强迫交易、诈骗等刑法罪名的，移送司法机关，依法追究刑事责任。

资料来源：http://health.people.com.cn/n1/2021/0318/c14739-32054318.html.

任务实施

按照项目一的分组，由组长负责组织，集体创意，设计一个以附近县市区旅游资源为节点的旅游线路产品。也可以由老师根据情况为各组指定项目方向，安排各组分别进行创意设计。设计完成后由各组分别汇报线路设计的调研情况、设计思路和展示线路设计的产品，汇报形式不限，听取汇报的同学可提出问题。最后采取小组互评与教师评议相结合的方式对任务实施情况进行评价。各小组在听取建议和意见的基础上对线路再进行修订完善。

评分标准

序号	评分项目	分值	得分
1	仪容仪表	10分	
2	语言表达	20分	
3	问题分析	30分	
4	知识运用	20分	
5	团队协作	20分	

项目总结

该项目主要通过搜集、分析旅行社的产品，指导学生更好地了解旅行社产品的概念、特征和类型，并锻炼学生的调查、分析、汇报和协作能力。通过旅行社产品的设计，更好地了解产品设计的基本原则、一般流程和线路产品要素组合，掌握一定的产品设计方法，进一步加深对旅行社产品的认知，并锻炼学生的创新、汇报和协作能力。

项目三
旅行社营销管理

旅行社营销管理工作是一项环环相扣的系列性工作，只有循序渐进地有效推进，才能确保旅行社营销工作有的放矢地开展。对于旅行社而言，面对旅游客源市场中旅游者形形色色的需求，来者不拒的全部给予满足是不现实的。旅行社只有通过旅游市场细分，在细分市场中选择自己明确的目标市场，并制定目标市场策略，确定鲜明的市场定位，以及选择品牌化的发展路径，才能从容下好营销管理这盘棋。

任务一　运用消费者洞察把握需求动向

学习目标

知识目标

1. 了解消费者洞察的基本知识；
2. 掌握旅游者的购买行为过程；
3. 在旅游者洞察的基础上，理解当前旅游市场需求的新变化。

能力目标

能够面对典型旅游者群体进行旅游消费行为的分析。

素质目标

提高旅行社消费者行为研究方面的专业素养。

任务描述

旅行社营销管理的起点是旅游者，只有客观而深刻地了解旅游者，才能更有针对性地开展后续的营销活动。消费者洞察是旅行社了解旅游者客群的有效手段。通过消费者洞察，旅行社可以更精准地获取旅游者的需求，对旅行社有效开展营销活动，提升企业竞争力，推进品牌化进程，具有深刻的现实意义。接下来我们就一起学习如何通过消费者洞察，把握当下旅游者的购买行为变化与市场需求迭代吧！

知识准备

在这个时代，企业竞争就是争夺消费者的心智之战。如果旅行社不能够真正洞察自己的消费者，不知道消费者是如何思考、行动、选择的，无法根据消费者心理变化和行为变化做出及时的反馈调整，那么旅行社可能研发着旅游者并不需要的产品，宣传着旅游者并不关心的功能，讲述着旅游者并不愿意听的故事，所有的营销努力可能付诸东流。

一、何谓消费者洞察

美国营销学者 Merlin Stone 是这样描述消费者洞察的：消费者洞察意味着对于

消费者的深入理解，并有意识地将这样的理解用于帮助消费者实现他们的需要。消费者洞察也意味着智慧的机构能够以此更好地定位自己，从而满足顾客或者利益相关者的需求。为了更好地理解消费者洞察，我们需要区别一下消费者观察和消费者洞察：消费者观察是对消费者行为的一种记录，消费者洞察是透过消费者的行为和心理，来探究底层的本质原因。洞察是发现“别人都知道，但没有人发现的东西”。消费者洞察是从消费者的行为或数据中寻找消费者的喜好偏向，可以为企业营销、产品创新、品牌塑造等提供优化方向和支撑。

传统的旅游产品设计，实际上是资源导向的，旅游者去故宫、黄山、九寨沟，是因为旅游资源本身足够独特、足够有吸引力，彼时人们更多的是以观光打卡的方式去旅行。但是，随着旅游市场的不断发展、旅游者旅行经验的不断丰富，他们的旅游需求更加个性和自我，消费决策更加专业与理性，现代旅游活动已经逐渐演变成一种生活方式，旅游者通过旅行更多的是为了获得一种与众不同的、惬意舒适的生活体验。要重新理解我们的旅游者，需要我们以人为中心洞察其行为背后的心理逻辑。

在数字化时代，旅游者的旅游消费，正在从功能型消费向情感型、价值型消费转型。他们善于使用社交网络表达自我，同时又会以观念认同为基本原则，对产品或品牌进行筛选与决策。旅游者在消费过程中，更加寻求参与感、归属感、意义感，简单的功能型产品已经无法满足旅游者所强调的差异化。对于当下的旅行社而言，关注消费者洞察，透过旅游者的行为与心理，探究深层次的原因，整合各平台数据，更精准地获取旅游者的需求，对提升竞争力、提升品牌化进程具有深刻的现实意义。旅行社的营销管理与可持续发展，必然要先以消费者洞察为起点，以丰富的消费场景与内容，实现更精准的认知与更高效的满足。

二、通过消费者洞察，聚焦旅游者购买行为的新路径

随着互联网技术的不断发展和生活节奏的不断加快，旅游者的注意力变得越来越难以集中，面对线上线下的多种渠道的信息轰炸，旅游者置身于信息的海洋之中。但企业的信息是否可以有效触达，却也未可知。因此我们要重新梳理旅游者购买行为的新路径，进而更好地理解旅游者的购买行为是如何发生的。

在互联网时代，旅行社要获取一个客户，从最初触达到最终购买，这中间经历了哪些阶段？这些阶段中，企业又该如何有针对性地营销以及为旅游者提供服务？这也值得旅行社充分关注。一般会经历“了解—吸引—问询—行动—反馈”这五个阶段。

（一）了解

在了解的阶段，旅游者通常通过自身过往经验、周边人群经验、企业或品牌的

推广传播等，被动获取各类旅游产品信息。这一阶段，产品信息的触达使企业与旅游者有了初步的接触。这些信息可能是来自公众号、小红书、抖音上的文章或视频，也有可能是朋友圈里看到的一次内容分享。旅游者从此刻起，开始听过、看过和了解有关这个产品或品牌的基本信息，企业和旅游者之间建立起了一种非常细微的联结，如果不进行进一步的运营和干预，这个联结可能很快就会断掉。在初步了解阶段，旅游者对旅游企业或产品有了一定的认知，知道企业是做旅游的，但还没有形成记忆，这就需要企业想办法深化这种联结，通过更多地信息触达与沟通，更多的影响旅游者。

（二）吸引

受好奇心的驱使，旅游者会进一步跟进能让他产生兴趣的产品或品牌信息，从家人、朋友或者互联网平台获取更多信息。旅行社可以利用大数据等信息技术，通过旅游者的访问数据和偏好挖掘旅游者的兴趣爱好，做到差别推荐和精准展现，尽量多地将有效信息推送至旅游者处。同时配合线下分享会、线上直播等形式，提高互动频率，实现有效吸引。

（三）问询

在问询阶段，旅游者会主动从各种渠道了解有关产品的信息，也会直接与旅行社企业进行咨询或交流，同时也会参考互联网上其他购买者的评价与体验。在问询阶段，线上线下的信息交互体现了旅游者信息获取渠道的多样性。旅游者甚至可以一边在门店浏览咨询，一边在手机上进行实时地搜索与对比。旅行社企业必须能够确保自己在关键的信息渠道中出现自己的身影，因此要善于使用各类媒体平台，达成与游客的有效互动，因为交互是交易的开始。通过旅行社与游客重复的、不断的交互与沟通，促成下一环节的达成。

（四）行动

当旅游者在问询阶段确认了足够的信息后，对企业的信任与好感达到一定程度，信任大于购买的情绪顾虑，最终的行动按钮就被触发。在购买行为发生之后，旅游者会通过消费、使用、售后服务等，与旅行社企业产生更深、更频繁的互动。在这些环节，旅行社要确保给旅游者带来良好的旅游体验，尤其是在游客提出质疑或投诉时，更要及时有效解决。

（五）反馈

在购买行为发生以后，尤其是在旅游产品的消费过程中，旅游者会将所获得的真实旅游体验与购买前的期待进行对比，超过期待就会喜欢和信任，低于期待就会产生不信任感。因此，稳定的旅游产品体验是旅行社运营过程中的关键内容，要珍惜为游客带来良好体验感的机会。只有为游客提供优越的旅行体验，才能不断强化游客对企业的品牌信任，让游客建立品牌忠诚度，在后续的留存率、复购率、推荐率等方面用行动来支持企业。

旅游者购买行为的这一实现路径，并非是严格的直线形，有时候是螺旋形的，甚至会直接跳过其中某些阶段，来到发生购买的行动环节。现在常见的旅游直播中，通过购买时抢购与优惠的氛围感营造，能让观看直播的旅游者在信息刺激之下，产生瞬间的购买和消费冲动，跳过前期环节，直接进入交易环节。

同时，近两年由于疫情反复，旅游者的购买决策周期也发生了改变。疫情前，旅游者通常会有一个较长的购买决策周期，会充分地收集、比对各类信息，然后谨慎地做出购买决策。但在疫情仍未完全消退的当下，旅游者的购买决策周期变短，很多时候会临近假期才做出购买决策，临时起意的旅行活动增加。此外，因为疫情反复而造成的购买终止或者退订也成为不可避免的现象，这种消费决策周期变短也倒逼旅行社提升运营效率；同时旅行社要及时对产品服务进行调整，做到既满足用户无损退订，又平衡成本和支出。

延伸阅读

Z世代旅游趋势，昙花一现还是引领潮流

生活不止眼前，还有诗和远方。随着Z世代群体的消费能力越来越强，旅游成为他们重要的休闲娱乐方式之一。而Z世代在寻找诗和远方的过程中，也表现出了鲜明的特性。

蓝裕文化主题开发设计院了解到，一份调研表明，Z世代喜欢自由行；他们爱和朋友一起出游；他们对云旅游的接受度较高，看过云旅游的超过一半；他们的出游时长集中在3～7天；在与出游时间交叉分析时发现，Z世代拼凑假期特征明显……

小红书、抖音、快手、微博、B站等图文视频类新媒体成为Z世代旅游目的地相关信息主要来源。从数据可以看出，通过图文视频类新媒体来了解旅游目的地信息的占比最高，达到了52.7%，其次是在线旅行社，而通过线下旅行社了解信息的占比较低，只有16.7%。

出游前Z世代考虑最多的三个因素是价格预算、交通是否便利、安全问题。从数据可以看出，价格预算仍旧是Z世代出游所考虑的第一因素，占比高达57.5%，其次是交通便利程度和安全问题，占比也接近50%。时间限制方面，考虑的反而不太多，这或许也能反映出Z世代“说走就走”的性格。

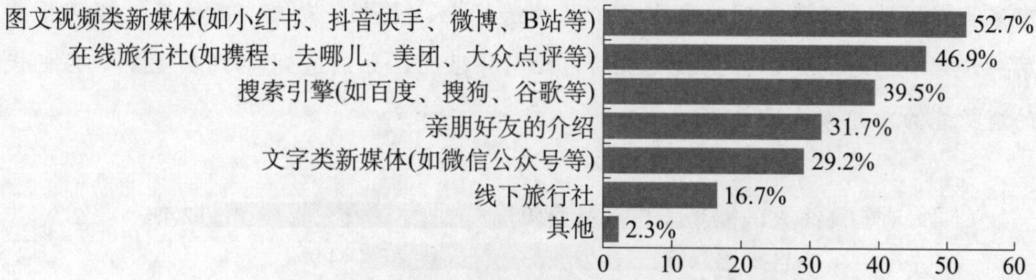

图 3-1　Z 世代旅游目的地相关信息主要来源

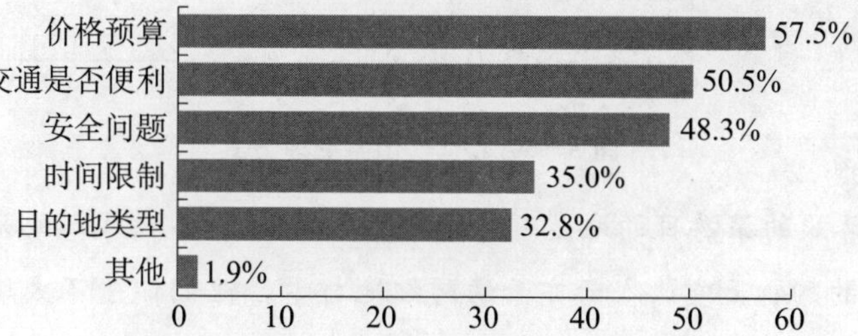

图 3-2　出游前 Z 世代考虑最多的三个因素

在出游预定方式上，Z 世代更偏爱在线旅行社。

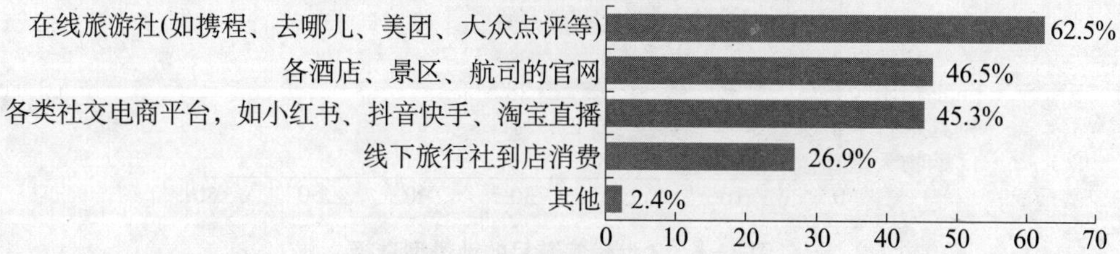

图 3-3　Z 世代预订出游新方式

Z 世代偏爱自由，56%的 Z 世代都选择了自由行，远高于跟团游或各种主题游，他们自己完成交通、酒店和门票的预订，想去哪儿就去哪儿，偏爱自由的特征十分明显。

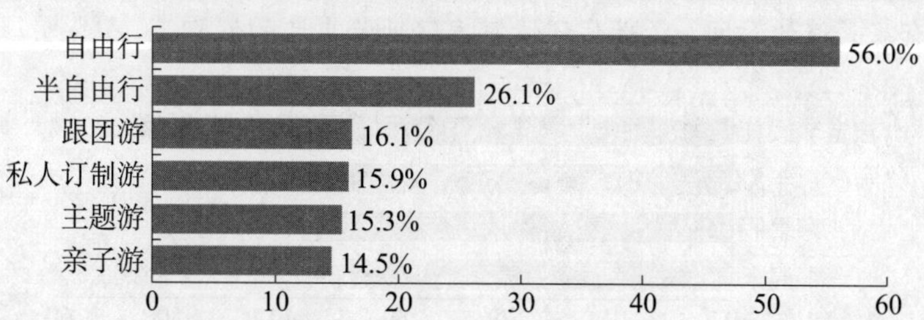

图 3-4　Z 世代出游方式

根据国家统计局数据，当前有 49%的 Z 世代群体仍处于高中及以下的教育适龄阶段。根据凯度&QQ 广告的统计数据，65%的 18～23 岁在校 Z 世代的收入来源只有家长提供的生活费。因此在交通工具的选择上，火车、动车、高铁毫无疑问排名第一，但有意思的是，自驾和飞机的占比同样很高，分别达到 45%和 42%，Z 世代的消费能力比想象中的更强。

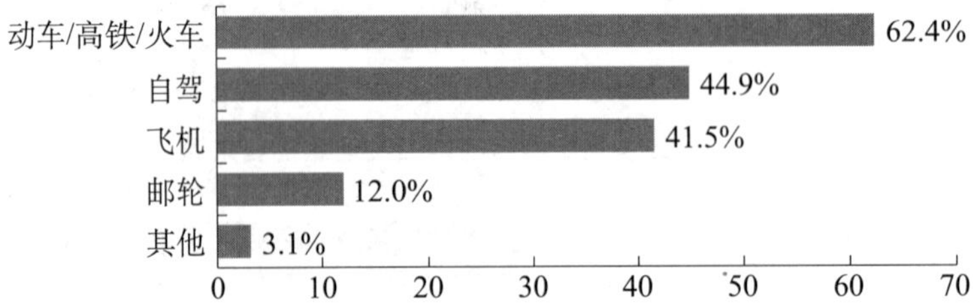

图 3-5　Z 世代出游交通方式

Z 世代最喜欢的旅游目的地是自然风光，近 60%的 Z 世代以此来放松身心。而需要更多预算的购物天堂、人云亦云的网红地打卡，他们似乎不太喜欢，喜欢去往购物天堂的 Z 世代只占 16.3%。

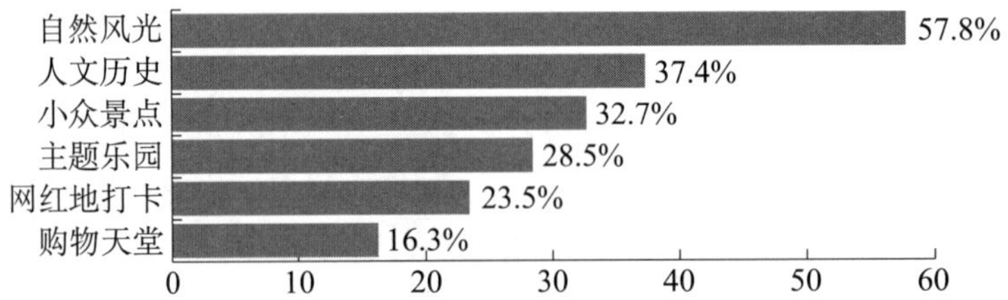

图 3-6　Z 世代旅游目的地类型选择

大多数的 Z 世代选择法定节假日或年假出游，但也有 37%的 Z 世代选择在寒暑假出游。Z 世代的出游时长集中在 3～7 天，在与出游时间交叉分析时发现，Z 世代拼凑假期特征明显。由于 Z 世代选择在法定节假日或年假出游，他们的出游时长主要在 3～7 天，但 Z 世代的假期好像更长，有超过 22%的 Z 时代假期能达到 8～15 天，除了有寒暑假的时间，Z 世代还请假凑假延长自己的假期。

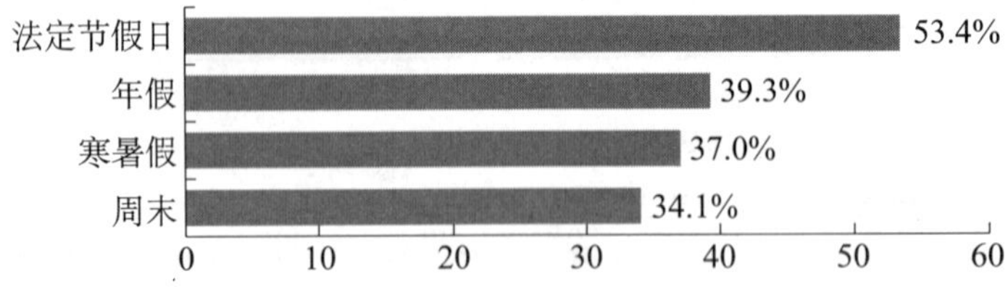

图 3-7　Z 世代时间

Z 世代喜欢和朋友、恋人/孩子、父母一起出去旅游，但也有 23%的 Z 世代会选择一个人独自出游。

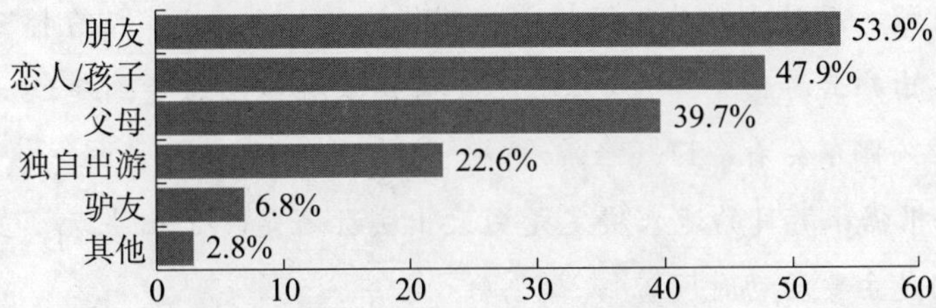

图 3-8　Z 世代喜欢和谁出游

在出游花销中，26%的Z世代住宿花的最多，门票/娱乐、餐饮紧跟其后。

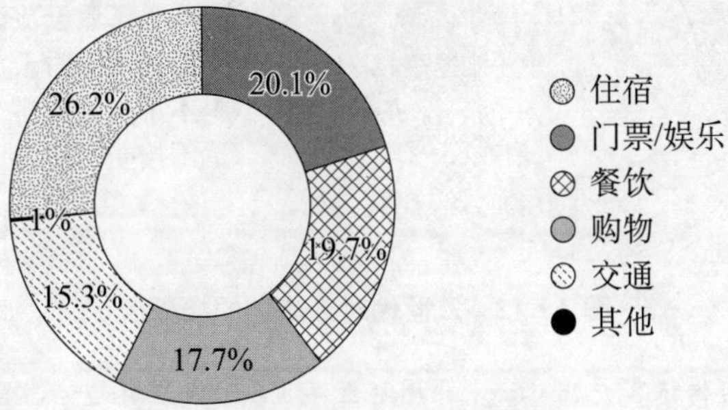

图 3-9　Z 世代出游花销

除了奔赴景点，走走逛逛沉浸式体验也成为Z世代重要旅行方式，还有Z世代会选择房车露营这种新方式。

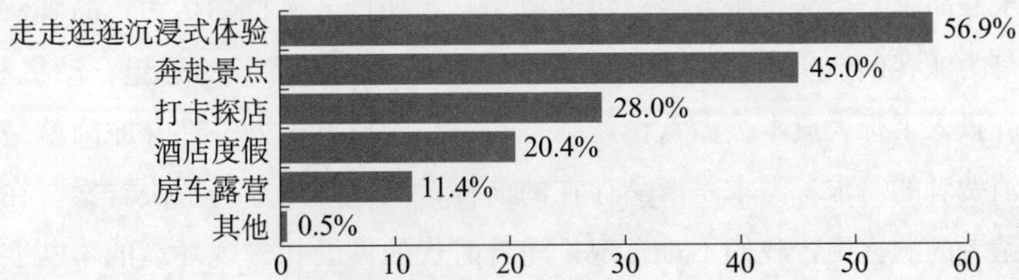

图 3-10　Z 世代旅行方式

Z世代的旅游度假模式倾向于根据目的地类型来定制和规划自己的旅行方式，而不是千篇一律地预设自己的旅游行程。这也体现在近年来兴起的“城市漫步(City Walk)”“像当地人一样旅行（Travel as Local)”的旅游理念中。

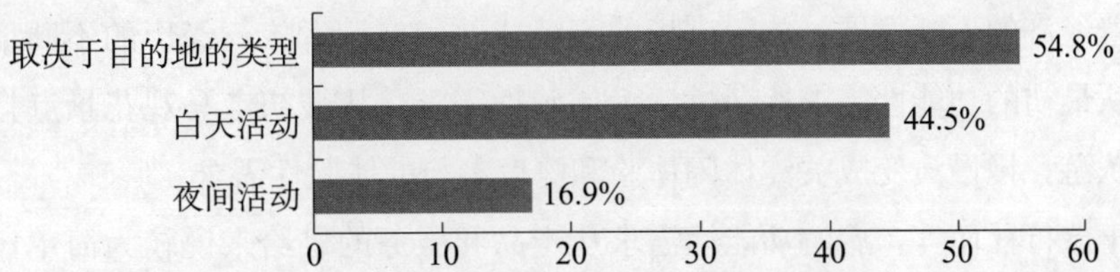

图 3-11　Z 世代白天活动和夜间活动对比

Z世代对云旅游的接受度较高，看过云旅游的超过一半，还有11%经常看“直播云旅游”让游客在出游前就可以获得真实有体验感的内容服务，可以更好地规划自己的行程。而对于一些受疫情影响不能出行的人来说，“直播云旅游”满足了他们“足不出户云游世界”的梦想。“直播云旅游”已经受到超过一半的Z世代的接受——42%偶尔会看，11%经常看。

Z世代会根据旅游目的地来决定是白天出去玩还是晚上出去玩，虽然夜经济很火，但白天仍是主要活动时间。

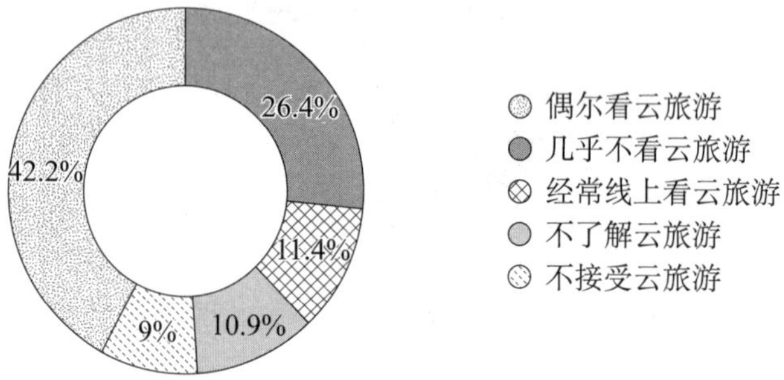

图3-12 Z世代对云旅游的接受度

资料来源：节选自腾讯客户端Carey邓周游世界《Z时代旅游趋势，昙花一现or引领潮流》，https://view.inews.qq.com/a/20220519A08LC800.

三、通过消费者洞察，把握旅游需求的新变化

需求是品牌、产品、服务等一切的源头。菲利普·科特勒认为，品牌营销的核心目标是为顾客创造价值，营销创新需要更好地了解消费者的思想、动机和决策。很多品牌投入了很大成本去做营销，结果却不尽人意，很大一部分原因就是没有深入洞察消费者的需求。需求是产品存在的前提，产品是需求的解决方案。在旅行社针对旅游者的洞察中，我们不难发现，随着时代的发展和宏观环境的不断变化，旅游者对旅游的消费喜好和偏向也在不断变化。2020年新冠肺炎疫情的爆发，加速了旅游者需求的迭代与变化，旅行社应充分重视这些需求变化，并能积极灵活地做出应对。

（一）旅游产品从功能需求过渡到体验需求

随着经济的不断发展、旅游市场的不断成熟和旅游者旅行经历的不断增加，旅游需求从最初的功能性需求逐渐过渡为体验性需求。从最初走马观花景点打卡的标准化团队游，慢慢演变成关注休闲体验和深度参与的体验性需求。

对于旅行社而言，旅游功能性需求从产品和服务的供给来说较为简单，通过标准化、流水线式的线路产品就能够满足。但是随着高质量旅游的不断发展，从功能性需求到体验性需求的变化，对旅游产品和服务的研发与设计提出了更高的要求。旅行社的产品不能再是粗放、平庸、大同小异的，而是要充分体现文化、风景、灵

感、认知，甚至身份认同。

对于旅行经验相对丰富的旅游者群体，满意的阈值也会越来越高，旅行社的产品在呈现与服务的表达上，也将趋于精致化与特色化，旅游者更为看重品牌效应、文化内涵和审美表达。单一的功能性价值已经逐渐难以成为消费决策和选择的决定因素，旅游产品应成为生活方式的表达式。

（二）旅游产品从旅行体验过渡到生活方式

生活方式是指人们长期受一定的社会文化、经济、风俗、家庭影响而形成的一系列的生活习惯、生活制度和生活意识。生活方式是由个人和社会群体、整个社会的性质和经济条件以及自然地理条件所决定的。生活方式背后体现的是消费偏好、审美趣味、价值观以及自我认同。对于旅行社这样的旅行服务企业来说，在呈现一个具体的产品之前，要想好相匹配的目标人群以及目标人群背后的生活理念。

2020 年新冠肺炎疫情爆发以来，旅游消费领域产生了很多新的变化，旅游活动的形式与生活方式的连接日渐紧密。例如：现在流行的户外野餐和露营文化，城市当中的人们在周末找个公园，铺上桌布进行午后野餐，或者开车带着帐篷到郊区湖边或森林进行露营，这些活动背后映射的是对生活质量的追求和对新的生活方式的探索。旅行和生活的边界会越来越模糊，传统的旅行社也应充分关注周边户外、周末露营、郊区野餐等休闲活动，接受旅行变得生活化、日常化的趋势，让旅行社的功能向创意、文化、生活方式等领域延伸。

（三）更加关注自然与在地文化

最近两年，因为疫情的常态化，我们发现，区域内的短程旅行、近郊旅行、乡村休闲、民宿度假等产品在市场中颇受欢迎，尤其是亲近自然的乡村休闲、户外露营等和突出所在地文化的周边深度游市场认可度很高。

疫情后，人们的旅行消费需求更加理性谨慎，追求自然健康、放松身心，希望小众舒适，最好还能低碳环保。随着城市化进程的不断加快，人们在离乡村渐行渐远的过程中，又开始想要亲近乡村、回归乡村。“采菊东篱下，悠然见南山”的田园梦，开始萦绕在城市人的心中。城市周边的田园综合体、乡村度假区，纷纷成为城市人周末休闲、赏春观秋的好去处。未来的旅游者，会更加关注自然与文化，城市与乡村再度融合。在旅游者对田园牧歌式的美好生活的向往中，旅行社应充分关注其中的市场机会。

任务实施

目前旅游市场中亲子游群体不断增长，山之旅旅行社想要面对这一群体研发相应的旅游产品。请同学们五人一组，设计调查问卷和访谈提纲，通过问卷调研和典型访谈的形式，洞察这一群体的旅游需求特点和购买特征，并撰写相应的调研报告，为新产品研发提供支撑材料。

评分标准

序号	评分项目	分值	得分
1	内容的完整性	50 分	
2	语言的简洁性	20 分	
3	内容的条理性	20 分	
4	形式的创新性	10 分	

任务二　通过市场细分把握有价值的市场空间

学习目标

知识目标

1. 理解旅行社市场细分的概念与现实意义；
2. 掌握旅行社市场细分的原则与常用变量；
3. 掌握旅行社目标市场选择的策略。

能力目标

1. 能够运用常用变量对典型旅行社进行市场细分；
2. 理解不同类型目标市场策略的选择依据。

素质目标

具备旅行社运营中的营销素养。

任务描述

山之旅旅行社要进行年度的营销工作总结，需要做一份有关该旅行社的目前细分市场经营状况的调研报告。请你了解该企业目前的细分市场情况，并分析该企业所涉足的目标市场具有怎样的特点，是否有良好的盈利能力和发展前景，为明年市场策略的制定提供依据。

知识准备

一、了解旅行社市场细分

市场细分的概念是在20世纪50年代中期由美国营销学家温德尔·斯密在总结企业按照消费者不同需求的组织生产的经验中提出的。市场细分是指企业根据消费者群体之间需求的差异性，把一个整体市场划分为两个或者更多的消费者群体，从而确定企业目标市场的活动过程。每一个需求特点相类似的消费者群体称为一个细分市场。由于消费者的需求千差万别，一个企业无论规模多么庞大，实力多么雄厚，也不可能满足所有消费者的所有需求，而只能满足市场上某一部分消费者的某些需求。因此，企业经营者只有在市场细分的基础上选择自己特定的服务对象，并制定相应的营销策略，才能更好地实现经营目标，创造经济效益。

旅游者需求的多样性决定了旅行社市场也必须进行市场细分。旅行社市场细分是旅行社企业将属于某一整体客源市场的旅游者，按照一种或几种变量进行划分，进而形成具有典型特征的子市场的活动。旅行社市场细分是由旅游需求的多元化以及商品经济发展的内在矛盾决定的。旅游者需求中客观存在的差异性和相似性决定了组成市场的各个部分既可以按相似性进行聚合，又可以按差异性进行区分。

通过市场细分，旅行社可以发现典型旅游产品品类的市场需求量以及现有企业对这一品类需求的满足程度，进而挖掘新的市场机会，发现未被满足的潜在市场空间，并能及时占领，赢得竞争优势。

二、旅行社市场细分的原则

由于旅行社市场细分是一个发现市场机会和寻找目标市场的过程，因此，在细分市场过程中，旅行社应对客源市场每部分的需求都予以关注，同时又要确保每一个细分市场都具有相应的经营价值，要确保细分后的市场能够成为旅行社制定有效营销战略的基础。一般来讲，旅行社市场细分应符合以下要求：

（一）可识别性

可识别性是指旅行社细分出来的各个市场中，旅游者特征、旅游者购买偏好、旅游市场范围、旅游市场规模、旅游购买力等指标能够通过市场调研及分析的方式获得，能够清晰地区分和辨识。

（二）可衡量性

可衡量性是指旅行社细分出来的市场不仅要求边界比较清晰，而且能够大致判断市场规模和发展空间的大小。要保证细分市场的可衡量性，必须做到细分标准清楚明确、易于辨识，同时细分依照的标准是可以衡量的。旅行社可以通过明确的指标和数据对细分市场进行筛选评判。

（三）可进入性

可进入性是指旅行社细分出来的市场是企业利用现有的人力、物力、财力，并通过一定的经营活动可以通达的市场。考虑细分市场的可占领性，实际上是考虑旅游经营活动的可行性。对于难以进入或无法进入的市场，进行市场细分不具有现实意义。

（四）稳定性

稳定性是指在一定的时间条件下，旅行社的细分市场可以保持相应的发展空间和市场规模，旅行社在占领该市场后，一定时期内不必改变自己的目标市场。这样有利于旅行社制定比较长期、稳定的营销与发展战略。如果细分市场变化过快，旅行社需要时刻应变，在一定程度上会增加旅行社的经营风险。

（五）效益性

效益性是指旅行社能够在细分后的市场上取得良好的经济效益。要做到这一点，首先要求细分市场具有一定的规模，能适应旅行社扩大再发展的要求。其次要求细分市场不仅能保持目前情况下的市场效益，而且具有相当的市场潜力，使企业在较为长远的时期也能获得理想的利润与收益。

三、常见的旅行社市场细分变量

旅游需求的差异性是旅行社市场细分的基础，但旅游需求的差异性依照什么样的标准进行细分，并没有统一的规定。不同旅行社可以根据企业的具体情况，以及经营业务的市场范围，来确定自己的细分标准，一般情况下，旅行社市场细分参照的标准包括以下方面：

（一）地理变量

旅行社市场细分的地理变量是指旅行社根据旅游者所处的地理位置、地理环境等标准进行市场细分。地理因素对于旅游需求规模、需求结构以及需求特点等具有直接的影响。不同地理环境下的旅游者，由于自然条件、文化传统和社会经济发展水平的差异，对旅游需求的偏好、购买习惯等具有明显的差别，并形成典型的区域性的特征。

根据旅游者的国别、地区和城市等来细分市场，有助于旅行社研究不同地区旅游者的需求特点、需求总量和需求水平等指标，并根据这些指标开展具体的经营活动，提高经营活动的针对性和有效性。旅行社按照地理变量细分市场时，要同时注意市场密度，即特定的地区性市场对旅游产品需求的潜力，它不仅与该地区的总人口有关，更与这个地区的经济发展水平息息相关。

一般情况下，传统的入境游市场、出境游市场、国内游市场，都是根据地理变量来进行划分的。当然，旅行社也会更具体地进行划分，如出境游又可以划分为日韩市场、东南亚市场、欧洲市场、澳新市场、美加市场等。2020年以来，因为疫情原因，出入境旅游市场呈现暂停状态，旅行社将市场重心放在国内市场，而在国内市场中，远距离长线旅游市场需求量缩减，而城市周边的短途旅游市场却发展迅速。

（二）人口变量

人口构成是旅行社市场构成的基本要素，也是旅行社经营活动的最终对象。旅行社在市场细分过程中，不仅要研究特定区域内的总人口，还要研究人口的自然状态和社会构成。人口的自然状态主要包括人口的地理分布、年龄构成、性别构成和家庭构成等。人口的社会构成则主要包括人口的民族、宗教、受教育程度、文化背景、职业、阶层、经济收入等。旅行社市场细分是与人口的自然状态和社会构成密切相关的，处于不同自然状态和社会构成下的人，在旅游需求规模、需求时间、消费水平、旅游偏好、旅游方式等方面均有不同的特点，因而形成较为明显的需求差异。根据人口变量进行市场细分，可以使旅行社比较精准地选择目标市场。

人口变量是旅行社最常采用的细分变量，如像亲子游市场，是根据家庭结构这一变量细分而出的；银发旅游市场、新青年（Z世代）旅游市场均是根据年龄构成这一变量细分而出的。

（三）心理行为变量

心理行为变量是对旅游者的购买行为产生影响的主观因素，旅游者的心理因素也可以成为旅行社市场细分的依据。由于旅游者的旅游动机、生活方式、个性特征等方面的差异，他们对于旅游产品的爱好与态度也会有明显差别，旅行社可以依据旅游者的心理行为变量进行市场细分，从旅游者心理活动所形成的旅游动机、旅游类别、旅游方式、旅游频率、对价格的敏感程度等方面来进行市场细分。

旅游者心理变量已经成为旅行社进行市场细分与研发新产品需要参照的关键变量，随着旅游者旅游经验不断丰富、旅游需求不断多样化，洞察旅游者心理是旅行社的必修课，只有这样，才能在细分市场上更好地捕捉到新的市场机会。最近两年兴起的城市露营、私家小团游、定制主题游等细分市场，都是围绕特定人群的旅游动机与需求、旅行方式、购买力等消费心理特征而出现的。

延伸阅读

上海春秋旅行社：足不出“沪”，讲好城市故事

上海春秋国际旅行社（简称“春秋旅行社”）在新冠肺炎疫情爆发后，积极拓展上海本地市场，推出主打本地客源深度游的“春秋微游”项目。在不到两年的时间里，“春秋微游”项目历经 6 次迭代，创新研发出 150 多个产品，让 21 万人次从不同角度重新阅读这座城市，微旅游产品也成为春秋旅行社旅游板块的新增量。

上海春秋国际旅行社（集团）有限公司董事、春秋旅行社副总经理周卫红认为，“疫情限制了脚步，也让我们意识到要打破惯性思维。城市居民和商旅客人在碎片时间里也有对高品质旅游的需要，用以释放工作压力，发现生活新乐趣。”一个高质量的旅游产品要对客群进行细分。春秋旅行社在上海经营都市观光巴士 10 多年，在 1.5 个小时的观光行程中，游客能直观地看到城市的面貌，但这些建筑和空间背后有什么故事？生活在这座城市中的人们的诗意、休闲的状态怎么样？曾经又有哪些名人与这座城市有过交集？如何用好这个交通媒介，满足乘客需求？经过调研和研判后，他们发现，不同人群对于城市的兴趣偏好差异明显。

老上海人希望看到城市的新变化；新上海人想要知道纯正的海派文化和历史；年轻人喜欢上海独有的“小资”调性；假期中的学生更倾向于了解与上海相关的航空航天知识和冬奥故事……中共一大、二大、四大纪念馆早已成为打卡地，但如何才能真正了解到红色文化精髓？怀旧的群体如何在工业园观察上海曾经的辉煌工业史？

面对新需求，就要创造新供给。6 次迭代中，“春秋微游”从单纯走马路的微游和骑游，扩展到环保地铁游、观光车游、黄浦江游船游等多个交通方式游上海；游览形式也从单纯的导游说、游客听，扩展到剧本杀、密室逃脱等高参与度模式；文化角度也从听故事、看风景扩展到看话剧、听歌剧、走进传奇酒店等多种复合文化的享受。除此之外，春秋旅行社与上海各区文化和旅游局深度合作，结合各个公共文化空间和各类公益文化活动，让公益旅游深入人心。

截至目前，“春秋微游”产品好评率达 99%，复购率超过 10 次以上的游客很多，甚至还有游客为产品的创新和研发主动提供线索和资源。不到两年时间，新推出的微旅游产品达 150 多种。经过不断努力，“春秋微游”全力拓展本地游客，向城

市主人讲好上海故事。

资料来源：上海春秋旅行社：足不出"沪"，讲好城市故事．(2022-01-24). https://baijiahao.baidu.com/s?id=1722832414217858469&wfr=spider&for=pc.

四、基于市场细分，选择目标市场

（一）旅行社的目标市场

旅行社的市场细分是进行旅行社目标市场选择的重要前提，目标市场的选择是在市场细分的基础上进行的，也是旅行社市场细分的结果。选择目标市场是旅行社营销管理工作的重要内容。旅行社的目标市场是指旅行社准备用其产品与服务来充分满足的一个或几个特定的旅游者群体，也可以说，目标市场是旅行社准备从事经营活动的一个或几个特定的旅游细分市场。选择目标市场是旅行社营销管理工作的重要内容。从旅游需求的角度来看，旅行社要获得最佳的经济效益，必须把满足游客需求放在首位。只有充分满足旅游者的需求，旅行社才能生存与发展。由于旅游者需求的差异性与广泛性，加之旅行社的经营规模与实力有限，旅行社不可能满足所有旅游者的所有需求，只能满足特定旅游者群体的需求。因此，旅行社要结合自身实际，用针对性的产品和服务满足特定旅游者的需求，进而实现经营目标。

与此同时，并非所有的市场机会对旅行社而言都具有同等的市场吸引力，旅行社只有选择规模利润可观，且能够进入的市场作为自己的目标市场，才能充分发挥企业的资源优势，并在竞争中打造属于自己的竞争优势，在市场中站稳脚跟。

（二）旅行社的目标市场策略

当旅行社选定了目标市场之后，如何经营好这些目标市场是营销人员需要考虑的重要问题。选择恰当的目标市场营销策略对旅行社而言至关重要。常见的旅行社目标市场营销策略包括以下三种：

1. 无差异目标市场策略

无差异目标市场策略是指旅行社将整个客源市场作为自己的目标市场来进行经营的一种营销策略。虽然旅游客源市场可以按照不同变量与标准进行细分，但如果客源市场对产品的要求不存在实质性的或者有经济意义的差别，旅行社可以采取无差异的目标市场策略。这一策略适合于以下情况：

（1）整个客源市场的需求虽然有差别，但需求的相似程度更大；

（2）客源市场的需求虽然有实质上的差别，但各个需求差别群体的经济规模较小，不足以使旅行社通过细分市场的经营获取足够的效益；

（3）旅行社业内竞争程度较低，客源市场的需求强度较高。

采取无差异的目标市场策略的经济优势在于成本较低，旅行社只需要向市场提供标准化的产品，这可以大大降低产品开发、广告促销、市场调研等方面的各项费用，有助于旅行社形成规模经济。但一刀切式的无差异目标市场策略，在旅游市场不断发展、旅游需求不断迭代的今天，也存在明显弊端。很多旅行社的传统模式，不去区分旅游人群，尤以散客拼团为甚，不同人群、年龄段的客人之间共同进行统一旅游产品，在旅游追求功能化需求的时期，可能还有部分市场需求，但其弊端也不应忽视。旅行社必然需要通过客群年龄段、客群需求等不同变量进行市场细分，采取有针对性的目标市场策略。

2. 差异性目标市场策略

差异性目标市场策略是指旅行社在大多数的细分市场上经营，并为每个存在明显需求差异的细分市场设计不同的营销方案的策略。旅行社差异性目标市场策略适用于以下情况：

（1）客源市场的需求存在明显的差异；

（2）按细分变量或标准划分的各类客源市场都具有一定的经营价值；

（3）旅行社规模较大，且其实力与能力足以占领更多的细分市场。

同无差异性目标市场策略相比，差异性目标市场策略通常能取得更为可观的经营效益。由于它针对性强，满足市场需求的程度高，对扩大旅行社的市场占有率是非常有利的。这也是许多旅行社采取这种目标市场策略的主要原因。但是旅行社采用差异性目标市场策略，会增加经营成本与营销费用，因为旅行社要向不同细分市场提供不同的产品，制定不同的营销策略，建立不同的销售网络，所有这一切都需要更多的成本投入。

一般而言，大规模的旅行社都会选择差异性目标市场策略，走多元化发展的道路。尤其是在疫情并未消散的最近两三年，传统的旅行社集团企业，在面临亏损的情况下，仍然在坚持多元化发展，提升自身抗压能力，等待疫情过后行业复苏。例如：凯撒旅游持续坚持“旅游、食品、目的地与新零售”的多元市场战略，推动资源整合，对疫情下的产品结构、服务内容等做出调整，加速对国内游的拓展，尤其是本地休闲文化产品、目的地资源的开发以及短途游的拓展，将既往高水平的境外游运营及丰富的服务经验应用至国内旅游，提升企业可持续发展动力。在面对出入境旅游业务仍处于基本停滞状态，国内旅游市场竞争进一步加剧的挑战之时，凯撒旅游、众信旅游、中青旅等旅行社头部企业加速对传统旅行社业务进行变革和创新，尝试开拓新业务和新的目标市场，加快业态调整，开拓收入来源，通过多元化发展不断强化自身的抗压能力。作为综合性的旅游企业，这些旅行社的主营业务更加丰富多元，都在通过加强“旅游＋”业务布局，在周边游、本地游、亲子游、红色旅游、定制游等细分市场寻求更多的市场增长机会。

3. 集中性目标市场策略

集中性目标市场策略是指旅行社只选择一到两个细分市场作为自己的目标市场，制定一套经营方案，并集中力量在这一细分市场上占有绝对优势的策略。旅行社集中性目标市场策略适用于以下情况：

(1) 细分市场具有明显的、实质性的需求差异；

(2) 旅行社规模较小，且经营能力有限。

旅行社在采取集中性目标市场策略时，由于目标市场明显集中，可以实行针对性较强的营销方案，这将有助于旅行社提高产品的市场形象和市场占有率，同时降低经营成本。集中性目标市场策略是中小型旅行社经常采取的一种目标市场策略，不足之处是经营风险大。

在疫情之前，旅游团就已经呈现个性化、定制化和主题化的发展趋势。疫情无疑加速了这一趋势，并正在倒逼跟团游转型升级：小体量、个性化、高品质的私家团成了热点和主流。在“新跟团游时代”，聚焦特定细分市场，打造小而美的定制化产品，将成为中小型旅行社转型的重要出口。中小型旅行社如果能拥有高度灵活的运营体制，善于充分利用新技术和新媒体，更能清晰地听到市场脉搏，将会在特定细分市场上迎来充分的发展机遇。

任务实施

五人一组，选择一项或多项细分变量，对目前旅行社所面对的旅游市场进行细分，判断这些细分市场的特点与发展趋势，探讨旅行社可以选择哪些作为目标市场，围绕这些内容提交相应的分析报告。在此基础上，山之旅旅行社想要将研学旅游市场作为自己的目标市场进行开发，请各小组帮助山之旅旅行社分析研学旅游市场是否可以作为该企业的目标市场，如果选择研学旅游市场，为山之旅制定恰当的营销策略。

评分标准

序号	评分项目	分值	得分
1	内容的完整性	50分	
2	语言的简洁性	20分	
3	内容的条理性	20分	
4	形式的创新性	10分	

任务三　通过品牌化发展打造优势竞争力

学习目标

知识目标

1. 了解有关品牌的知识；
2. 掌握旅行社品牌化发展的必要性；
3. 掌握旅行社品牌化发展的策略。

能力目标

具备从日程化工作中塑造旅行社品牌的能力。

素质目标

具备旅行社运营中品牌化的发展思维。

任务描述

经过几年的发展，山之旅旅行社已经拥有了一定的市场影响力。为了在其擅长的研学游、亲子游等市场中更好地凸显竞争优势，山之旅旅行社应确立什么样的品牌化发展方向？

知识准备

一、品牌的基本知识

（一）品牌的概念

品牌（Brand）一词源于古挪威语，意为“打上烙印”，即在牛马身上烙上记号。品牌最早作为区别事物的标志和记号，随着经济的不断发展，品牌逐渐成为现代市场经济中的基本概念。

品牌是一种识别标识，一种精神象征，一种价值理念。营销专家菲利普·科特勒认为：品牌是一种名称、术语、标记、符号或图案，或是它们的总和，其目的是要使自己的产品或服务有别于其他竞争者。品牌也是一种无形资产，是一种超越生产、商品及所有有形资产以外的价值，对企业具有一定的增值功能。

旅游品牌是指旅游企业经营者凭借其产品和服务确立的代表其产品、服务形象的名称、标记或符号，或它们的相互组合，是旅游企业品牌和旅游产品品牌的统一体，体现着旅游产品的个性及旅游者对此的高度认可。在品牌认知的过程中，旅游者将旅游品牌所传递的精神、态度等通过自己的理解融入自己的消费场景中，形成了独特的品牌定义与情感。

（二）品牌与产品的区别

品牌与产品密不可分，但二者并不能等同。虽然每一个品牌都代表了产品，但不是每一个产品都会成为品牌。品牌远比产品的含义广泛，因为品牌具有不同维度，这些维度使之能区别于产品，并能更广泛地满足顾客的需求。产品是使用一定的技术与制造方法制成的客观存在的商品，是一种事实。与此相对的是，品牌则是附加在产品之上的顾客感受与感情因素。

产品是由生产部门生产出来的，而品牌形成于整个企业；产品可以被竞争者模仿，但品牌是独一无二的；产品极易迅速过时落伍，但成功的品牌却能经久不衰；产品是有形的，能够看得见、摸得着，具有一定的功能特征，有外在属性，有风格式样、特性、价值，能够满足消费者对其功能和价值的期望，但品牌是无形的，是对产品全方位的体验，包含个性、信誉、朋友、地位、乐趣、喜爱、共享的经验等方面的特征。

二、旅行社品牌化发展的意义

旅行社行业作为以顾客感知价值为主要评价体系的服务行业，其品牌属性、价值、文化、运作等均有自己独特的一面。旅行社为使企业在市场上获得更好的认可与回报，从而服务于旅行社长期发展，也需要具备品牌意识，重视品牌塑造。

旅行社品牌代表着旅游产品的供给者交付给旅游者的有关旅游品质、服务质量、旅游体验的一贯性承诺，是对旅游产品品质的保障。如果品牌具备良好的美誉度，则代表着旅游者对旅游企业的信任与认可。品牌化发展在旅行社企业的运营与长远发展中不可或缺，也是旅行社转型升级、实现高质量发展的重要内容。

（一）旅行社品牌化发展有助于优化和简化旅游者购买决策

旅游者在选择自己所需要的旅游产品的时候，品牌化经营的企业可以让其产品在众多同类产品中具备更高的辨识度。旅游者在进行旅游决策时，通常会进行较长时间的信息搜索和比对，但如果他对某一品牌已有了解，品牌也具有相应知名度，就可以减少搜索的时间与精力成本，帮助旅游者尽快做出购买决策。同时，知名度高、信誉好的品牌可以帮助旅游者降低购买时的风险，质量上更具保障，也有助于打造相互信任的契约关系。

（二）旅行社品牌化发展有助于与同类产品形成区隔

旅游市场产品高度同质化的现象由来已久，旅行社行业中尤其明显。企业要想在市场竞争中凸显自己的优势，仅靠常规化的、标准化的产品是远远不够的。只有重视品牌塑造，凝练出品牌的调性与特点，才能在相应的旅游产品和服务品类中占有一席之地。通过品牌化发展，走差异化路线，与其他同类产品形成区隔，更好地满足目标客群旅游者的个性化需求，打造旅行社的竞争优势。

（三）旅行社品牌化发展有助于提升产品溢价能力

品牌是企业拥有的一项重要的无形资产，品牌具有的文化内涵、品质保证等可以为企业带来巨大的经济效益。由于旅游产品的无形性，如果旅游产品没有背后的品牌支持，旅游者很难感受到无形服务间的差异。品牌化的旅游产品可以给旅游者带来优质产品的享受和特殊的心理效用，旅游企业也可以通过品牌影响力，依据优质优价的原则为品牌产品制定较高的价格，溢价销售后获取高的附加价值。由于品牌旅游产品能够满足旅游者个性化的高层次消费需求，旅游者对高品质旅游产品的需求价格弹性往往也比较小，对价格也不敏感，可以为企业带来更大的利润空间。

（四）旅行社品牌化发展有助于培养游客的忠诚度

品牌旅游产品具有相对细分市场供给的垄断优势。品牌旅游产品强调的是产品的品质差异，不同品牌的产品差异化程度越强，旅游者就会对某些品牌形成一定的偏爱，使不同品牌旅游产品之间形成稳定的旅游者群体。品牌旅游产品吸引更多的旅游消费者，这样就会排斥非品牌产品供给者的进入，潜在竞争者遇到的进入障碍就更大，从而形成品牌产品的相对垄断优势。品牌一旦获得旅游者的认同，就会产生信任感，从而认牌消费，成为旅行社的忠诚顾客。一些旅游者一旦体验过旅行社所销售的品牌线路产品并感受良好，就会对此产生好感，并在后续产生消费需求时进行再次购买，进而形成品牌忠诚。

三、旅行社品牌化发展的对策

我国旅行社行业经过数十年的发展，一直在转型升级的道路上摸索。自 2020 年初的新冠肺炎疫情爆发以来，近三年对旅行社行业而言也是一个优胜劣汰、不断洗牌的过程。疫情影响之下，小弱散差的旅行社大浪淘沙退出市场，但仍有部分旅行社行业中的中流砥柱企业，修炼内功、勇于突破、主动求变、守正创新，探索品牌化的发展路径，研发更贴合市场的创新型产品，为企业品牌的塑造添砖加瓦。

（一）强化旅行社品牌的形象塑造

品牌形象是指企业或某个产品、某种服务在市场上、社会公众中所表现出来的个性特征，它体现了公众特别是消费者对品牌的评价与认知。品牌形象与品牌不可分割，形象是品牌表现出来的特征，反映的是品牌的实力与调性。品牌形象是赢得特定消费者群体的重要途径。旅行社品牌形象塑造可以是企业品牌形象的打造，也可以是侧重某一目标市场的产品品牌打造。

例如：中青旅在2014年的时候推出了高端旅行品牌——“耀悦”，主要面向追求高品质旅行生活的个人、家庭、企业、社会组织团体，为其提供高端旅行产品、目的地行程策划与执行及相应的配套服务。通过构建高端旅行聚合平台，致力于打造极致旅行体验。经过多年的发展，“耀悦”从高端旅行服务商逐步升级为高端旅行方式综合服务商，旗下拥有耀悦旅行、耀悦礼宾、耀悦美物等多元化板块，为中国的高净值人群创造精致生活体验。

（二）将品牌管理作为旅行社运营的重要内容

品牌化发展的实现，离不开全方位、全过程的品牌管理。旅行社要通过科学、规范、动态的品牌管理，解决品牌化发展过程中的问题，实现旅游品牌的健康发展。品牌管理在旅行社企业的整体运营中可以发挥良好的驱动作用，不断提高企业的核心价值和品牌资产，为品牌和企业的长期发展打下坚实基础。有效的品牌管理对旅行社自身发展和参与市场竞争具有重要意义。首先，品牌管理的首要环节是进行品牌定位，在旅游者的心智中占据相应的位置，让旅游者信服该品牌的优势或者与同类产品的差异。其次，要规划与执行品牌营销活动，让旅游者可以多渠道充分感知品牌调性与核心价值，通过一体化的营销活动，整合产品、价格、渠道、促销等要素，与旅游者之间建立强有力的、积极的、独特的品牌联想。最后，还要评估品牌表现和品牌业绩，建立品牌资产管理系统，并在此基础上提升和维系品牌资产。

（三）重视旅行社品牌的迭代与创新

从某种意义上来说，旅行社品牌的竞争，其实是旅行社品牌创新的竞争，品牌的创新是保持品牌生命力的重要源泉，是推动品牌长远发展的内在动力。在旅游市场竞争日新月异的今天，只有通过持续、稳定的创新，品牌才能立于不败之地。旅行社的品牌创新可以通过产品创新、服务创新、营销创新、文化创新等途径来实现。

受疫情影响，自2019年底以来，旅游市场呈现多种新的发展趋势，城市露营、博物馆旅游、精致小团等旅游形式不断涌现，对旅游服务企业产品和品牌的迭代与创新提出了更高的要求。2022年5月，在新露营场景下，中青旅遨游科技发展有限公司旗下的中青旅遨游网通过多年行业经验积累，正式发布“遨游露营家”品牌，以露营作为装载场景，延伸出更多的消费场景，包括露营娱乐互动、户外鞋服和露营装备的展示和售卖等，目前已上线多类型营地产品及天幕、帐篷等多种露营装备。

"遨游露营家"秉持精致露营运营理念及标准，围绕"探索、有趣、精致、随性"的品牌宗旨，通过打造多层次满足用户需求的产品服务体系，为消费者推荐优质露营地资源、提供高性价比的露营解决方案，让精致露营走出美图、视频，真正让消费者感受和体验露营的乐趣。

延伸阅读

中旅集团的品牌化发展案例

2016 年 7 月，经国务院批准，原中国港中旅集团和中国国旅集团实施战略重组，成立中国旅游集团。重组后的中国旅游集团产业链条更加完整，旅游主业实力更强，业务协同优势更加明显。重组以来，为贯彻落实习总书记做强、做优、做大国有企业的重要指示精神，中国旅游集团适应行业发展趋势，对原有业务布局和组织架构进行了深度整合和调整，形成了以旅游为主业，涵盖旅行服务、投资运营、旅游零售、旅游金融、酒店运营、创新孵化六个旅游相关业务领域的产业格局，其中旅行服务、旅游目的地投资和运营业务位居国内前列，旅游零售业务位居世界前列。集团业务网络遍布内地、港澳和海外 28 个国家和地区，汇聚了港中旅、中国国旅、中国中旅、中国免税等众多国内外知名品牌，是中国最大的旅游央企。

疫情期间，中国旅游集团深入贯彻习近平总书记关于加强品牌建设的重要指示精神，认真落实国务院国资委关于中央企业品牌建设的工作部署，苦练内功，固本培元，以"共同擦亮中国旅游集团品牌"为目标，持续夯实品牌管理体系之基。中旅分阶段、多维度、全方位、立体化的品牌传播攻势令中国旅游集团品牌形象得到进一步提升，品牌影响力持续增强。

一、统筹布局　强化品牌管理——百年中旅逆势而上，打造融媒体传播新格局

2021 年，结合全国疫情变化情况和旅游业缓慢复苏的现状，中国旅游集团逆势而上，打造融媒体传播新格局，从执行力、引领力、传播力和影响力四个方面助力品牌宣传，为集团高质量发展营造良好氛围，引领旅游行业在疫情影响下砥砺前行。

中旅坚持融媒体时代"内容为王"理念，紧密结合重要节日节点，策划优质内容，灵活运用各类活动形式，提升传播影响力。在中国旅游日，我们策划推出"你的旅程　中旅全程"TVC，用一镜到底的拍摄手法展示中旅全产业链特色。

在海南国际旅游岛欢乐节时期，中旅与海南省政府联合举办第 22 界海南国际旅游岛欢乐节闭幕式暨中国旅游集团"全岛一家"海岛漫游节活动，与全岛游客、全网观众共度海岛欢乐时刻，集中展示集团全产业链优势，提升集团品牌形象。整合集团海南各项业务所打造的海南全产业链战略品牌"全岛一家"，不仅包括旅游零售、度假酒店等各业态产品，还包括旅行套装等宣传周边，进一步扩大活动影响力。

在立足优质内容创作的同时，中旅同步加强宣传渠道的拓展、融合，发挥协同效应，在做强自有媒体矩阵、深化各类媒体合作、扩大线上线下渠道覆盖等方面发力，为实现传播效应最大化、最优化积极探索，收获了人民网、新华社等各大主流媒体的转载报道，在微博、抖音等平台获得公众广泛关注。

二、聚焦架构优化　提升品牌管理——中旅旅行聚焦品牌架构优化，助力公司深化改革高质量发展

为树立中国旅游集团统一鲜明的良好形象，更好地服务于“打造具有全球竞争力的世界一流旅游产业集团”的企业愿景，2019 年 11 月，中旅集团发布了新的品牌标识系统。新品牌标志图形简明，色彩多元，由彩色花环组成，向用户传达缤纷多彩的美好旅游体验，以及花朵绽放带来快乐鲜活的品牌感受。标志中心的镂空五星设计强化用户对中国旅游集团的过往认知，传承集团原有的品牌资产和历史印记，同时通过镂空五星的拼接设计体现集团品质创新、多元开发的品牌特点。环绕箭头代表旅游用户通过集团产品，聚集出发去体验更加美好的旅游服务，同时体现中国旅游集团各个业务紧密协同，同星共聚的企业凝聚力和产业引领力。五色箭头中，黄色代表快乐的心情，橙色代表温暖的感受，红色代表热情的服务，蓝色代表舒适度体验，绿色代表健康的产品，整体体现中国旅游集团提供全要素维度的美好旅游。这一全新的品牌形象不仅仅是一个符号，它是过去的传承和未来的展望，是中国旅游集团站在新的历史起点上整装出发、向市场呈现的全新形象，向新时代吹响的嘹亮号角。

中国旅游集团
CHINA TOURISM GROUP
星相伴 · 行无疆

图 3－13　中国旅游集团标识

与此同时，中国旅游集团旅行服务有限公司（简称“中旅旅行”）集旅行社业务、会展业务、商旅及航票业务、签证及证件业务等综合业务于一体，在境内外拥有近 3 000 家经营网点。按照集团品牌建设工作要求，中旅旅行聚焦品牌架构优化工作，决定推出“ourtour”全新对客品牌，将年轻、简洁、国际化的品牌内容形象作为此次对客品牌创意的方向。

图 3－14　ourtour 品牌

基于集团品牌战略，通过内外部调研和品牌梳理，中旅旅行科学构建了统一的品牌架构体系，分为公司品牌、业务品牌、历史品牌三个层级，确定“中旅旅行＋ourtour”是公司 C 端核心业务品牌，在线上和线下塑造统一的品牌形象，整体提升中旅旅行品牌影响力；统一对客服务品牌形象，通过对各部司关于“中旅旅行”品牌应用的有力指导，品牌管理力度显著增强。

图 3－15　中旅品牌架构

三、聚焦身边人　讲述有温度的品牌故事——中旅短视频《播种旅行的人》

2020 年以来，全球旅游业深受新冠疫情影响，但无数旅游从业者却始终坚守岗位、心怀希望。2021 年第 42 个世界旅游日，中国旅游集团用“播种旅行的人”TVC 向疫情以来每一个坚守岗位的旅游从业者致敬，将本不为人知的坚守故事，传播到每一个热爱旅行的人心中。

从“鼓浪屿”号邮轮船长“停泊、守护、以此为家”中的坚守与坚持，到沙坡头星星酒店观星师“在沙漠里种下星星”的美好期许，再到香格里拉旅行踩线员“追逐山林和溪谷”的浪漫情怀，“播种旅行的人”TVC以“一人一故事”的形式诉说万千旅游从业者的“心里话”，讲述中旅人的初心与追求。

《三联生活周刊》官方微博、旅游类博主、公益组织等微博蓝V纷纷关注并传播“播种旅行的人”TVC；《三联生活周刊》发布《旅游人的“尤里卡时刻”能否到来?》，深度讲述“鼓浪屿”号邮轮船长等旅游从业者的故事；联合《三联生活周刊》《旅行家》杂志等媒体在微信微博平台发起“播种旅行的人”故事征集活动……中旅通过与媒体强强联动、多平台协作、多样互动形式等方式方法传播“播种旅行的人”TVC，收获了众多旅游从业者及公众的支持与关注，实现了品牌故事柔性传播，塑造了有温度的品牌形象。

未来，中旅将继续总结宣传经验，焕新传播内容、创新传播手段，努力打造集团母子品牌联合驱动相互赋能的品牌合力，进而转化为助力集团服务国家发展战略、引领行业创新变革、推动企业提质增效的强大动能，开启百年中旅品牌强企新征程。

任务实施

请以小组为单位，查阅图书、资料、网络等资源，寻找典型旅游企业成功品牌塑造的案例，并在此基础上，围绕山之旅的品牌定位与品牌推广制定一个策划方案。

评分标准

序号	评分项目	分值	得分
1	内容的完整性	50分	
2	语言的简洁性	20分	
3	内容的条理性	20分	
4	形式的创新性	10分	

项目总结

通过本项目的学习与执行，学生能够领会旅行社营销应首先着眼于旅游者需求，并能根据目前旅游市场的需求变化及时做出调整和应对。同时，学生也需要理解旅行社进行市场细分的必要性与现实意义，并能掌握进行旅行社市场细分的常用变量，可以在项目实施过程中灵活掌握和运用。旅游市场细分是旅行社营销工作的起点，为后续营销工作的开展奠定了基础。学生在旅游市场细分的基础上，可以进一步开展后续工作，在细分市场中选择与甄别旅行社的目标市场，并运用恰当的目标市场策略，以帮助旅行社在目标市场上有的放矢地开展营销工作，这是营销管理工作中的一个关键环节。学生可以充分运用所学知识，理解旅行社品牌化发展的必要性，品牌化发展可以有效地将本企业与同类企业进行区分，在旅游者心中留下清晰又明确的品牌形象，同时掌握旅行社实施品牌化发展的典型策略。

项目四

旅行社销售管理

销售管理是旅行社经营过程中的一项重要内容，旅行社要实现经营目标，完美地完成旅游产品销售任务是必经之路。所以，我们要掌握旅行社销售管理的要领，并能在运营过程中灵活运用。有效的销售管理首先要制定富有竞争力的价格，价格是关乎企业盈利程度及市场竞争能力的重要因素；其次要建立高效的销售渠道，借助中间商的力量，让旅游者可以方便快捷地购买到旅游产品。当然，销售工作的开展离不开多元化的促销辅助，了解不同促销方式，并能进行合理组合搭配，同样非常重要。

任务一　制定销售价格

学习目标

知识目标

1. 对旅行社企业的价格知识有整体认知；
2. 掌握常用的定价方法和定价策略。

能力目标

学会在不同市场环境下运用价格手段配合整体营销工作开展。

素质目标

提高旅行社销售工作的专业素养。

任务描述

2016 年 11 月《教育部等 11 部门关于推进中小学生研学旅行的意见》指出："各地要把研学旅行摆在更加重要的位置，推动研学旅行健康快速发展。"我国研学旅行事业发展得如火如荼，旅行社作为组织旅游活动的重要媒介，掌握着完成研学旅行活动的众多资源，也相应地推出了众多研学旅游线路。假如你的朋友所在的旅行社最近设计推出了一系列的研学旅游产品，但是在定价时遇到了困难，无法确定采用何种定价方式，定多高的价格，请你为你的朋友制定合理的研学旅游产品价格。

知识准备

在旅行社的运营管理中，销售管理是其中的一项重要内容。旅行社销售管理是旅行社在市场营销观念指导下经由定价、渠道、促销等环节，将旅行社产品以符合旅行社利益及市场规律的价格销售出去的一种以营利为目的的现代企业行为。在旅行社运作过程中，旅行社销售管理包含制定产品价格、选择产品销售渠道、促销策划三个环节。

一、旅行社产品的价格类型

定价在旅行社的营销管理中是首要环节，定价的合理与否会直接决定旅行社获利或是亏损。旅行社为了实现自身的经营目标，要采取合适的定价方法和策略，以确保实现预期的盈利目标。旅游产品的价格是旅游者为了满足其旅游活动需要所购买的旅游产品的价格，是旅游产品的价值的货币表现形式，旅行社通过制定特定水平的价格实现预期的盈利目标，并尽可能获得更高的利润。旅行社产品的价格类型包括以下形式：

（一）基本旅游产品价格和非基本旅游产品价格

根据旅游者在旅游活动中的需求差异程度，可以将旅行社产品的价格分为基本旅游产品价格和非基本旅游产品价格两类。基本旅游产品价格是指满足旅游者旅游活动中基本需求的各种旅游产品的价格，主要包括交通、住宿、餐饮、游览等产品的价格。非基本旅游产品价格是指在旅游活动中可以发生也可以不发生的旅游产品的价格，如购物、娱乐、通信服务等产品的价格。

一般情况下，基本旅游产品价格的需求弹性较小，而非基本旅游产品价格的需求弹性较大。根据不同类型旅游产品的需求价格弹性，旅行社可以通过设计和调节不同旅游产品的价格，进而调节旅游者需求，提高企业整体盈利水平。

（二）旅游包价、小包价和单项价格

根据旅游者购买方式的不同，旅行社的旅游产品价格可以分为旅游包价、小包价和单项价格三种类型。

旅游包价是指旅游者参加旅行社组织的旅游活动，按照某条线路的报价一次性支付所有旅游费用的价格形式。常见的跟团旅游产品体现的就是这种价格形式。小包价是指旅游者在旅行社购买选择性的旅游产品，支付旅游过程中所需要的某一部分或某几部分的单项产品的价格，其余部分根据旅游者行程中的需要零星现付的价格形式。常见的自由行产品或机票＋酒店、酒店＋景区门票等都属于小包价旅游的形式。单项价格是指旅游者所购买的单项旅游产品的价格，如住宿产品、景区门票、机票、火车票、导服费用。单项价格可以根据旅游者的需要更灵活地进行组合销售。

二、影响旅行社产品定价的因素

在旅行社产品定价的过程中，市场供求关系、旅游产品成本、价值与旅游者观念、汇率变化等因素都会影响产品的定价。

（一）市场供求关系

旅行社在制定旅游产品的价格时，首先要考虑的是价格与市场供求之间的关系，即供给量、需求量和价格之间的相互关系。在一定时期内，供给一定的情况下，如果需求增加，价格就会上涨；如果需求减少，价格就会下降，此为需求规律。在一定时期内，需求一定的情况下，如果供给增加，那么价格就会下降；如果供给减少，

价格就会上涨，此为供给规律。

（二）旅游产品成本

旅游产品成本是决定旅游产品价格的重要因素，只有当旅游产品的价格超过成本的时候，企业才能实现盈利。旅行社的经营成本可以分为固定成本和变动成本两部分，旅行社这一类型的企业经营的固定成本较低，变动成本较高。所以旅行社在制定产品价格时，在固定成本相对稳定的情况下，变动成本的高低会直接影响旅游产品价格，必须将变动成本的起伏考虑到定价的决策过程中。

（三）价值与旅游者观念

价格是消费者为获得某种产品或服务所付出的经济代价，消费者会将这个价格与其对该产品的认知价值加以比较，如果价格超出消费者认同的合理限度，消费者要么会放弃这类选择，要么会进一步了解产品信息，以决定是否购买该产品。当价格被认为是可以接受的时候，消费者在有了明确的需求后，做出购买决策的可能性会更大。旅行社产品的价格包含更广泛的内容，尤其是无形的旅游体验与服务，这些综合因素构成了旅游者心目中的价值观念，形成了旅游者关于价格的“合理限度”。

（四）汇率变化

汇率是两种货币之间的比价，也是一国货币单位用另一国货币单位所表示的价格。旅行社产品在国际旅游市场上的产品售价，一方面取决于旅游产品本身的价值，另一方面取决于本国货币与外国货币的汇率。在旅行社产品价值不变的情况下，产品售价与汇率变化成反比例关系。为避免由于汇率变化带来的损失，在人民币贬值时，旅行社应适当提高旅游产品的售价，在人民币升值时，为避免因价格的实际上涨而失去客源，旅行社应适当降低旅游产品的售价。

但是，旅游产品销售是一种预约性交易，价格往往需要提前数月甚至半年报出，而且根据国际惯例，产品价格一经报出，在执行年度要保持相对的稳定。因此，如何减少由于汇率变动给旅行社带来的影响，是旅行社在经营过程中需要注意的宏观市场要素之一。

三、旅行社产品的定价方法

旅行社产品的定价方法是指旅行社企业在特定的定价目标的指导下，依据对成本、需求和竞争状况的研究，运用价格决策理论，对产品价格进行制定的具体方法。常见的定价方法包括成本导向定价、需求导向定价和竞争导向定价三种。

（一）成本导向定价法

成本导向定价法是以产品成本作为基础的定价方法，以旅游产品的成本作为定价的主要依据，同时综合考虑其他因素而制定出旅游产品的价格。

旅行社产品主要由无形的服务构成，对于一般性的服务产品来说，其成本的确定较有形产品更为困难。旅游者在购买有形产品时，往往会检查产品，并根据产品的质量和自身经验来判断价格是否合理。但在购买服务型产品时，旅游者却很难预先准确地评估产品质量。因此，旅游者在判断价格合理与否时，更多的是受服务产品有形要素的影响，进而形成相应的价值判断。旅行社在制定产品价格时，会首选成本导向的定价方法，最常见的是成本加成定价法。

成本加成定价法是以成本为中心的常用定价方法，它是在产品单位成本的基础上增加一定比例来确定产品售价的方法。从理论上讲，旅行社产品的价格应该包括直接成本、各种费用、税金、利润、固定资产折旧等。但在旅行社实际运营过程中，通常产品的售价简单表示为成本＋利润，这里的利润是包含了旅行社各种经营费用在内的利润，它通常根据直接成本的一定比例来确定。这个比例可以是旅行社的预期利润率，也可以是旅行社经营者的经验数据。在我国，绝大多数旅行社采取的都是行业平均利润，所以，成本加成定价法的公式可以表示为：

旅行社单位产品基本价格＝单位产品直接成本×（1＋平均利润率）

（二）需求导向定价法

需求导向定价法是一种以市场需求强度及消费者感受为主要依据的定价方法。这种定价方法通常建立在市场细分的基础上。旅行社可以通过市场细分，将旅游者市场划分为若干个细分市场，不同的细分市场执行不同的价格水平，旅游者可以根据自己的购买能力与消费喜好选择合适价格水平的旅游产品。需求导向定价法一般是以该产品的历史价格为基础，根据市场需求变化情况，在一定的幅度内变动价格，以致同一商品可以按两种或两种以上价格销售。这种差价可以因顾客的购买能力、对产品的需求情况、产生的型号和式样以及时间、地点等因素而采用不同的形式。需求导向定价法原则上要求确定消费者对于各种不同的产品感受的价值，然而这很难衡量，且费时费力。顾客对产品的感受价值主要是通过询问在不同时间、地点及场合的情况下消费者愿意为产品付出的最高价格，也就是通过人员访谈或问卷调查的方式来获取定价信息。

（三）竞争导向定价法

竞争导向定价法是一种以同类旅游产品的市场竞争状态为依据，以竞争对手的价格为基础的定价方法。旅行社可以采用随行就市的方式，将本旅行社旅游产品的价格保持在同行业的平均价格水平上，利用这样的价格获得一般性的利润。在完全竞争的市场环境下，任何一家企业都无法在市场上取得完全绝对的市场优势，为了避免市场竞争，尤其是价格竞争带来的损失，可以采取随行就市定价法。

随行就市的定价方式是一种防御性的方式，它在避免价格竞争的同时，也抛弃了价格这一竞争的“利器”。所以有些旅行社会在竞争中反其道而行之，采用产品差别定价的方式，通过自身的营销努力，使同质的产品在旅游者心目中树立不同的市场形象，进而根据产品特点制定或高于或低于竞争者价格的一种方式。

四、旅行社产品的定价策略

（一）新产品定价策略

1. 撇脂定价策略

撇脂定价策略，也称高价位策略，旅行社在推出新产品的初期阶段，可以采取高价策略，使旅行社迅速盈利，犹如从鲜奶中快速将奶油撇取出来的效果。这一定价策略适合于知名度高、市场口碑好的品牌旅行社。实行这一定价策略的旅行社通常需要具备以下条件：一是产品要具有独特性，在推向市场时属于全新产品；二是在推向市场的早期阶段并无竞争对手存在，且易于在市场中占据优势地位。

2. 渗透定价策略

与撇脂定价策略相反，渗透定价策略是指旅行社在推出新产品时以较低的价格投放市场的策略。旅行社通常为了促销新产品或加快资金周转的目的而制定较低的价格，达到薄利多销的目的。旅行社如果采用渗透策略，一般要具备以下条件：一是目标市场对价格的敏感度较高，采用这种策略有助于快速拓展市场；二是旅行社可以通过增加销量来降低单位产品的成本，同时通过较低的价格有效阻止竞争者进入该市场。

（二）折扣定价策略

折扣定价策略是指旅行社在确定了产品基本价格的基础上，给予买方一定的价格折扣，以吸引买方购买或增加旅游消费的策略。常见的折扣定价策略包括以下几种：

1. 数量折扣

这是旅行社为了鼓励旅游者大量购买，根据旅游者购买的数量给予一定的折扣。这里的数量可以是一次性购买的数量，也可以是累计数量。在一定时间段内，旅游者购买旅游产品的总量或者金额达到一定标准时，旅行社可以给予一定的折扣，这种方式有利于维系和加强旅行社和旅游者之间的长期合作关系。

2. 季节折扣

旅行社也可以根据旅游者购买产品的季节性差异给予一定的折扣。有些旅游产品的淡旺季非常明显，为了发挥竞争优势，避免资源闲置造成的浪费，旅行社可以在淡季或平季给予旅游者相应的价格折扣，以维持相应的盈利水平。

3. 同业折扣和佣金

同业折扣和佣金也被称为“功能性折扣”，是指旅行社根据分销商、零售商等同行在旅游产品销售过程中所发挥的作用，给予不同折扣的策略。实施这一策略可以更有效地构建旅行社的产品销售网络，借助同行的力量，占领更可观的市场份额。

延伸阅读

“五一”期间，四川112家A级旅游景区实施门票打折、套票优惠

“五一”假期即将来临，在抓好疫情防控的前提下如何激活假日市场，促进文旅消费？在4月28日举行的“五一好去处　安逸走四川”全省“五一”假期文旅产品及服务信息新闻通气会上，发布了统筹抓好“五一”假期疫情防控和促进文旅消费六条措施。红星新闻记者了解到，全省百余家景区推出优惠政策，同时还推出了一大波旅游线路和露营地。

巴适！百余家景区推出优惠政策

红星新闻记者从会上获悉，今年“五一”假期，四川全省21个市州112家收费A级旅游景区实施门票打折、优惠套票等各类优惠措施。

优惠旅游景区中，5A级旅游景区共有9家，包括九寨沟、剑门关、碧峰峡等热门旅游景区；4A级旅游景区有84家，包括四姑娘山、巴山大峡谷、瓦屋山等热点旅游景区。实施旅游景区门票折扣优惠（5～8折）的有55家，其余A级旅游景区实施优惠套票、朋友圈积赞、免收景区停车费、特殊人群门票减免等系列优惠措施。

图4-1　四姑娘山

据悉，此次活动惠及川渝两地游客。四川旅游景区优惠政策同样适用重庆地区游客。部分市州还与重庆景区实施旅游联票优惠合作，如广安五华山旅游区和重庆统景温泉等6家景区签订《渝邻两地旅游景区旅游联票优惠合作协议》，持有6个景区中任一景区原价门票可享受其他景区门票5折优惠。

假日期间，四川还将推出一批赏花、采摘、登山、骑行、露营等符合时令和巴蜀特色的旅游产品，鼓励旅游景区开展丰富多彩的文化和旅游活动，提供更多线上产品与服务。

重点A级旅游景区将全面开展流量风险预判，及时发布预约情况。四川省文旅厅提醒游客，及时关注各大景区、景点、主管部门、主流媒体平台，了解本地疫情防控政策、景区防控要求和最大承载量，避免盲目出游。

13条线路、露营目的地发布！系列文旅宣传掀起“云游热”

在新闻通气会现场，天府旅游名导卫美佑还推介了“名村名镇·成都周边游”“畅快呼吸·近郊生态游”“心灵原乡·古旧记忆之旅”等13条旅游线路。

蜂窝推荐了一批四川露营目的地，包括成都近郊的新都樱花园露营、龙泉山露营地，天际线房车露营地三圣乡站，以及周边地区的乐山荔枝湾63号自驾车营地，邛崃南宝山坦途5号营地等。

线下有趣，线上更热闹

假日期间，省、市、县文旅系统百余个新媒体账号还将进行云端联动，开展“安逸四川　百号联动　晒出五一新趣处”宣传推广活动。各地可围绕“休闲类”“采摘类”“非遗类”“文博类”等，结合自身文旅资源，以图文、短视频等方式开展创作，通过微博、微信、抖音、快手等平台，推介旅游新去处、时令新玩法。

“四川文旅”还将发起“致敬非遗传承人”话题，用图文、短视频等各种形式讲述非遗传承故事。假日期间，登录四川文化和旅游资讯网，省内研学旅游资源、五一出游资讯、红色文化之旅等信息应有尽有。

图4-2　大熊猫

五一期间，四川还将联合媒体及OTA平台推出“口碑游、舒心游”“行走”“首批‘四川省戏曲名家工作室’”等线上活动；在成都大熊猫基地和都江堰熊猫谷，直播大熊猫的“假日模式”；

制作“行走”图文和微纪录片，带游客云游四川红色旅游目的地；联合旅游达人推介“迎大运，游四川”旅游线路等。

资料来源：“五一”期间，四川 112 家 A 级旅游景区实施门票打折、套票优惠，http://news.chengdu.cn/2022/0428/2259125.shtml.

任务实施

教师指导学生认识并熟悉研学旅游产品内容，五人一组，各小组寻找典型旅游企业的热销研学旅游产品，分析其价格特点和制定的方法与策略，并提交分析报告，为你的朋友所在的旅行社推出一系列的研学旅游产品制定价格。

评分标准

序号	评分项目	分值	得分
1	内容完整性	50 分	
2	语言简洁性	10 分	
3	内容条理性	20 分	
4	归纳总结能力	10 分	

任务二　建立销售渠道

学习目标

知识目标

1. 对旅行社销售渠道的构建有全面的认识；
2. 掌握常见的销售渠道类型和渠道策略。

能力目标

学会分析旅行社渠道策略的选择以及中间商的选择与管理。

素质目标

提高对旅行社产品的销售能力与沟通素养。

任务描述

你的朋友通过你的帮助，学会了如何对研学旅游产品进行合理的定价。但是研学旅游产品定价完成以后，新的问题接踵而来，那就是如何将这些研学旅游产品销售出去。请你运用所学知识，尝试为你朋友所在的旅行社构建有效的销售渠道，打造有竞争力的销售体系。

知识准备

旅行社产品的销售渠道建设是旅行社营销管理中的核心环节，旅行社要将旅游产品在适当的时间、地点，借助适当的销售平台提供给旅游者，实现经营目标。如何将旅游产品以最高的效率和最低的费用从旅行社销售到旅游者的手中，是旅行社经营过程中会始终关注的问题。构建高效的销售渠道，并进行科学的管理，对旅行社具有积极的现实意义。

一、旅行社产品销售渠道

（一）概念

旅行社产品的销售渠道是指旅游产品和服务从旅行社企业向旅游者转移时取得这一产品和服务的所有权或使用权，或者是帮助转移其所有权和使用权的所有企业和个人。它主要包括中间商、代理商、零售商，以及处于渠道起点和终点的企业与旅游者。简而言之，旅行社产品的销售渠道就是旅行社将产品销售给旅游者的途径。

（二）作用

销售渠道对于旅游产品的售出和营销活动的开展具有重要的作用，主要体现在以下方面：

（1）完成旅游产品从生产领域向消费领域转移的功能；

（2）促进旅游产品销售的功能；

（3）信息传播的功能；

（4）方便旅游者购买的功能；

（5）分散经营风险的功能；

（6）产品再开发的功能。

（三）类型

根据中间商是否参与旅游产品的交换过程，旅行社的销售渠道可以分为两种类型：一是直接销售渠道，就是旅行社直接将旅游产品和服务销售给旅游者，也被称为零层次渠道；二是间接销售渠道，就是旅游产品和服务经过了一定的中间环节销售给旅游者，可分为短渠道和长渠道。

目前我国的旅行社在经营国际入境旅游业务时，通常采用的是间接销售渠道，因为任何一家旅行社都不可能在所有的目标市场设立直营的销售机构，必须依托国外中间商的力量，以更好地了解境外客源地的旅游需求，提供更有针对性的旅游产品。目前常用的间接销售渠道有两种形式：一是通过零售商直接向境外旅游者销售产品，这类产品一般为包价旅游产品；二是通过批发商及下设的零售商向境外旅游者销售产品，境外批发商可以根据客源市场的实际情况，对旅游产品进一步加工组合，以更好地适应目标市场的需求。

根据是否利用互联网平台进行旅游产品的交换，旅行社的销售渠道可以分为两种类型：一是线下销售渠道，就是旅行社不利用互联网进行旅游产品和服务交换的渠道，主要通过电话、传真等方式展开，是传统的销售渠道；二是线上销售渠道，就是旅行社利用互联网技术与平台，通过网络实现旅游产品和服务的交换。

目前，随着互联网技术的发展，数字化经济与无接触经济拥有广阔的发展前景。众多传统旅行社发展面临数字化转型升级的需求，一系列“在线旅行社”（Online Travel Agency，OTA）应运而生。OTA 的出现将原来传统的旅行社销售模式放到网络平台上，更广泛地传递了线路信息，互动式的交流更方便了客人的咨询和订购，如携程、艺龙、同城旅游、欣欣旅游网等。

OTA 模式出现与发展可以充分发挥互联网优势，打破原有的信息不对称性，有效降低信息交流的成本，提高信息交流的效率，甚至可以利用大数据技术，精准获取用户画像，从而为用户提供精准、个性化服务。

延伸阅读

2020 年中国 OTA 市场调研报告（节选）

OTA 的全称是 Online Travel Agency，即在线旅行社。自 1999 年，全球兴起了互联网投资高潮，以携程为代表的旅游 OTA 诞生后，中国在线旅游市场已产生了一千多家大大小小的 OTA 企业。目前市场上主要有 6 种主流的经营模式：自营、代理、零售、OEM、“动态打包”、“半动态打包”，它们各有利弊，一般主流平台都会取长补短，综合并存。

在旅游市场整体不断增长的情况下，我国在线旅游市场也随之增长。数据显示，2018 年中国在线旅游市场交易规模为 15 122.4 亿元，较上年增长 29.0%。随着在线旅游市场用户流量增长的稳定，在线渗透率也会逐渐提高，我国在线旅游市场仍有较大增长空间。

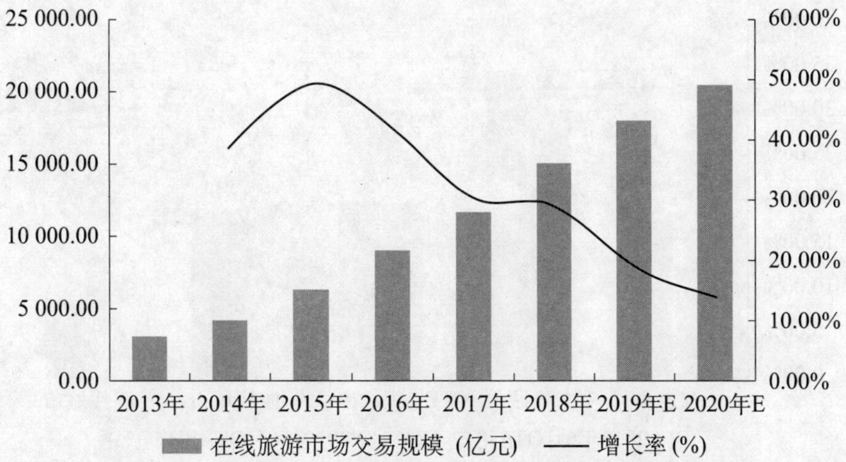

图 4-3　2013—2020 年中国在线旅游市场交易规模及增长情况

数据来源：文旅部

在线旅游用户规模也呈增长趋势，数据显示，2018 年中国在线旅游用户规模达 3.6 亿人。截至 2019 年底，我国在线旅游用户规模达 3.9 亿人。

从用户人群来看，80、90 后已成为我国在线旅游市场的消费主力人群。根据数据显示，在我国在线旅游用户人群中，80 后用户比例高达 43%，90 后及 95 后的用户比例分别达到 18.8%和 16%，80 后和 90 后合计占比 77.8%。

我国 OTA 平台主要有携程、去哪儿、飞猪、途牛、同程等。从安装量来看，目前携程占据 OTA 行业半壁江山，安装渗透率高达 55.5%；而从活跃度来看，同程用户活跃度最高，将近 9 成安装用户均在使用该应用。

从用户区域分布来看，目前主流群体仍旧是一二线城市，2019 年 6 月一二线城市 OTA 用户分别占比 17.7%、34.4%。但是随着经济转好和下沉市场群体的观念转变，未来下沉市场将成为新的蓝海。

未来我国 OTA 行业将朝着年轻化、周边化、多样化方向发展。消费主力的变更、消费场景的变化、消费产品的迭代，都会促进 OTA 行业继续发展。

表 4-1　OTA 行业未来发展趋势

趋势	内容
年轻化	随着代际更替，目前 20 岁到 30 岁的年轻客群将成长为 OTA 市场的消费主力，因此，培育这些未来的消费主力成为自身的忠实客户是各大 OTA 当下的运营重点。
周边化	随着周边住宿需求以及周末周边游需求的持续增加，OTA 平台应多着眼于城市周边游项目的相关服务布局，从而抢占城市白领周末短期出游市场。
多样化	住宿场景的非标化使得消费者开始青睐民宿等非标住宿产品，只有丰富自身产品矩阵，加入民宿等多样化产品，才能真正抓住用户，并使得自身完成快速增长。

资料来源：观研报告网. 2020 年中国 OTA 行业发展迅速　未来仍有较大增长空间

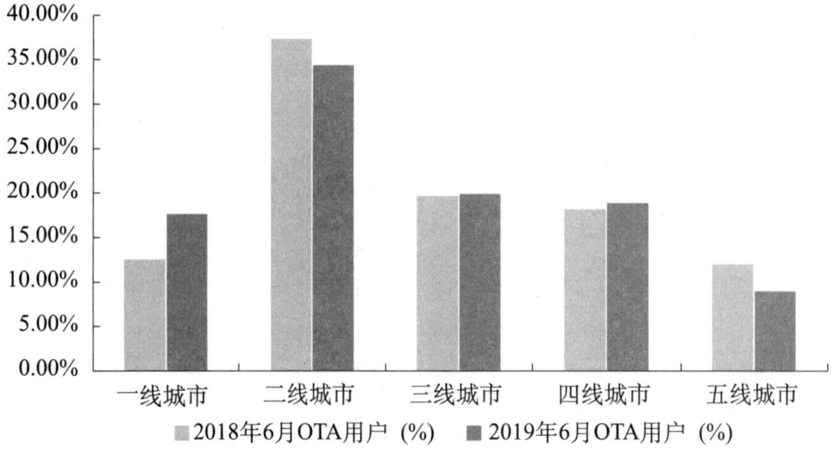

图 4-4　2018—2019 年 6 月中国 OTA 用户的区域分布情况

资料来源：https://free.chinabaogao.com/gonggongfuwu/202002/022tq3012020.html.

二、旅行社销售渠道策略

在目前的旅游市场中，旅行社企业都非常重视对于销售渠道的构建，常见的销售渠道策略包括以下三种：

（一）广泛性销售渠道策略

在入境旅游市场中，广泛性销售渠道策略是指通过旅游批发商将旅游产品广泛散布给各个零售商，以便及时满足旅游者需求的一种渠道策略。对于经营国内旅游业务的旅行社而言，广泛性销售渠道策略是指广泛委托各地旅行社销售产品、招徕旅游者的一种渠道策略。

旅行社产品的销售和其他日用消费品的销售一样，人们都希望能迅速、便捷地满足自己的需求，特别是在旅游业比较发达的国家，人们外出旅游频繁，有众多的零售商可以方便旅游者随时购买。广泛性销售渠道策略的优点是采用间接销售的方式，选择较多的批发商和零售商构建销售网络，由于渠道广泛，便于旅行社更多接触旅游者和潜在旅游者，同时有利于发现理想型的中间商。但是这一策略的缺点在于成本较高，产品销售过于分散，为旅行社的销售管理增加了一定的难度。

（二）选择性销售渠道策略

选择性销售渠道策略是指旅行社只在一定市场中选择少数几个中间商的渠道策略。在旅游市场中采用广泛性销售渠道策略的旅行社，在经过一段时间后，往往可以根据中间商在市场营销中的作用、组团能力以及销售量的变化等情况，选择其中效益最好的几家中间商。这一策略的优点是可以将客源地集中在少数优质的中间商进行产品销售的推进，可以降低经营成本，缺点是如果中间商选择不当，就会给旅行社产品销售带来相应的风险。

（三）专营性销售渠道策略

专营性销售渠道策略是指在一定时期、一定地区内只选择一家中间商的渠道策略。通常情况下，作为旅行社总代理的中间商不能同时代销其他竞争对手的旅游产品。专营性销售渠道策略的优点在于可以提高中间商的积极性和推销效率，更好地为旅游者服务，同时可以降低销售成本，加强产销双方的密切合作。缺点在于如果专营中间商经营失误，则可能会殃及客源地的目标市场，若中间商选择不当，则有可能失去该市场。

三、旅游中间商的选择与管理

目前我国旅行社广泛采用间接销售渠道，涉及旅游中间商的选择与管理问题。对于中间商的选择与管理，直接决定着旅行社间接销售渠道构建的成败。

（一）旅游中间商的选择

在选择中间商之前，旅行社应首先进行综合分析，明确自己的目标市场，构建销售渠道的目标、产品的特色等，在此基础上才能有针对性地选择适合自己的旅游中间商。针对中间商的考察可以从以下方面进行：

1. 中间商可能带来的经济效益

旅行社选择中间商的目的在于扩大销售、增加收益，因此，旅行社应选择成本相对较低、利润相对较高的销售网络和中间商。同时，旅行社对经济效益的追求要注重风险与利润的对称，一般而言，在利润相同的情况下，风险最小的销售渠道是最理想的销售渠道，但是风险小，往往也意味着利润较少，风险大往往利润回报率会高。因此旅行社要根据自己的经营实力，在利润大小和风险高低之间进行平衡与选择。

近几年，随着新媒体运营在线上销售渠道的广泛应用，通过数据分析，可以精准地分析在线中间商的流量、利润与风险。通过分析不同在线中间商的流量大小、转化率的高低以及消费者的偏好，为接下来的中间商的选择、新媒体运营方法提供数据依据。

2. 中间商目标客源与旅行社目标市场的一致性

中间商目标客源必须与旅行社的目标市场相吻合，而且在地理位置上应接近旅行社目标市场较为集中的区域，这样便于旅行社充分利用中间商的优势进行产品销售。

3. 中间商的信誉与能力

中间商应该有良好的信誉和较高的口碑，并具有较强的推销能力和偿付能力。

讲究信誉是旅行社利益不受侵害的重要保证，而良好的口碑决定了旅游者对中间商的信任程度，从而会直接影响旅游产品的销售效果。而中间商的偿付能力则是两者合作的经济保障。

4. 中间商对旅行社业务的依赖性

中间商的业务范围各不相同，对旅行社的依赖程度也存在差异。尤其是境外的专营中国旅游业务的中间商，在中国旅游业的经营方面，对我国旅行社具有一定的依赖性。而有的中间商同时经营多国家、多旅行社的产品，对某个旅行社的依赖性较小，甚至不存在任何依赖性。在这种情况下，旅行社应慎重考虑，因为这直接关系到中间商在旅游产品销售过程中的努力程度。

5. 中间商的规模与数量

旅行社在同一地区应选择适当数量、适当规模的中间商。如果中间商过多，会造成促销方面不必要的重复与浪费，而且中间商本身也会因为僧多粥少影响推销的积极性。如果中间商过少则有可能形成垄断性销售或销售不力的局面。当然，中间商的规模与数量取决于旅行社的经营实力与销售规模。

（二）旅游中间商的管理

科学地选择旅游中间商是旅行社销售管理的基础性工作，而有效的管理同样是不可缺少的组成部分。旅行社对中间商的管理主要通过以下途径：

1. 建立中间商档案

建立中间商档案可以使旅行社随时了解中间商的历史与规模，通过综合分析与比较研究，探索进一步合作与扩大合作的可能性，并对不同的中间商采取不同的对策。如对销售得力的中间商可以提供特殊的条件和优惠，对一些小的中间商，如果有发展潜力，则可以重点扶植培养。在与中间商不断合作的过程中，要不断补充档案内容，使旅行社对中间商的了解更加全面，并以此作为下阶段是否合作的重要参考资料。

2. 及时沟通信息

旅行社要向中间商及时、准确、完整地提供旅游产品的信息，这也是保证中间商有效销售的重要途径。与此同时，旅行社要从中间商处获取来自客源市场的一手有效信息，并将其运用到新产品的开发与改良中。

3. 有针对性地实行优惠与奖励

旅行社要阶段性地给予中间商有针对性的优惠或奖励，这种方式可以充分调动中间商的销售积极性。旅行社常用的优惠和奖励方式包括减免预订金、组织奖励旅游、组织中间商考察旅行、开展联合促销等。

4. 适时调整中间商队伍

旅行社所选取的中间商并不是一成不变的，而是要根据旅行社自身发展情况和中间商的业务开展情况适时进行调整。随着旅行社发展规模的壮大，需要拓展中间商队伍；如果旅行社发展情况低迷，则需要缩减中间商队伍；旅行社经营方向调整也会直接影响中间商队伍的调整；旅行社客源结构的变化，也需要合作的中间商及时跟进。

任务实施

五人一组，各小组通过查阅图书、资料、网络等资源，寻找典型旅行社渠道营销成功的案例，并根据这些经验为你朋友所在的旅行社刚刚推出的研学旅游产品业务设计一份销售渠道的建设方案。

评分标准

序号	评分项目	分值	得分
1	内容完整性	50分	
2	语言简洁性	10分	
3	内容条理性	20分	
4	归纳总结能力	10分	
5	形式创新性	10分	

任务三 运用促销手段

学习目标

知识目标

1. 对旅行社的促销手段有全面的了解；

2. 掌握每种促销方式的优缺点及适用情况。

能力目标

具备运用不同促销手段推进销售工作开展的能力。

素质目标

提高旅行社促销活动的策划能力。

任务描述

你朋友所在的旅行社是一家以研学旅游为主要业务的旅行社，研学旺季马上就要到了，研学旺季来临之前，应该如何策划制定有效的促销方案呢？请你帮他完成一份促销方案吧！

知识准备

促销是旅行社产品销售管理中的重要组成部分，促销的目的在于扩大旅行社在目标市场中的声誉与影响，同时促进旅游产品的销售。促销是旅行社通过各种营销宣传手段，与旅游市场进行信息沟通，来赢得旅游者对产品的关注、了解和购买兴趣，树立旅行社及其产品的良好形象，从而促进旅游产品的销售。从本质上讲，旅游促销就是旅游企业和旅游市场之间的信息沟通过程。

一、旅游促销的作用

（一）传播信息

通过旅游企业的促销活动使顾客了解旅游产品与服务的相关信息。

（二）刺激需求

通过促销活动加深旅游者对旅行社企业相关旅游产品的认知，唤起旅游者的消费意愿，通过劝说和提示吸引消费者购买旅游产品，增加产品的销售额。

（三）强化竞争优势

旅游促销通过对同类旅游产品某些差别信息的强化传播，使旅游者意识到该产品的特殊效用或市场优势。

（四）树立良好的企业形象

旅游促销在扩大旅游产品销量的同时，可以树立旅游产品及旅游企业在公众心目中的良好形象，从而为旅游企业的长远发展创造有利的条件。

二、充分发挥人员销售的魅力

人员推销，又称为人员销售，是旅行社通过派出推销人员亲自向旅游者介绍、宣传，以促进旅游产品的销售的一种促销形式。推销人员除了要完成一定的销售任务，还要及时发现旅游者未被满足的需求，并开拓新的市场。

人员销售具有较强的灵活性，销售人员在与旅游者进行洽谈或推介的过程中，通过交谈和观察，可以掌握旅游者的购买动机，进而有针对性地从某个侧面介绍旅游产品的特点和功能，抓住有利时机促成交易的达成。人员销售还具有选择性和针对性，在选择销售对象时，可以事先进行甄别和筛选，拟定销售方案和销售技巧，以提高销售的成功率。有经验的销售人员为了达到销售的目的，可以使买卖双方从单纯的交易关系发展为建立深厚的友谊，彼此建立信任与情感，这将更有助于销售工作的开展。

但是，人员销售也有自身的缺点。一方面，虽然这种促销方式对于旅游者购买力的推动比较大，但却涉及大量附加性的成本支出，导致单位接触成本较高。另一方面，推销的效果有时会比较有限，销售人员在与旅游者面对面沟通的过程中，可能会遭遇到旅游者的抵触情绪，同时销售人员也不可能接触到所有的潜在旅游者。

（一）人员销售的常见方式

1. 派员推销

这种方式是旅行社的销售人员在确定了拜访对象，了解了旅游者的基本情况和可能产生的需求之后，携带旅游产品的相关材料走访旅游者，并与之当面洽谈，回答旅游者的各种问题，最后在双方都能接受的条件下达成交易。这种方式是销售人员主动出击，要求销售人员具有较强的工作积极性和主动性，同时要想方设法消除顾客可能存在的疑虑，与顾客建立良好的互动关系。

2. 营业推销

这种方式是旅行社的销售人员在旅游者消费旅游产品时、进店参观咨询或洽谈业务时所进行的推销。旅游者的旅游过程其实也是其对旅游产品和服务的消费过程，在这一过程中也提供了诸多向他们进行推荐和销售的机会，因此旅行社企业要树立全员营销的观念。如果旅游者进店咨询参观，表明旅游者已经有较为明确的购买需求，如果销售人员可以做好推荐，可以以较少的成本促成交易达成。这种面对上门旅游者所进行的营业推销，旅游者有急切获取旅游产品和服务信息的愿望，防御心理较弱，推销工作极易成功。

3. 电话/在线推销

销售人员通过打电话或者在线咨询问答的形式对旅游者进行即时推销。在接到咨询电话或者在线咨询时，销售人员要热情认真地对待，在详细回答客人询问的同时，还要积极向客人进行相关旅游产品的推介。

4. 会议推销

旅行社经常会参加各种旅游交易会、旅游推介会或新产品发布会等，这些展会其实也是非常好的销售平台。在展会期间莅临的一般都是有相应需求的旅游者或者同业人员，销售人员要把握好机会，在展会过程中积极进行推介，尽量多接触潜在目标顾客，宣传旅行社的产品与形象，争取达成更多交易。

（二）人员销售的注意事项与技巧

人员销售的过程中，需要与客户保持实时的沟通与互动，需要掌握相应的沟通与销售技巧，以提高销售的成功率。

首先，销售人员要善于察言观色，在与客户沟通的过程中细心观察客户的表情、反应，对客户不太感兴趣的话题及时进行转移，做到适可而止，不要太强烈地表现出急于成交的欲望。其次，在沟通过程中，要对旅行社及其产品尽可能进行充分的展示，事先准备好相关辅助资料，便于客户对企业有全面的了解。另外，在介绍时可以突出强调旅行社的综合实力、业界位置及企业成功的案例或经验，以增强旅游者对旅行社的信任度与好感。销售人员在前期所做的准备都是为了能够最终促成交易，所以还要把握时机提出成交，提高成交比例。在与客户签订合同之后，除了需要认真履行合约之外，还应继续保持与客户的联系，做好售后服务和后续联络，为进一步合作奠定基础。

三、策划有效的销售促进活动

（一）销售促进的概念

销售促进，又称营业推广，它是指旅行社对同业（中间商）或旅游者提供短程激励的一种活动，目的在于诱导游客购买旅行社的特定产品。销售促进是临时或短期带有馈赠或奖励性质的促销方法，虽然从长期来看，销售促进并不能使销售状况发生质的改变，但在短期内往往比广告更能有效促进销售的增长。

销售促进可以促使旅游者试用企业所推出的新产品，为新产品上市造势，以迅速在市场上打开销路。旅行社的销售促进活动经常以一些赠券、折扣、买赠等方式来进行，这些对于旅游者而言是具有一定的吸引力的，会使他们为了优惠而购买旅游产品。同时，旅行社推出的累计消费给予优惠或折扣的政策，也会促使消费者再次购买或重复消费。在面对市场竞争时，销售促进通常也会针对竞争对手而展开，活动期间会在一定程度上增强旅游产品的市场竞争力。销售促进也会对本旅行社其他产品的销售产生带动作用。

（二）销售促进的优缺点

1. 销售促进的优点

销售促进刺激性强，激发需求快。由于限期的优惠激励，可以让旅游者产生即时性的购买行为，并能达到相当可观的销售额。大部分的销售促进都会提供短期内有效的激励因素，比如赠券、限时折扣、限时特价等，旅游者必须在有效期限内迅速做出反应，旅游企业的市场效果也会得到及时的反馈。这种促销方式在使用上具有较大的弹性空间，一旦需要可以立即投入使用，可以很好地调节淡旺季的需求。

2. 销售促进的缺点

销售促进通常只能在短期内有效，很难给旅行社带来持续性的稳定销售增长。短期来看，可以帮助旅行社实现一定程度的获利，一旦促销活动结束，销售量就会恢复原状，甚至更低。如果旅行社经常采取这一促销手段，会导致旅游者对旅行社的产品和服务产生低质低价的负面认知，销售促进并不适合频繁或长期使用。销售促进虽然能短时期内吸引更多的旅游者，但是这些顾客并不会对旅行社保持较高的忠诚度，一旦竞争对手也采用同样的促销手段，有可能会造成大量顾客流失。销售促进在建立品牌忠诚度方面的效果并不明显。

四、选择恰当的广告媒体

(一) 广告的概念与特点

广告是指旅游企业通过各种大众传播媒介，如电视、广播、报纸、杂志、网络等，以支付费用的方式向目标市场传递有关旅游企业的信息，展示旅游企业的产品和服务。广告是促销组合中的重要手段，它的作用是长期的、潜移默化的。

与其他促销手段相比，广告具有鲜明的特点：广告覆盖面广，能在销售人员无法触及旅游者的时间和地点传递信息，借助不同的广告媒体，可以将旅游产品的信息传递给目标市场更多的旅游者；广告也是一种高度公开的信息沟通方式，这种公开性能够冲淡旅游者在消费时对产品可信度产生的疑虑；广告促销利用了多种传播媒体，旅游企业和旅游者并不直接见面，属于间接的信息传递方式；广告充分运用了影像、声音、色彩、文字等生动的艺术手法，使其具有突出的表现力和视觉效果，能够给受众带来强烈的感官冲击；广告的效果并不是立竿见影的，往往需要一个较长的积累过程才能发挥出来，因此具有功效滞后性的特点。

(二) 制定广告策略的方法

1. 确定目标市场

旅行社要首先明确目标市场，如此可以避免广告资源的浪费，使广告投放具有更强的针对性。旅行社的目标市场应该是既对旅游产品和服务感兴趣，同时又有一定支付能力的旅游者，同时也是旅行社力所能及的顾客群体。旅行社要尽可能对目标市场进行详尽分析，使广告内容能更贴近旅游者所需，最终打动旅游者，实现销售目标。

2. 明确旅游产品的市场定位

在广告铺天盖地的今天，要想使自己的广告信息能够在旅游者心目中留下深刻的印象，与众不同的市场定位尤其重要。

3. 制定科学的广告方案

首先，要根据旅游目标市场的受众特点，制定有针对性的传播任务及想要达到的沟通程度，确定旅行社的广告目标是通知、说服还是提醒。一般而言，通知型的广告主要用于新产品开拓市场阶段，目的在于面向目标旅游者群体，对旅游新产品的性质特点等进行广而告之，让旅游者对此产生关注和兴趣。说服型广告则主要出现于产品市场竞争阶段，目的是向特定的细分市场宣传旅游企业的优势和经验及旅游产品的独特体验，通过对竞争优势的展示，说服旅游者本企业可以比竞争者提供更物有所值的旅游产品与服务，在一定程度上可以巩固既有顾客的消费信心，同时说服潜在顾客相信自己的选择是明智的决定。提醒性广告则是常在产品成熟期出现，目的是保持旅游者对旅游企业及产品的记忆，能够形成较为稳定的记忆联想，以维持旅游者的品牌忠诚度。

其次，旅行社要做好阶段性的广告预算，确保企业在固定的营销支出情况下，取得更好的促销效果。常用的预算方法有量力支出法、按需支出法、按比例支出法等。广告费用属于旅游企业营销费用中的大比例支出，旅行社要运用好这笔支出，做好预算，使资金用在刀刃上，实现营销效果的最大化。

再次，在广告策划方案的制定过程中，要谨记传递真实可信、打动人心的信息，要突出旅游企业或旅游产品自身独有的竞争优势，并将旅游者可能获得的感知与体验尽量以实境的方式展示呈现出来，以激发旅游者的需求。广告可以营造出旅游者潜在的需求愿景，并将此进行视觉呈现，以达到推广、说服的目的。

另外，选择恰当的广告媒体也至关重要。广告只有在被目标顾客看到、听到、接触到之后，才能产生后续的作用，所以选择目标市场旅游者能够接触到且愿意获取信息的传播媒体尤其重要。随着大众传播媒体的不断发展，以互联网为代表的新型媒体成为人们生活中获取信息的主流方式，而电视、广播、杂志等传统媒体仍然在人们生活中或特定场景下有着不可替代的优点。因此，对于旅行社而言，如何根据广告传播的内容与受众及预算，选择最恰当的媒体传播方式是企业营销工作的重要内容。旅行社要确保各种媒体方式扬长避短、为我所用，只有这样才能实现广告传播效果的最大化。

最后，旅行社也不要忘记合理地评价广告的效果。虽然广告与旅游产品的销量并非线性关系，但仍然需要对广告的效果进行科学的测评。客观科学的广告测评不只会对前期的广告效果进行总结，也可以对后续的广告计划提供参考和借鉴。

五、构建高效的新媒体营销体系

（一）新媒体营销的概念与特点

新媒体是以数字信息技术为基础，以互动传播为特点、具有创新形态的媒体，并将新媒体概括为网络媒体、手机媒体、互动电视媒体、车载移动电视、户外新媒体等，具有受众广、跨时空、直观性和互动性强的特征。新媒体营销强调体验性、沟通性、差异性等方面，具有较强的互动性、快捷传播速度以及低廉的成本等特点。

（二）常见的新媒体营销方式

1. 微博营销

微博是用户间通过关注机制进行信息分享的社交网络平台，如新浪微博，社交功能强大，用户活跃，流量巨大，信息传播速度快。微博营销是旅游企业通过微博平台发现并满足用户需求的一种新型营销方式。企业借助微博平台设计、运行一系列营销活动。微博营销推广包括开屏广告推广、博主广告投放、粉丝头条等方式。

旅行社需要在微博平台注册并认证企业微博账号，利用微博平台提供的营销工具，设计运行营销活动。常见的微博营销方法有微博矩阵营销、热门话题营销等。

2. 微信营销

微信营销是伴随着微信 App 的普及而开展的营销活动，常见的营销活动有微信公众号软文营销、小程序营销、微信广告投放、积赞有奖、邀请关注、打卡活动和投票活动等。微信营销具有成本低、稳定的社群关系等特点。因此，旅行社可以通过注册微信公众号、设计小程序、建立微信群等方式开展营销活动。

3. 直播营销

直播营销是指以互联网技术为载体，基于某个直播平台，利用摄像镜头现场解说旅游产品信息，用户利用手机移动端可以在相应的直播平台上观看并进行实时互动。常见的直播平台如淘宝、抖音、拼多多等。旅行社可以通过自行注册直播间进行直播，与网络达人合作，在平台植入广告等多种方式开展直播营销。

4. 短视频营销

随着短视频平台的崛起，短视频成为一种非常好的信息传播方式。旅行社通过在短视频平台注册企业账号，制作上传含有旅游产品、企业理念文化、优惠活动等信息内容的短视频至各大短视频平台，并通过大数据集中向用户投放，从而实现精准、高效的营销。目前常见的短视频平台有抖音、快手、西瓜视频、火山视频等。

5. 音频营销

音频营销是指在音频 App 上注册企业账号，建立自己的音频自媒体，发布高质量的音频内容获得粉丝。还可以与音频主播合作，通过在音频中插播广告，实现音频营销，如喜马拉雅 App 平台。

此外，各大论坛和问答平台也有大量的用户群体，如知乎、百度问答等。通过发布高质量、高人气的帖子、回复等，获取精准的用户群体，进而通过引流推广，实现产品推广营销。

延伸阅读

江西省第五届“919 全民旅游消费节”暨首届直播带货大赛将举行

中新网江西新闻 9 月 16 日电（袁汝晶）16 日上午，江西省旅游集团在南昌召开第五届“919 全民旅游消费节”暨首届直播带货大赛新闻发布会，对活动内容进行介绍。

“919 全民旅游消费节”由江西省旅游集团首倡首创，自 2018 年至今已经连续成功举办四届。活动以聚焦旅游大消费、做实大交易、同业大合作、百姓大实惠为亮点，打造全民旅游消费盛宴。

本次大赛从 9 月 19 日至 21 日为期三天，以线上促消费为主题，采用直播带货大赛的形式拉开序幕。据组委会统计，已有 31 家机构、100 多个主播团队报名参赛。

赛前，组委会将为参赛者免费提供专业的主播培训课程，帮助从业人员向数字专业营销人才转型，推动旅游带货直播实现常态化，打造线上永不落幕的旅游消费节。在线下，江西省旅游集团还将继续举办文旅展销等系列活动，实现“线上＋线下”双促进，重振旅游消费，加快旅游产业复苏。

本次消费节直播带货大赛将整合省内外优质旅游企业，提供千款优惠力度空前的旅游产品，是全国范围内首次以旅游消费为主题举办的线上直播大赛，也是江西省旅游集团带领省内旅游业坚强自救、提振信心、促进消费复苏的一次重要尝试。

据了解，由江西省旅游集团推出的“江西文旅一卡通”将首次亮相直播间，“江西文旅一卡通”涵盖全省 105 家 4A 级以上景区，7 家 5A 级景区、近 100 家影院全年免费观影 3 次，权益总价值超 3 万元，统一销售价格为 199 元/张，关注直播间将会有惊喜，“江西文旅一卡通”将以最大优惠回馈旅游消费者。此外，直播产品涵盖旅游线路、景区门票、酒店住宿、文创产品、旅游商品、本地生活等品类，共计近千款。另外，大赛期间还将有文旅大咖空降直播间，分享关于文旅产业独家观点。

据悉，此次大赛不仅旨在推动“919 全民旅游消费节”品牌做大做强，打造旅游大消费 IP，更力求引导同业对新消费新旅游形成新认知，促进旅游产业数字新营销能力的提升，为相关产业培养人才、发掘产品，助力江西旅游走出江西，面向世界。

资料来源：http://www.jx.chinanews.com.cn/news/2022/0916/69696.html.

任务实施

五人一组，各小组通过查阅图书、资料、网络等资源，寻找典型旅游企业运用促销手段实现销售成功的案例，并以此为参考设计山之旅的促销方案。

评分标准

序号	评分项目	分值	得分
1	仪容仪表	10 分	
2	语言表达	20 分	
3	分析问题	30 分	
4	总结能力	20 分	
5	运用知识能力	20 分	

任务四　推进网络营销

学习目标

知识目标

1. 对旅行社产品在互联网时代的网络销售有全面的了解；

2. 掌握旅行社产品网络销售的基本实务与技巧。

能力目标

具备运用不同网络销售工具推进旅游产品销售工作开展的能力。

素质目标

提高对旅行社产品网络营销与策划的能力。

任务描述

你朋友所在的旅行社作为一家以研学旅游为主要业务的旅行社，为了迎接暑期研学旅游的旺季，策划了丰富多样的研学旅游产品。为了推进产品的销售，网络销售手段必不可少，请你为它的产品策划相应的网络营销策划案。

知识准备

自20世纪90年代以来，互联网技术的突飞猛进，对旅游业的发展产生了巨大的影响，改变了旅游者的消费习惯，也改变了旅游企业的营销思维。对于旅行社行业而言，互联网时代既带来巨大的机遇，也带来了巨大的挑战。互联网技术的发展与应用，使旅游者在信息共享与信息交流互动方面突破了时空的局限，传统的销售管理模式受到极大的冲击。在这一背景下，旅行社需要转变经营思路，调整经营方式，创新销售模式，借助互联网的力量，为旅行社的营销工作和产品销售工作助力。现代营销学之父菲利普·科特勒认为，日益重视网络营销是未来的营销趋势。网络将旅行社与旅游者之间的距离进一步拉近，也改变了旅游者的购买方式。面对蓬勃发展的在线旅游市场，旅行社业务必须运用好网络营销这一利器，增强其在市场上的竞争力。

一、网络营销的概念

互联网的出现与现代信息技术的发展，将企业的传统业务以一种崭新的方式展现在消费者面前，它弥补了传统方式中的互动不足、信息滞后、沟通不畅等缺陷，使得信息的传递与分享、产品的购买等更加方便快捷。尤其在“互联网＋”时代，任何传统行业在与互联网相互融合的过程中，都焕发出崭新的面貌。一方面，传统企业要积极利用好互联网工具，把传统企业的优势发挥出来；另一方面，网络企业要积极融合传统行业，充分发挥网络的优势，把传统项目做出新意。

网络营销，又称为互联网营销，是指为实现企业的营销目标，借助互联网技术开展市场营销活动。网络营销不仅是一种技术手段的革新，而且包含更深层面上的观念上的革新。互联网作为跨越时空的传输媒体，可以为顾客提供更为方便快捷的服务，同时可以及时了解顾客的需求，并提供有针对性的回应。网络营销赋予企业营销工作新的内涵。

二、旅行社网络营销

（一）旅行社开展网络营销的必要性

旅游产品是旅游企业为了满足旅游者的需要而生产设计出来的用于交换的劳动产品。对于旅行社而言，所提供的旅游产品主要包括各种打包好的旅游线路、各种旅游过程中所需要的单项的旅游产品，如住宿、餐饮、景点门票、签证、租车、包车、导游、移动WiFi，以及旅游线路策划订制、旅游咨询等服务内容。这些产品大多是以非物质的形式存在的无形性服务，这类产品具有无形性、不可移动性、生产与消费的同一性、不可储存性等特点。这些特点为旅行社产品的销售带来了一定的难度，因为旅游者在购买产品时，无法事先看到或感知体验到产品的质量，这也增加了旅游者购买的风险。

由于旅游者的区域分散性，而且目的地和客源市场之间存在一定的空间距离，因此需要由处于不同地方的供应企业（旅游饭店、景区、旅游交通等）和产品销售中介（旅行社、在线 OTA 等）组成一个庞大的销售网络，才能完成旅游产品的生产、销售和接待任务。互联网的出现，使电子商务在旅游产品销售中得以推广和应用，并因其高速、高效、低成本、精准等优势，特别适合处理像旅行社行业这种远距离、多批次的小额交易。互联网技术应用于旅行社行业，可以降低促销成本，减少中间商层次，扩大市场覆盖范围，提升旅游者购买体验，进一步优化客户关系管理，提高产品销售效率，提高旅行社的利润空间和营销成效。

（二）旅行社开展网络营销的现实意义

网络营销作为目前被广为关注的一种营销形式，自身拥有传统营销无可比拟的优势。网络营销具有受众精准、成本低廉、互动便捷、覆盖广泛、形式灵活等特点，非常适合在旅行社行业推广和应用。旅行社开展网络营销具有以下现实意义：

1. 有利于旅行社取得更多竞争优势

就目前而言，互联网的覆盖范围从城市扩展到乡村，只要有一根网线，你就能与世界相连。互联网在我们的日常生活中发挥着越来越重要的作用，人们的日常交流、购物消费、工作开展等各个方面都离不开网络。互联网所带来的信息获取与共享模式、便捷的购物与消费体验、无处不在的数据收集与反馈，都在悄悄改变着人们的生活与习惯。所以，对旅行社而言，充分运用互联网技术开展企业的管理与营销工作，是把握未来旅游业发展趋势的必然选择，也是在激烈的市场竞争中凸显竞争优势的重要途径。

2. 有利于加强旅行社与旅游者之间的沟通与互动

在信息化的互联网时代，旅行社无法实现信息的垄断，只能依靠更精准的信息传播和更有效的客户沟通来赢得旅游者的关注与青睐。互联网提供了各种便捷的及时沟通工具，旅行社可以有效地运用网络平台的互动手段，及时把握旅游者的需求动向，并持续跟进以促成交易。同时也可以相应开展关系营销，客户关系管理等工作。旅行社与旅游者之间的沟通与互动，也将推进旅行社的产品策划与设计更加人性化，更加贴合市场需要。

3. 使旅游者的决策和购买更具有便利性和自主性

传统的旅行社经营模式所成立的基础是旅游者与旅游目的地之间的信息不对称，

在这种情况下，旅游者在做出旅游决策和购买决策的时候带有一定的盲目性。而在互联网时代，信息不对称的局面被打破，旅游者能够在网络上便捷地获取各种旅游资讯，也可以做出更明确理性的消费选择。同时，网络也提供了便捷的购买平台和购买方式，旅游者甚至可以实现即兴购买。

4. 有利于旅行社提供更加优质的旅行体验和服务

互联网使旅行社和旅游者之间的沟通更加便捷有效，旅行社能够获取更多来自目标旅游市场的需求数据，以在产品设计策划阶段生产出更能满足市场需求的产品，从而在市场中具有较大的竞争优势。在服务和接待过程中，面对旅途中可能出现的问题，旅行社可以通过和旅游者之间及时沟通，及时跟进解决，保障旅游服务质量，提供更加优质的旅游体验和服务。

三、旅行社网络营销的运用策略

（一）完善旅行社企业的网站建设

自建网站是旅行社开展网络营销的常见形式。旅行社网络营销的推进除了依靠商业平台，也可以根据自身发展需要进行自建网站的开发与设计，能够依托企业官网，提供准确、全面、及时的旅游资讯。旅行社官方网站是其网络形象的一扇展示窗口，也是推广旅游产品、提供购买咨询、进行在线购买的重要平台。旅行社要充分利用官网的展示销售功能，实现各方面信息的艺术性、互动性、宣传性的融合，使其能够在旅游者获取旅游讯息、辅助旅游决策，以及购买旅游产品的过程中发挥相应的作用，并能充分激发旅游者的购买欲望，调动其潜在需求。

互联网本身可以跨越时间和空间的局限，可以克服地域的障碍，旅行社自建网站除了面对国内市场之外，也可以设计外语网页，以方便海外游客获取旅游信息，推广企业形象，拓展国际市场。

（二）开发移动客户端，优化移动端客户体验

在中国旅游市场，以智能手机为代表的移动端正在逐渐超越线下门店、PC 端成为最大的旅游预订渠道。调查报告显示，全球范围内超过 75%的受访者出游必带智能手机，这一比例甚至超过手纸、化妆品等个人护理用品（69%）。有 87%的中国受访者表示他们出游必带手机，对于手机的依赖程度稳居全球第一。

从各项数据分析来看，手机移动端预订已超过 PC 端、线下门店等成为最主要的旅游预订渠道。对比 PC 端，移动端的便利性，优化了传统的预订以及出游体验，是旅游者依赖手机的主要原因。目前跟团游、自由行、邮轮游、订制游等各类旅游产品，都可以随时随地在手机端查询、对比、预订，甚至还可以在手机上开出团说明会，选导游领队，在跟团行程中点评吐槽等。同时，相对于传统的线下门店，手

机端产品丰富度更高。在一些大型旅游 App 上，以“日本”搜索，可以找到 6 000 多条旅游产品，有数百家出境旅行社可供选择。

而且，擅长且热爱使用移动端的千禧一代旅游群体正在壮大，也为移动端的快速增长助了一臂之力。所以，旅行社及在线 OTA 需要通过优化移动客户端的游客体验，捕捉更多潜在客户，实现更可观的销售价值。比如携程是行业内唯一一家实现“手机端开视频说明会”的旅行社。去哪儿通过与百度合作，成为百度地图界面上酒店产品的唯一供应商，为旅途中的用户提供更具关联性的实时酒店信息。

延伸阅读

90 后成旅游移动预订主力军

途牛旅游与新华网 2019 年 2 月联合发布的《2018 年度移动旅游发展及消费白皮书》显示，截至 2018 年年底，移动端订单量占在线总订单量的比例达 90%。途牛移动咨询占在线咨询总量的比例为 92%，比 2017 年提升 3%。人工客服首条消息响应时长小于 8 秒，平均响应时长小于 18 秒。

动动手指，在移动设备上浏览感兴趣的旅游产品并咨询相关细节，以便更好地规划下一次旅程。从年龄段角度来看，90 后最偏爱移动咨询，占比为 43%；其次是 80 后，占比为 37%。80、90 后不仅对移动终端设备使用驾轻就熟，而且是旅游主力军。2018 年，途牛移动预订客人中，90 后占比为 34%，80 后达 24%。值得一提的是，50 岁以上客人移动预订占比达 14%，相较 2017 年上升了 3%，“潮爸潮妈”移动预订更流行。

女性是移动旅游咨询的主流人群。《白皮书》数据显示，女性移动旅游咨询人次占比为 66%，而男性仅为 34%。女性用户在咨询时通常更细致，具体住的酒店有哪些特色和设施，目的地有哪些特产和美食，可以去哪儿“买买买”，她们都会详细地咨询线上客服。

公开数据显示，目前三四线及以下城市“小镇青年”人群规模已达 2.5 亿。这些“小镇青年”出门看风景的需求同样不可小觑。移动咨询三四线客源城市 TOP10（三四线城市划分依据第一财经新一线城市研究所《2018 中国城市商业魅力排行榜》）包括扬州、呼和浩特、镇江、海口、洛阳、廊坊、珠海、唐山、盐城、湖州。

根据 2018 年的用户旅游预订数据，移动用户最爱咨询的旅游产品品类 TOP5 分别为跟团、机票、火车票、自助游、门票，人次占比分别为 37%、21%、18%、11%、3%。此外，移动咨询热门周边游城市 TOP10 分别为杭州、北京、重庆、常州、上海、西安、舟山、桂林、无锡、黄山；热门国内长线游目的地 TOP10 包括三亚、丽江、厦门、北京、桂林、成都、大理、西安、上海、广州；热门出境游方向 TOP10 有泰国、日本、欧洲、中国港澳、印度尼西亚、越南、马尔代夫、塞班、土耳其、菲律宾。

《白皮书》数据还显示，在旅游产品的预订支付渠道选择方面，2018 年，移动预订客户较青睐支付宝，占比为 43%，其次为微信支付，占比为 24%，排在第三的是银行卡信用卡支付 16%。

资料来源：https://baijiahao.baidu.com/s?id=1626712497047788032&wfr=spider&for=pc.

（三）引进和培养综合性的电子商务人才，提高工作人员的技术水平

旅行社应增加投入，培养既懂技术又精通旅游管理、旅游产品设计、旅游产品营销等的综合性人才，提高旅行社工作人员对网络营销的重视程度和应用水平。鼓励员工学习计算机应用基础知识，使其熟练掌握操作技能，将计算机知识和旅游市场营销知识有机结合起来，不断创新网络营销模式。对于需要投入大量人力而短期无法看到效益的较高层次的应用，要着眼长远利益，端正思想认识，提高员工的积极性。

（四）基于网络的深度营销挖掘

由于各种营销方式所带来的流量都导向企业的网站或者移动客户端，它们作为企业业务经营的前端平台，可以为企业客户关系管理和深度营销提供极大方便。旅行社在建立公司网络平台或者移动终端时，要关注用户信息的搜集与整理，通过后台大数据的相关分析工具，可以分析出诸多有利于改善经营管理的有用信息。如通过用户来源分析，可以看出用户是来自于自然流量，还是来源于广告链接，还可以进一步分析是来源于哪一种网络营销方式导入，来源于哪一个网络营销平台导入，这为网络营销效果优化提供了数据支撑。又如用户行为分析，通过对众多用户在网站的浏览行为分析，可以看出用户对网站的哪些内容，对公司的哪些产品更为关注，这也为网站优化和产品策略优化提供了关键的数据支撑。

网络为企业管理提供了传统模式所不能提供的各种各样的信息和数据，随着企业运营时间的持续，长期记录积累的数据将越来越丰富和完善，这将为旅游企业实现精准网络营销和精确管理提供可能，可以帮助旅行社提高工作效率、减少费用支出，使旅行社的传统经营运作方式变得信息化、简单化和科学化，增强旅行社的竞争力。

随着整个社会信息化的进一步深化，网络将进一步融入人们生活的方方面面，网络营销也将变得越来越重要。开展旅行社网络营销是旅行社营销的必然趋势，每

一个旅行社都应当重视网络营销这种新型的销售方式，并根据自己的规模和特点制定相应的营销策略。发挥网络的功能，将旅行社经营和网络结合起来，将为我国旅行社行业发展打开新的空间。

任务实施

<table>
<tr><td>项目名称</td><td colspan="5">推进网络营销</td><td>学时</td><td>4</td></tr>
<tr><td>学习小组</td><td></td><td>姓名</td><td></td><td>学号</td><td></td><td>指导教师</td><td></td></tr>
<tr><td colspan="8">工作任务描述：
你朋友所在的旅行社作为一家以研学旅游为主要业务的旅行社，为了迎接暑期研学旅游的旺季，策划了丰富多样的研学旅游产品。为了推进产品的销售，网络销售手段必不可少，请你为它的产品策划相应的网络营销策划案。</td></tr>
<tr><td colspan="8">具体工作任务：
1. 获取相关资料与信息：
(1) 搜索相关资料，了解什么是网络营销。
(2) 网上搜索与旅行社网络营销相关的典型案例。
2. 讨论 & 调研：
(1) 小组讨论旅行社常见的网络营销形式有哪些。
(2) 选择一家旅行社或 OTA，搜集资料或调研，了解它常用的网络营销开展情况。
(3) 借助相关案例的参考，为旅行社策划网络营销方案。
3. 成果展示：各小组汇报讨论和调研结果，将网络营销方案通过 PPT 在课堂上展示。
4. 提交工作记录单和策划方案。</td></tr>
<tr><td colspan="8">学习条件：
1. 旅行社经营管理实训室；
2. 每个小组配备一台可上网的电脑；
3. 任务清单、工作记录单、学习情境练习单等；
4. 课件、视频资料、题库等。</td></tr>
</table>

评分标准

序号	评分项目	分值	得分
1	仪容仪表	10 分	
2	语言表达	20 分	
3	内容完整	30 分	
4	逻辑条理	20 分	
5	形式创新	20 分	

项目总结

通过本项目的学习与执行，理解销售价格的制定是关乎旅行社企业盈利能力和市场竞争力的关键环节，在项目实践中掌握常见的定价方法和定价策略，并能加以实践运用，具备相应的实务操作能力。销售渠道是旅游产品得以方便快捷地抵达旅游者手中的途径。销售渠道的建立关乎旅游产品的销售效率与销售量，是旅行社销售管理的重要内容。了解常见的旅行社销售渠道的形式，并能根据旅行社的情况搭建适合企业的销售渠道，同时掌握中间商的选择要点，能够在实施操作过程中培养自己灵活运用的能力。旅行社构建自身销售渠道的过程中，都要依据自身情况和当前市场的发展做出有针对性的选择，从而实现渠道制胜的目标。不断创新的网络营销活动在旅行社产品的推广销售过程中是一种必不可少的形式，也是销售管理工作中的重要组成内容。学习网络营销对旅行社行业的必要性与现实意义，以及目前旅行社网络营销的策略重点，并通过实践与调研，对其形成更深入的认识，同时掌握实务性的操作技巧，将其在营销实践中加以运用。

项目五
旅行社接待服务

在经过一系列的业务宣传与推广，将旅行社及相关产品的信息通过各种渠道送达消费者后，有一定消费意愿的旅游者就可能会主动来联系旅行社，进一步了解旅行社和产品的信息。此时，怎样将有消费意愿的消费者转化为实际的消费者，怎样将实际的消费者变成忠诚的消费者就成了旅行社面临的关键问题。让我们走进旅行社的接待服务与管理，一同寻找解决上述问题的答案吧！

任务一　提供电话咨询接待服务

学习目标

知识目标

了解接待人员需要具备的基本素质及电话接待的特点。

能力目标

会通过电话等方式与消费者实现有效沟通。

素质目标

树立正确的岗位观念与工作理念。

任务描述

“丁零零……”有客人打来电话。客人的电话咨询内容也许五花八门，也许奇问百出，作为旅行社重要的对外推介窗口，如何通过电话沟通将潜在的消费者转化为实际的消费者，则成为体现你工作能力和业绩的重要环节。请各小组在做好充分准备后，按照设定的脚本，分组进行电话咨询接待服务训练和展示。

知识准备

一、旅行社接待服务人员业务素质要求

在消费者正式成为旅行社的实际消费者之前，旅行社的接待服务工作一般由旅行社门市部的接待服务人员担任，其岗位职责主要包括为消费者提供咨询、介绍旅行社的产品、办理各种销售业务和处理相关文件等。在旅行社选用门市接待服务人员时，除了要求具备较高的职业道德水平和熟悉一般旅游产品和旅游知识等基本素质外，还应具备如下业务素质：

（一）充足的旅行社产品知识储备

接待人员首要的业务素质就是要对旅行社产品有着充分的知识储备。一是要充分掌握旅行社的每一个产品各自基本的线路安排、特点、适合的情况及基本的组合方式。二是要较多地了解其他旅行社同类型产品，找到本旅行社产品的相对优势。

一般来说，散客报团会较多地接受旅行社的既有线路，但如果是集体报团，如企事业单位的奖励旅游或工会活动等，则可能需要根据对方的要求调整或重新设计适合的旅游线路。

（二）较丰富的旅游心理分析能力

接待人员应掌握一定的旅游心理学知识，在与消费者的良好沟通中能够通过运用旅游心理分析，抓住问题的实质，发现消费者真正的旅游需求。

（三）较强的旅行社产品推销能力

接待人员必须具备较强的产品推销能力，在与消费者沟通的过程中，能够运用一定的产品推销技巧，积极主动地向消费者介绍适合他们的本旅行社的产品，并善于抓住稍纵即逝的机会引导消费者购买。

（四）较强的文字处理能力

较强的文字处理能力也是接待人员必备的条件。一是在条件允许的情况下，在与消费者沟通的过程中，应能快速准确地记录下消费者的基本旅游需求和消费者的基本情况，如联系方式、适合旅游的时间、提出的反对意见等，或者事后根据记忆快速进行整理记录。二是学会填写各类业务表格，起草各种业务文件，特别是能够迅速、准确地拟定旅游合同。三是具有较强的文字总结能力，能够较好地将接收到的消费者咨询情况及处理各种业务的情况进行分类整理和总结，并及时发现问题，获取经验。

延伸阅读

FAB产品介绍法

FAB案例引入：一位卖花女郎向一位路过的小伙子兜售鲜花。小伙子说，你的鲜花太贵了。卖花女郎说，送给女孩子最好的礼物就是鲜花，假如你的女朋友看到你捧着一束花去见她，她会有什么表现呢？我想她会含情脉脉地看着你，脸上洋溢出幸福的笑容，在众人羡慕的眼光中给你一个最热烈的拥抱。听到这里，小伙子立即掏出了钱包。

什么是FAB？FAB是一种常见但很实用的产品介绍方法，良好的FAB介绍，可能会较快地实现产品销售。

F是英文单词feature的首字母，意为产品的属性。产品的属性是指产品本身所固有的性质，是产品在不同领域差异性的集合。产品的属性根据不同的界定范围可以有多种，如产品的包装、价格、外观、材质、质量、规格、工艺、保质期等。

A是英文单词advantage的首字母，意为产品的功能、作用或优点。产品的功能、作用或优点一般是无形的，很难被看到、尝到、摸到和闻到，因此需要销售人员的介绍才能传达给消费者。

B是英文单词benefit的首字母，意为利益。消费者购买产品的最终目的是满足自身的需求，从产品消费中获取利益。消费者在表面上看是在买产品，但实际上消费者需要的不是产品的属性，也不是产品的功能、作用或优点，而是通过产品功能获得某方面需求的满足，即获得利益。

简言之，F解决产品是什么的问题，A解决产品能做什么的问题，而B解决产品能为消费者带来什么利益的问题。只有将利益展示给消费者，才是FAB介绍法的核心。而F、A、B之间又有着内在的逻辑关系，即F产生A，A产生B。只是孤立地介绍B，也是不符合介绍逻辑和消费者信息获取习惯的。因此常见的FAB产品介绍法的句式是“因为产品具有什么样的属性”“所以产品具有什么样的功能或优点”“产品可以带给您什么利益”。当然在实际应用中，应灵活采用，有时也可以倒装使用，如通过与消费者沟通先获取B，依据B，介绍A再至F，即采用BAF介绍法。

销售和接待人员应时时牢记：自己所销售的并不是货品，而是要为消费者带来某种利益。如上例，卖花女郎在介绍或展示了鲜花的价格和外观后，直接将兜售的重点放到了小伙子的内在需求上，生动地展示了鲜花给小伙子带来的利益，自然就击中了小伙子的心，让小伙子欣然掏钱。

而在实际的产品介绍工作中，特别是一些新入职的销售和接待人员在介绍产品时往往容易将介绍重点放在产品的属性、功能、作用和优点上，忽视了关键的利益，而导致产品介绍事倍功半。如下例：

小王是一个茶叶专柜的营业员。有一次，一位顾客走进来，小王连忙热情地与其打招呼，就开始探寻顾客的需求，“你想买什么茶叶呢?”

顾客说：“听说用鲜花做的茶不错，你们这有吗?”

小王：“有，我们这里有很多种花茶。”

于是小王连忙拿出所有的花茶，“我们的花茶品种很齐全。有玫瑰花、茉莉花、菊花，还有一种最新的产品——德国的水果茶……”

顾客拿起一包玫瑰花茶在看，小王说：“玫瑰花茶好，味道很香的。”顾客再拿起另一包，小王又说：“这是进口的，是好茶。”

顾客放下手上的茶叶，说：“谢谢，我再到别的地方看看。”说完就走了。

在进行FAB产品介绍时，也要注意几个原则：

(1) 实事求是。应基于产品的实际进行介绍，切勿夸大其辞，也不要去攻击其他品牌或竞争者的产品，在进行产品比较时也应基于客观的事实去介绍。

(2) 清晰简洁。在进行产品介绍时，应以最简洁、最易于为消费者所接受的方式进行清晰的表达。特别是对于一些专业术语，在面向专业消费者时不宜过多解释，面向非专业消费者则应尽量用简单、易于了解的语言进行表述或尽量减少使用专业术语。

(3) 主次分明。不要企图把与产品相关的所有信息都灌输给消费者，应根据消费者的需求，有重点、有主次地进行产品介绍。重要的信息，比如产品的优点、好处，可以详细地阐述；对于一些产品的缺点、不利的信息可以简单陈述。不同的消费者可能对产品的需求点会有差别，在与消费者沟通的过程中应快速抓住消费者的需求点，选择合适的产品进行有针对性的介绍。

二、电话接待的特点

（一）电话接待过程靠声音传递信息

人与人之间面对面的沟通，除了声音之外，还可以有肢体语言如表情、动作等，也可借助其他的工具和活动传递信息。而电话接待则主要依赖声音进行沟通，消费者无法通过电话看到接待人员的肢体语言、面部表情。因此在电话接待过程中，说什么很重要，怎么说更重要。电话接待的语言和面对面接待时的语言也会有所差别，面对面接待时的语言会有表情、动作等的配合，而电话接待中，消费者主要通过听到的声音来感受接待人员的服务，因此电话接待人员除注意电话内容外，更要注意语音、语调和语速。

（二）电话接待人员必须在较短的时间内与消费者实现有效沟通

电话接待人员在接到消费者电话咨询时，应通过沟通快速了解消费者的需求情况，并有针对性地介绍适合的产品及给消费者带来的利益，抓住消费者愿意保持通话的兴趣点。如果在短时间内没办法搞清消费者的需求情况并提供合适的产品介绍，消费者可能会随时终止通话。他们不喜欢浪费时间去听一些自己不感兴趣或与自己不直接相关的事情，除非这次通话能满足他们的某种需求。同时，在沟通过程中，还要清晰掌握消费者的相关信息，如姓名、联系电话、工作单位及旅游需求等。

（三）电话接待是一种你来我往的交互过程

在电话接待沟通中，主要通过声音的交流进行，在交流时一般要做到三点：一是尽量多地将话语权交给消费者，通过消费者的表达掌握需求信息，在听取消费者表达时要认真倾听并适当进行配合。二是在回答或介绍产品时应尽量热情、清晰简洁，以便消费者在较短的时间获取需要的信息。三是要注重与消费者的感性沟通，特别是在首次通话时，应尽量打动消费者的心，使消费者迅速建立起对你的信任。

三、电话接待的规范与技巧

一般来说，消费者能来电咨询旅行社产品，就表明该消费者是存在一定的消费意愿的，因此每一次来电都是一个重要的产品销售机会，应慎重对待每一次电话咨询接待服务。旅行社接待人员的电话接待和其他服务行业的电话接待一样，也有一定的规范与技巧。

（一）随时做好接听电话的准备

如果电话接待人员在门市部等岗位值班，应在工作位置坐直，注意力集中，准备好记录用的纸、笔及电脑等，随时准备接听来电咨询。如果在其他场合接到电话咨询，也应快速调整工作状态，坐直或站直，将注意力集中，并尽量做好记录工作。

（二）电话沟通时的心态与声音

接待人员在使用电话与消费者沟通时，要提前将心情迅速调整到良好的状态。接听时一般应使用自然的声音，语言要清晰简练，语速要适中，不要让消费者感觉到你在抢时间或在拖延时间。接待人员要切记自己代表旅行社，要通过电话沟通让消费者感受到你的友好与真诚，使消费者能够理解你所讲的内容。

（三）电话接通时间的一般标准

电话等待是一件让人不愉快的事情。如果来电很久无人接听，会让消费者潜意识里认为你所在的旅行社可能已经倒闭，或者是工作人员懒散或脱岗，进而使消费者逐渐失去在该旅行社消费的意愿，因此在接听电话时应及时准确。当然，也不必在电话铃一响就马上把电话接起，这样快速地接听电话对消费者来说可能有点快，一般也不符合消费者的等待心理。经研究和实证发现，一般在电话铃响三声之后或10秒钟以内接通电话最符合人们的通话心理，这对于接待人员来说也显得比较从容。如果通话过程中需要出现中辍，一般中辍时间也不要超过17秒，如果确实需要较长时间，则可以和对方商量采取回电的方式。在电话结束时，一般也要先等对方挂断电话后再挂断电话，如果对方未挂断电话，则可以停顿约3秒后轻轻把电话挂掉。

（四）电话沟通时的规范用语

第一，打开话筒，接待人员一般要先自报家门，先报出本旅行社及自己的姓名等。如：“您好，××旅行社，我是××（也可以包含职位），很高兴为您服务（或乐意为您效劳），请问您有什么需要协助的吗（或请问我有什么能为您服务的吗）?”当然，不同的情况下，也会有不同的方式，如有总机转接的电话，一般就不需要报旅行社的名称，如果是熟悉的老顾客，过于礼貌则会显得生分。

第二，如果对方在通话过程中报了姓名，就应立刻打招呼，并在以后的沟通中使用带姓的尊称，如张先生、王女士。称呼在不同的地区会有所差别，如济南一般会称呼对方为老师，如张老师、王老师等。如果是之前联系过的消费者，在电话接听时应第一时间用上对方带姓的尊称。每个人对自己的姓名都有一份特殊的感情，称呼对方时涉及姓名可快速拉近双方的距离。

第三，如果对方指名要某人接电话，正好被指定人有时间接电话，那就应热情地请对方稍等，并快速安排转接。如果被指定人正在接听别的电话，就要礼貌地告知对方，并请对方稍候，如果等待时间较长，则可告知对方："××正在通电话，等会儿让他给您回电话，好吗?"如果对方同意，则可请对方留下联系方式和姓名等信息。被指定人接听或回复电话时，在打招呼后，一般应当首先表示歉意，如："实在抱歉，让您久等了……"如果被指定人不在或不方便，需要代指定人接电话，则可以说："很抱歉，××不在，有什么我可以为您效劳的吗?"

第四，尽量使用带有"温度"的词语。所谓有"温度"的词语，即多使用让对方感到你热情、诚恳、友善的词语，尽量不使用令人生气的字眼。如在电话沟通中出现需要中辍电话的过程，再次通话前，如果以一种不耐烦或调侃的语调说"啊!你还等着呢"，这必然会让对方生气，稍好一点的如"您还在等吗"虽然不会立刻引起对方生气，但让对方回答时会有些许尴尬的意味，而如果带有歉意地说"谢谢您，让您久等了"或"实在抱歉，让您久等了"等，尽管有时久等不是你造成的，自己主动道歉，却会让对方产生良好的心理反应，这样彼此就会减少因电话中辍带来的不良心理状态。

第五，不对消费者说不，但也不能轻诺。不要与消费者起争执，也不能和消费者说不，除非是非常肯定的事。对消费者提出的一些你不知道的问题，如果简单回答"我不知道"，则会显得特别生硬，也缺乏服务意识。对一些不清楚或不知道的问题，也不要不知道装作知道，可以说"非常抱歉，这个问题我也不是很了解，但我马上去查……"如果查的时间较短，也可以说："非常抱歉，这个问题我也不是很了解，麻烦您稍等，我查一下……"然后快速地向了解这一问题的同事咨询，随后为消费者做出解答，这样的回答既能让对方感受到你的严谨真诚，又能让对方感受到你的积极主动。对于一些没有绝对把握的问题，也不要随意许诺，如"没问题""我来办，您放心""在我这里都不是问题"等，因为这些许诺性的语言风险太大。特别是对于旅行社来说，很多事情都会受到外部因素的影响，更增加了不确定性，如订机票、办理护照等，可以尝试采用"我们会尽一切努力来为您办理，但……"等留有余地的回答方式来规避风险。

第六，电话结束前的用语。一般电话结束前，接待人员还应继续询问消费者

“还有什么可以帮您的吗”等，来体现旅行社接待的服务特性。

（五）相关信息的记录

接听电话时应尽量做好留言记录或事后对通话情况进行记录整理。留言记录一般包括打电话的日期、时间，来电者的姓名、职务及工作单位，来电者的联系方式，沟通的主要内容，遗留的问题或后续应进行的工作以及接待服务人员的签名等。

任务实施

五人一组，各组分别就电话接待设计脚本，并选派成员进行电话接待模拟，一方为接待方，一方为来电咨询的消费者。然后，再由各组交叉选派成员进行电话接待模拟。在模拟过程中，各组分别模拟时，由其他组成员进行评议。在各组交叉模拟时，由教师进行评议。

评分标准

序号	评分项目	分值	得分
1	仪容仪表	10 分	
2	语言表达	20 分	
3	分析问题	30 分	
4	总结能力	20 分	
5	运用知识能力	20 分	

任务二　提供门市现场接待服务

学习目标

知识目标

了解门市接待人员的岗位职责和运转流程。

能力目标

会通过面对面接待方式与消费者实现有效沟通和办理相关业务。

素质目标

树立正确的岗位观观念及工作理念。

任务描述

运营良好的旅行社，每天都要接待登门咨询的消费者，此时，优质的门市接待服务便显得至关重要。作为门市接待人员的你，此时就要承担这一重要任务，去成功接待每一位登门的消费者。请各小组在做好充分准备后，按照设定的脚本，分组进行门市现场接待服务展示。

知识准备

旅行社门市是指旅行社在注册地的市、县行政区域内设立的不具备独立法人资格，为设立社招徕旅游者并提供咨询、宣传等服务的网点，有的设立社也会根据场地情况在门厅位置设置安排门市接待。门市是一个旅行社的门面，根据旅行社的行业特点，一般会追求典雅、幽静、舒适、人情味浓的装修设计风格，过于华丽或过于凌乱都会使消费者产生难以接近或不愿接近的想法。一般来说，愿意登门来咨询的消费者，其消费意愿往往会高于进行电话咨询的消费者。因此，成功的门市现场接待服务显得更加重要。

一、门市接待人员的岗位职责

（一）提供咨询接待服务

咨询接待服务是门市接待人员的重要岗位职责。咨询的方式包括电话咨询、网络咨询、信函咨询、现场咨询等。电话咨询在项目一中已经进行了较为详细的讲述，随着通信方式的不断发展，信函咨询方式已经相对较少，网络咨询则是近些年较为流行的方式，它一般借助各类网络平台，如旅行社自建的网站互动平台、网络供应商提供的公用平台如微博、贴吧及一些即时交互平台如微信群、QQ 群等，在使用平台进行交互时，因为每一条交互信息都可以进行留存取证，更要注意语言或文字的严谨性。现场咨询的主要形式为消费者的登门咨询，在本项目中将进行讲述。

（二）推介旅行社产品

推介和销售旅行社产品是门市接待人员提供服务的主要目的，因此接待人员应能较快地抓住消费者的需求意愿，推出适当的旅行社产品，包括团体旅行社产品、散客旅行社产品及单项委托服务等，也可以根据消费者的需求，在旅行社的经营能力范围内对产品进行适当调整或重新设计。

（三）办理相关业务手续

根据消费者的需求，在谈定产品和价格等事项后为消费者办理相关的业务手续，包括旅游合同签订、相关资料收集复印、费用交纳等。不同的业务，手续会有一定的差别，如出境游产品比国内游产品办理的手续就相对复杂，时间也会比较长，而单项委托服务则相对简单。

（四）产品售后服务

产品售后服务是了解旅行社产品消费情况，解决售后问题，增进与旅游者亲和度的重要环节。其主要工作包括向购买旅行社产品的旅游者了解产品消费的情况，接受和处理旅游者的反馈意见及投诉等。

（五）处理各种文件

门市接待人员应认真整理业务交往过程中的各种文件，并进行分类整理存档，有条件的旅行社可以建立旅游者接待服务卡，将其姓名、年龄、出游爱好、详细联系方式等记入卡中，定期或不定期与旅游者通过各种方式保持联系，增加旅游者对本旅行社的情感度，也为今后推荐新的旅行社产品做好客源储备。

二、门市接待服务的一般流程

（一）准备工作

1. 门市部卫生清洁整理

门市是旅行社的形象、窗口、广告。旅行社门市接待人员一般应提前 15 分钟到达营业场所，做好常规的安全检查、签到，对门市的地面、台面、会议室、电脑传真等进行清洁，对资料架、广告牌、宣传册等进行整理摆放，保证旅行社的门市以一个清洁齐整的形象迎客。

2. 个人形象的准备

来营业场所上班之前，就要提前做好服饰、妆容的准备。不同的行业对服饰、妆容的要求会有所不同。多数旅行社会要求门市接待人员穿专门设计制作的工装，统一的着装会带给消费者规范专业的感觉，同时也会增强工作人员的职业约束和认同感，也有部分旅行社不为门市接待人员配备工装。一般来说，旅行社门市接待服务人员应以高雅、整洁、大方、庄重并突出旅行社特色的正规着装为主，不宜着便服或奇装异服，在饰品搭配上一般也应以简洁为主，不宜佩戴过多过大或过于显眼的饰品。要保持头发、面部、手等部位的干净整洁，女士可适当化淡妆。

3. 晨会及工作检查

人数较多的旅行社门市部每日会召开晨会，晨会一般的工作包括对员工考勤、着装和门市卫生清洁等的检查，宣读相关的通知，安排当日的工作，并协助调整员工的工作状态等。晨会前后，在消费者登门前，接待人员应尽快查收尚未查收的邮件、传真等，并进行相应的处理和准备。

（二）待客工作

1. 礼貌迎客

从消费者进门到出门，礼貌迎客都要贯穿始终。一般而言，消费者只有感受到你的真诚礼貌，才会更愿意与你进行沟通，并听取你产品的推介，进而奠定成功的基础。虽然礼貌不一定促成成功，但不礼貌肯定会导致失败。礼貌迎客一般要做到如下三点，并将之融入接待服务之中，为消费者营造出轻松愉快的氛围。

（1）礼貌三声：来有迎声，中有服务声，走有送声。

（2）热情四到：眼到、手到、口到、心到。

（3）文明十字：请、您好、谢谢、对不起、再见。

2. 探寻需求

探寻出消费者的需求，是成功进行产品推介的前提。水平较高的接待人员第一眼就可以从年龄、性别、服饰、职业特征、言谈举止等细节上对消费者的消费需求倾向产生一定的判断，而后通过与消费者的沟通交流探寻出消费者的需求。在与消费者沟通交流时，尽量把话语权交给消费者，也是较快获取消费者需求的有效方式。

3. 推介产品

基于对消费者需求的判断，可以有选择地为消费者推介旅行社产品，同时也可以在推介的过程中发现或引导消费者的需求，进而进行更有针对性的旅行社产品推介。基于此，有时探寻需求和推介产品会在交错融合中开展。推介产品的目的是把卖点转化为买点，实现快速销售，因此在推介产品时应简洁快速地将产品介绍给消费者，少说一些产品的诞生过程，多说一些产品能为消费者带来什么，在推介产品时也应尽量避免使用夸张性的词语。推介产品时还有一个重要的工作就是打消消费者的疑虑，说服消费者的反对意见。

延伸阅读

如何说服反对意见

从心理角度分析，消费者一般都害怕做错决定，担心买错、买贵，担心效果不好等心理状态，因此消费者对产品提出反对意见属于正常的反应。

第一，消费者产生反对意见不可怕，可怕的是搞不清反对的原因。

消费者产生反对意见的常见原因有：

（1）消费者怀疑你所推介的产品并不是他所想要的；

(2) 消费者觉得对你提出的条件无法接受；

(3) 消费者处于一种想要礼貌避开的状态；

(4) 消费者对自己的需求并不明确，需要说服自己；

(5) 消费者感觉接待人员给他的压力太大，想自己做出决策；

(6) 消费者害怕变化或对接待人员不信任；

(7) 其他原因。

第二，找到反对的原因，提前做好准备。

世界上最伟大的销售员乔·吉拉德曾经说过：客户的拒绝并不可怕，可怕的是他们对你和你的产品不发表任何意见。我一向欢迎客户的频频刁难，只要他们开口说话，我就可以找到成交的机会。

从这一点上来看，消费者越是提出反对意见，就越表明消费者有更强的消费意愿，因此消费者的反对意见不是一次失败推介的结束，反而是一次成功推介的开始。

在消费者提出反对意见后，接待人员做出合适的答复则显得至关重要。对于常见的消费者的反对意见，提前做好准备则会更加有的放矢而不至于陷于被动。编制标准应答语是一种比较好的方法。具体程序如下：

(1) 把接待人员每天遇到的消费者异议写下来；

(2) 进行分类统计，依照每一异议出现的次数多少排列出顺序，出现频率最高的异议排在前面；

(3) 以集体讨论的方式编制适当的应答语，并编写整理成文章；

(4) 所有接待人员都记熟，并由经验丰富的接待人扮演消费者，大家轮流练习标准应答语；

(5) 对练习过程发现的不足，通过讨论进行修改和提高；

(6) 对修改过的应答语进行再练习，并最后定稿备用。最好是印成小册子发给大家，以供随时翻阅；达到运用自如、脱口而出的程度。

第三，倾听是克服拒绝的良方。

人最难的不是表达，而是倾听，有时消费者的反对或拒绝意见得到尽情表达后，反对或拒绝的意识或心态也会减弱，进而更有利于问题的解决。倾听是一门学问，倾听往往和微笑一样，是解决问题的利器。倾听时要切忌对谈话内容漠不关心或只听内容忽略感觉。良好的倾听往往需要做到如下几点：

(1) 克服自以为是的心理状态，不要总想占主导地位，应认真听消费者讲；

(2) 尊重对方，让消费者把话讲完，一般不要打断消费者的谈话；

(3) 不要匆忙下结论，不要急于评价对方的观点，不要急切地表达建议，更不要因为与对方不同的见解而产生激烈的争执；

(4) 要抓住主要意思，不要被个别枝节所吸引。善于倾听的人总是注意分析哪些内容是主要的，哪些是次要的，以便抓住事实背后的主要意思，避免造成误解；

(5) 要带有浓厚的兴趣去听，诸如可以身体前倾来表示对谈话的兴趣，以头部动作和丰富的面部表情回应消费者等；

(6) 在倾听的过程中，可以适时加上自己的见解，以使给予和吸收两个方面平衡；

(7) 消费者说完后，有条件的话，让他喝一点热茶或吃一块巧克力什么的。消费者需要感受到被人关心，有时反对或拒绝的意见会在关怀和真诚中慢慢融化。

资料来源：https://zhidao.baidu.com/question/2117446360436809547.html.

(三) 收客工作

1. 合同签订

当消费者确定好旅游需求意向后，就进入了旅游合同签订阶段，不同的旅游方式合同也会有所差别。根据旅游方式的不同，2014 年原国家旅游局与国家工商行政管理总局联合出台了《团队出境旅游合同（示范文本）》（GF－2014－2402）、《团队境内旅游合同（示范文本）》（GF－2014－2401）、《大陆居民赴台湾地区旅游合同（示范文本）》（GF－2014－2403）等旅游合同示范文本（详见中华人民共和国文化和旅游部网站 http://zwgk.mct.gov.cn/zfxxgkml/zcfg/gfxwj/202012/t20201204_906251.html），各地原旅游局或协会等结合原国家旅游局发布的示范文本制作了简化版，在遵照原国家旅游局发布的纯文本性条款约束的前提下，删除了部分纯文本性的条款。旅游合同的签订是旅行社的重要工作之一，该内容将在本项目任务三中详述。

2. 费用收取

消费者一旦签订好旅游合同后，接待人员就应该收取相关费用，并为旅游者开好发票。收取费用时一定要做到"三唱一复"。"三唱"即唱价（确认消费者所购旅行社产品的价格）、唱收（确认所收消费者的现款金额）、唱付（确认找给消费者的余款余额），"一复"即复核（确认所付旅行社产品与收进费用相符）。在使用现金进行收付时，也要注意对现金真伪的辨识，一般可以当面借助带有验钞功能的点钞机进行。

随着支付方式的不断变革，很多消费者使用支付宝、微信或手机银行转账等方式，此时旅行社就应该为这些付款方式准备相应的设备，并做好验证核实工作。如果是对公企事业单位，也有的会采取公对公转账或支票付款的方式。

3. 业务办理

业务办理主要有两个方面，一方面是面向消费者的业务，如需要消费者提供资料的留存（如身份证原件和复印件、办理护照和签证需要的材料）、需要交给消费者的相关资料（如合同、宣传册及部分纪念品）、需要消费者配合完成的相关业务等。另一方面是面向旅行社内部的业务，当合同签订完毕后，部分业务就要转至其他部门进行具体的操作，如旅游安排可转至计调部，账款可转至财务部。

当面向消费者的所有业务完成，消费者准备离开时，接待人员应主动向消费者表示感谢，并请消费者对该项产品的质量和旅行社的服务放心，提醒消费者在旅游出发前要注意的事项，并预祝消费者旅途愉快。

(四) 闭店工作

当门市接待人员完成一天的工作，需要离开门市时，应做好相应的闭店工作。闭店工作一般包括如下部分：

(1) 仔细核对、整理当日的收客资料，连同旅游合同归档，同时对当日财务账目进行整理；

(2) 填写工作日志，并请部门经理审核；

(3) 部门经理做好第二个工作日的晨会准备；

(4) 最后查看电子邮件及相关网络平台上的信息，并对一些时限要求较高的内容尽快处理完毕，当天完不成的，可以在工作日志上注明，以备第二日继续；

(5) 离开时，应认真检查断水断电情况，做好防火、防盗安全检查；

(6) 换下工装、下班签退，最后一个离开的要锁好门窗；

(7) 非工作必要，下班后工作人员一般不得在门市内逗留。

延伸阅读

怎么跟顾客拉近距离？最有用的销售法——“微笑”

微笑是不分文化、种族或宗教，每个人都能理解的，它是国际通用语言。跨文化研究表明，面带微笑是世界各地情感沟通的第一手段。

有话说得好：微笑是两个人之间最短的距离，人际交换中离不开微笑，微笑是一种最容易让人接受的礼物，一个没有笑的世界简直不可想象。

作为商家总是想方设法地吸引消费者。因为只有源源不断的客流，才能给商家带来丰厚的利润。如何吸引消费者，让消费者乐意驻足店内，也是商家头疼的问题。特别是面对情感丰富的消费者时，接待人员更需要和消费者亲密交流，如何让一面之缘的陌生消费者认同你的产品？微笑，是沟通的第一步。消费者来到你的门店，一个自然微笑，首先就让人心情开朗，如沐春风。

接近消费者的“三米原则”：消费者距离自己还有三米远的时候就可以和消费者打招呼，微笑，目光接触。这一点对于门店很重要，如果没有注意到这一点，不理不睬，就会让消费者无所适从或感觉自己被忽略。尤其是女性消费者，她们情感细腻，如果能够主动亲切地打招呼，很容易吸引她们的光顾。

物极必反，请不要过分热情：大家一定有这种经历，有时候我们在专卖店或商场购物时，会碰到一些过分热情的导购，他们老远就会和你打招呼，当你走进他们的专柜时，他们更是尾随而至，寸步不离，并且喋喋不休地开始介绍他们的产品。作为消费者来说，喜欢有一种宽松的、自由的购物或消费环境，不分青红皂白的介绍反而会让他们感到一种无形的压力而趁早“逃之夭夭”。所以接待人员切忌“过分热情”。

微笑能够拉近人与人的距离，能够让他们更容易感受到商家的真诚。服务是决定消费者购买的重要一步，切记不能忽视每一个小细节。你今天微笑了吗？

资料来源：http://www.ef43.com.cn/data/2015/2015-06-27/196304.html.

任务实施

按照项目一中的分组，各组分别就门市现场接待设计脚本，并将组员分成两部分，一部分为接待人员，一部分为登门的消费者，并安排一名同学担任门市部经理，进行门市现场接待模拟。重点模拟门市现场接待服务的准备工作、待客工作、费用收取和消费者离店及闭店工作。各组分别模拟时，由其他组成员和教师进行评议。

评分标准

序号	评分项目	分值	得分
1	仪容仪表	10分	
2	语言表达	20分	
3	问题分析	30分	
4	知识运用	20分	
5	团队协作	20分	

任务三　提供在线咨询接待服务

学习目标

知识目标

了解在线咨询服务的特点及相关要求。

能力目标

会通过在线服务等方式与消费者实现有效沟通。

素质目标

树立正确的岗位观念与工作理念。

任务描述

随着互联网技术的不断发展，网络活动已成为人们生活的重要组成部分，旅行社业务的在线预订也逐渐成为旅行社业务开展的重要方式，如何通过互联网为消费者提供精准的服务，成为衡量现代旅行社接待人员的重要标尺。请各小组在做好充分准备后，按照设定的脚本，分组以微信或QQ等交互平台模拟在线预订服务。

知识准备

一、旅行社在线经营功能分类

按在线经营功能分类，将旅行社在线经营分为旅游产品信息在线展示和旅游产品在线交易。旅游产品信息在线展示主要包括在线展示旅游产品信息、旅行社信息、旅游产品交易信息等。旅游产品在线交易主要包括旅行社提供在线预订、支付、签署旅游合同、售后服务等。

二、旅行社产品在线交易的基本流程

旅行社产品在线交易的基本流程包括产品信息交流、产品预订、订单确认、订单支付、签订合同、评价等。产品信息交流是指旅行社应提供在线查询和交流服务，应在网站页面上提供醒目的在线客服信息。产品预订是指旅行社应提供完整、有效的旅游产品预订系统或预订方式，并记录旅游交易信息。订单确认是指旅行社应对旅游者的订单进行确认，并将确认结果反馈给旅游者，订单意向未达成一致的，旅行社可修订订单，并反馈给旅游者。订单支付应明确支付方式和收款方信息。签订合同可签署书面合同，也可签署电子合同。评价是指旅游者对旅行社服务进行打分。

三、旅行社在线经营服务要求

（1）隐私保护声明要求：网站中要有详细的隐私保护声明。

（2）信息真实要求：旅行社信息、旅游产品信息、库存数据信息、点评信息等应真实。

（3）安全要求：保障经营全过程的信息安全、对交易信息和交易双方信息进行加密处理、交易完成后交易信息不外泄、交易环境中保证旅游者信息不外泄、支持过程中保障支付过程和支付资金安全。

（4）交易数据存储及可追溯要求：交易双方数据的保存时间一般为自最后一次

登录之日不少于三年，可查询的交易数据保存时间一般为自交易发生之日起不少于三年，应保留交易过程信息，在数据保存期限内，应确保旅游者可查询、下载或打印交易数据记录。

（5）售后服务要求：旅行社应建立在线交易售后服务制度，宜设置 24 小时应急服务电话，可建立在线旅游服务质量回访制度。

（6）投诉处理要求：旅行社应为旅游者的投诉提供有效的接收和处理渠道，并应将投诉处理结果及时反馈给旅游者。

四、旅行社在线咨询服务接待的特点

（一）在线咨询可通过多媒体传递信息

相较于传统的现场接待服务和电话咨询接待服务，在线咨询可以更多地借助互联网功能，实现文本、声音和图像等多种媒体形式进行信息传递。诸如可以通过截屏功能将需要截取的图片资料直接发送给访客，直接将已设定好的网站链接推送给访客等。提供在线咨询服务应充分利用多媒体优势，以更有效、更直接地向访客传递信息。

（二）在线咨询可通过多种平台运营

一般而言，在线咨询服务可以通过相应网站提供的交互平台进行。为了提供更好的服务，可以根据访客的不同情况，邀请客人加入微信、QQ 等不同的群，也可以将访客转接给相关的部门或人员，实现访客和工作人员的无障碍直接沟通，部分在线咨询服务也可以转为电话咨询服务或现场接待服务。

（三）在线咨询可更好地留存服务信息

利用在线咨询的信息留存和分析功能，可以实现主动对话、实时查看、客户识别与管理、留言服务、访客阻止等，也可以通过对常见问题预设常用语，根据常用语预设相应的答案，发送给访客，以提高响应速度、减少访客等待的时间。同时，提供在线咨询服务的工作人员更要注重交互信息的真实性和可靠性，避免不当或错误信息的传递，以免为在线咨询服务工作带来被动。

任务实施

五人一组，各组分别就在线咨询服务接待设计脚本，并选派成员进行在线咨询服务接待模拟，一方为接待方，一方为在线咨询的访客。然后，各组交叉选派成员进行在线咨询接待模拟。在模拟过程中，各组分别模拟时，由其他组成员进行评议。在各组交叉模拟时，由教师进行评议。

评分标准

序号	评分项目	分值	得分
1	信息交互能力	30分	
2	分析问题能力	30分	
3	应变能力	20分	
4	运用知识能力	20分	

任务四　签订旅游合同

学习目标

知识目标

了解旅游合同的常见格式和主要内容。

能力目标

会审阅和签订旅游合同。

素质目标

培养严谨慎重的工作意识。

任务描述

消费者和旅行社双方一旦达成意向，就要进入合同签订阶段。合同一旦签订，双方就要在享受相应权利的同时，开始承担相应的责任。请被授权签订旅游合同的你，拿起手中的笔，根据项目二脚本中成功推介的产品项目，模拟签订旅游合同。

知识准备

一、旅游合同需要载明的事项

中华人民共和国国务院颁布的《旅行社条例》（据2017年3月1日〈国务院关于修改和废止部分行政法规的决定〉第二次修订）第四章第二十八条规定：

旅行社为旅游者提供服务，应当与旅游者签订旅游合同并载明下列事项：

（一）旅行社的名称及其经营范围、地址、联系电话和旅行社业务经营许可证编号；

（二）旅行社经办人的姓名、联系电话；

（三）签约地点和日期；

（四）旅游行程的出发地、途经地和目的地；

（五）旅游行程中交通、住宿、餐饮服务安排及其标准；

（六）旅行社统一安排的游览项目的具体内容及时间；

（七）旅游者自由活动的时间和次数；

（八）旅游者应当交纳的旅游费用及交纳方式；

（九）旅行社安排的购物次数、停留时间及购物场所的名称；

（十）需要旅游者另行付费的游览项目及价格；

（十一）解除或者变更合同的条件和提前通知的期限；

（十二）违反合同的纠纷解决机制及应当承担的责任；

（十三）旅游服务监督、投诉电话；

（十四）双方协商一致的其他内容。

同时，第二十九条对旅游合同的签订做出了进一步的说明：旅行社在与旅游者签订旅游合同时，应当对旅游合同的具体内容做出真实、准确、完整的说明。

旅行社和旅游者签订的旅游合同约定不明确或者对格式条款的理解发生争议的，应当按照通常情况予以解释；对格式条款有两种以上解释的，应当做出有利于旅游者的解释；格式条款和非格式条款不一致的，应当采用非格式条款。

二、签订旅游合同需要注意的问题

旅游合同是旅行社面向旅游者签订的主要合同，对于可能存在争议或风险的内容，应当在法律允许的范围内尽量以补充条款等的形式进行明确的合同约定，从而有效地规避风险。在填写合同时应特别注意以下几点：

（一）旅游者的相关情况

除了旅游者的基本信息如姓名、身份证号等外，一般还要将旅游者的身体状况进行说明和签字确认，诸如有无既往病史、有无传染性疾病、有无特殊禁忌等，如果旅游者无既往病史和特殊禁忌，则应由旅游者或团体代表签署“身体均健康，无既往病史和传染性疾病，无特殊禁忌”的声明或确认单。对于老年人，最保险的方式是要求旅游者提供医院开具的健康证明；对于未成年人，旅游合同须在监护人的监督下签署，不能单独与未成年人签订旅游合同。同时，在不影响旅游团队其他成员的情况下，应对旅游者的个人隐私做好保密。

（二）旅游合同中是否有违反法规的内容

除了《合同法》外，与旅游合同相关度较高的法律法规主要包括《旅游法》《旅行社条例》《旅行社条例实施细则》和文化和旅游部出台的旅游合同示范文本中提及的条款。如果签订的旅游合同与上述法律法规相违背，相应的条款则无效，如因相应条款产生纠纷，则在纠纷处理时可能会做出有利于旅游者的解释。如在示范文本中虽然有“自愿购物和参加另行付费旅游项目约定”的条款，但特别要注意在旅游合同中旅行社一般不指定购物场所或另行付费项目名称。《旅游法》第三十五条明确规定：“旅行社不得以不合理的低价组织旅游活动，诱骗旅游者，并通过安排购物或者另行付费旅游项目获取回扣等不正当利益。旅行社组织、接待旅游者，不得指定具体购物场所，不得安排另行付费旅游项目。但是，经双方协商一致或者旅游者要求，且不影响其他旅游者行程安排的除外。发生违反前两款规定情形的，旅游者有权在旅游行程结束后三十日内，要求旅行社为其办理退货并先行垫付退货货款，或者退还另行付费旅游项目的费用。”

（三）旅游行程单的内容

文化和旅游部发布的示范文本规定旅行社应当提供带团号的旅游行程单（以下简称行程单），经双方签字或者盖章确认后作为本合同的组成部分。行程单应当对如下内容做出明确的说明：

（1）旅游行程的出发地、途经地、目的地、结束地，线路行程时间和具体安排（按自然日计算，含乘飞机、车、船等在途时间，不足 24 小时以一日计）；

（2）地接社的名称、地址、联系人和联系电话；

（3）交通服务安排及其标准（明确交通工具及档次等级、出发时间以及是否需中转等信息）；

（4）住宿服务安排及其标准（明确住宿饭店的名称、地点、星级，非星级饭店应当注明是否有空调、热水、独立卫生间等相关服务设施）；

（5）用餐（早餐和正餐）服务安排及其标准（明确用餐次数、地点、标准）；

（6）旅行社统一安排的游览项目的具体内容及时间（明确旅游线路内容包括景区点及游览项目名称等，景区点停留的最少时间）；

（7）自由活动的时间；

（8）行程安排的娱乐活动（明确娱乐活动的时间、地点和项目内容）。

行程单用语须准确清晰，在服务标准用语中不应当出现“准×星级”“豪华”

“仅供参考”“以××为准”“与××同级”等不确定用语。

任务实施

以团队境内旅游合同签订为标的，老师安排学生利用课余时间学习和了解相关的法律规定，并对旅游合同涉及的内容进行阐释和指导，由学生分别按照项目二的脚本中成功的产品推介，模拟签订旅游合同，并由教师进行评议。

评分标准

序号	评分项目	分值	得分
1	项目充实完整	20 分	
2	内容格式规范	30 分	
3	文字清晰准确	20 分	
4	逻辑严谨合理	20 分	
5	其他	10 分	

任务五　填写运行计划表与导游计划表

学习目标

知识目标

了解团队旅游和散客旅游服务的特点。

能力目标

会制作和填写运行计划表与导游计划表。

素质目标

培养严谨慎重的工作意识。

任务描述

旅游团队马上就要出发了，为确保旅游项目的顺利完成，要在团队出发前做好详细的计划和安排，而运行计划表和导游计划表等则是出团前计划和安排的重要组成部分。作为地接社计调人员的你，请根据任务三中的信息，分别模拟填写运行计划表和导游计划表。

知识准备

对于旅行社而言，根据旅游者人数和运行方式的不同，主要有两类旅游方式：团队旅游、散客旅游。在传统上，团队旅游是旅行社的主要运营项目，也是旅行社的主要盈利项目，在运作上一般也会采取包价的方式。但随着旅游业的不断发展，人们的旅游需求开始呈现多样化，团队旅游在总量上开始趋于平衡甚至下滑趋势，在比重上也呈现较为明显的下滑趋势，而散客旅游等多样化的方式则开始有明显的增长趋势。

一、团队旅游的分类

一般而言，团队旅游是指 10 人或以上的旅游者组成旅游集体，采用一次性支付旅游费用，有组织、有计划地按照预定行程进行的旅游运行方式。目前我国的团队旅游主要有 3 种组织形式，即入境团队旅游、出境团队旅游和国内团队旅游。

（一）入境团队旅游

入境团队旅游是指由我国的旅行社到境外旅游客源地或通过海外旅游中间商招徕和组织的 10 人或以上签约旅游者前来我国大陆进行旅游活动的旅游组织形式。

（二）出境团队旅游

出境（含边境）团队旅游是指由我国经过批准具有经营出境旅游资格的旅行社招徕和组织的 10 人或以上中国公民赴境外（含边境）进行旅游活动的旅游组织形式。

（三）国内团队旅游

国内团队旅游指由我国旅行社招徕和组织的 10 人及以上中国公民在中国境内进行旅游活动的旅游组织形式。

二、团队旅游的特点

长期以来，团队旅游是旅行社最主要的经营业务，它最大的特点就是计划性非常强，协调工作也特别多。不同的团队旅游类型又有着各自的特点，如表 5－1 所示：

表 5－1　　三种团队旅游组织形式的特点比较

团队旅游组织形式	主要特点
入境团队旅游	预订周期长、停留时间长、接团利润高
出境团队旅游	文化差异大、活动日程稳定、消费水平高
国内团队旅游	预订周期短、日程变化小、消费水平差别大

延伸阅读

中华人民共和国旅游法（节选）

第九章　法律责任

第九十六条　旅行社违反本法规定，有下列行为之一的，由旅游主管部门责令改正，没收违法所得，并处五千元以上五万元以下罚款；情节严重的，责令停业整顿或者吊销旅行社业务经营许可证；对直接负责的主管人员和其他直接责任人员，处二千元以上二万元以下罚款：

（一）未按照规定为出境或者入境团队旅游安排领队或者导游全程陪同的；

（二）安排未取得导游证的人员提供导游服务或者安排不具备领队条件的人员提供领队服务的；

（三）未向临时聘用的导游支付导游服务费用的；

（四）要求导游垫付或者向导游收取费用的。

第九十七条　旅行社违反本法规定，有下列行为之一的，由旅游主管部门或者有关部门责令改正，没收违法所得，并处五千元以上五万元以下罚款；违法所得五万元以上的，并处违法所得一倍以上五倍以下罚款；情节严重的，责令停业整顿或者吊销旅行社业务经营许可证；对直接负责的主管人员和其他直接责任人员，处二千元以上二万元以下罚款：

（一）进行虚假宣传，误导旅游者的；

（二）向不合格的供应商订购产品和服务的；

（三）未按照规定投保旅行社责任保险的。

第一百条　旅行社违反本法规定，有下列行为之一的，由旅游主管部门责令改正，处三万元以上三十万元以下罚款，并责令停业整顿；造成旅游者滞留等严重后果的，吊销旅行社业务经营许可证；对直接负责的主管人员和其他直接责任人员，处二千元以上二万元以下罚款，并暂扣或者吊销导游证：

（一）在旅游行程中擅自变更旅游行程安排，严重损害旅游者权益的；

（二）拒绝履行合同的；

（三）未征得旅游者书面同意，委托其他旅行社履行包价旅游合同的。

第一百零一条　旅行社违反本法规定，安排旅游者参观或者参与违反我国法律、法规和社会公德的项目或者活动的，由旅游主管部门责令改正，没收违法所得，责令停业整顿，并处二万元以上二十万元以下罚款；情节严重的，吊销旅行社业务经营许可证；对直接负责的主管人员和其他直接责任人员，处二千元以上二万元以下罚款，并暂扣或者吊销导游证。

第一百零八条　对违反本法规定的旅游经营者及其从业人员，旅游主管部门和有关部门应当记入信用档案，向社会公布。

三、散客旅游的分类

由于旅游者的需求多种多样，旅行社经营的散客旅游项目层出不穷，按照业务性质大致可分为单项委托服务、旅游咨询服务和选择性旅游服务 3 种主要类型。

（一）单项委托服务

单项委托服务是旅行社为散客提供的各种按单项计价的可供选择的服务。主要包括抵离接送，行李提取、保管和托运，代订机车票、饭店，代办旅游保险，代办出入境、过境临时居住和旅游签证，代向海关办理申报检验手续，代办国内旅游委托、导游服务等。

（二）旅游咨询服务

旅游咨询服务是旅行社向旅游者提供的各种与旅游相关的信息和建议的服务。旅游咨询服务大部分是由旅行社免费提供的，但也有的旅游经营单位会收取一定的旅游咨询费，有的旅游经营单位特别是一些 OTA 还专门设置了旅游咨询师岗为旅游者提供专业的旅游咨询服务。旅游咨询服务的主要方式在任务一中已经提及。

（三）选择性旅游服务

选择性旅游服务是旅行社通过招徕，将赴同一旅游目的地的来自不同地方的旅游者组织起来，分别按单项计价的旅游组织形式。选择性旅游的具体形式包括小包价旅游（详见项目二相关概念）中的可选择性部分，某一景点游览、某一文娱节目观赏、当地风味品尝等单项服务，半日游、一日游、数日游等。

四、散客旅游的特点

散客旅游又称自助旅游或半自助旅游，散客旅游形式灵活、单项明码标价、选择性强。随着人们生活水平的不断提高，旅游方式日趋多样化，特别是对于年轻人或家庭来说，自由行、自驾游的旅游方式日趋增多，而散客旅游正好可以适应这一市场需求，为自由行、自驾游等提供更为灵活多样的服务。散客旅游相对于团队旅游而言，主要特点是规模小、批次多、变化大、要求高、预订期短。

任务实施

组团社计调人员将旅游团接待任务转至地接社计调人员时，需要制作并发送旅行社运行计划表，而地接社计调人员则需要根据运行计划表给地陪导游员制作并发送导游计划表。在老师的指导下，请同学们分别制作并填写旅行社运行计划表和导游计划表。

评分标准

由教师对学生填写的计划表进行评分。

序号	评分项目	分值	得分
1	项目充实完整	20 分	
2	内容格式规范	30 分	
3	文字清晰准确	20 分	
4	逻辑严谨合理	20 分	
5	其他	10 分	

任务六 受理旅游投诉

学习目标

知识目标

了解旅游投诉常见的主题、旅游者投诉的一般心理诉求、受理投诉的一般要求和程序。

能力目标

会受理一般的旅游者投诉，填写旅游投诉单和整理旅游投诉档案。

素质目标

培养冷静处理和理清主要问题的能力。

任务描述

根据设定的脚本，由学生分组模拟旅游投诉和受理旅游投诉。

知识准备

旅游者的投诉途径一般有 3 种：第一种是通过旅游行政管理部门等进行投诉，相关部门会根据投诉的情况，对旅行社进行调查或要求旅行社对投诉做出回应，此类投诉较少会转由业务接待部门，一般会由旅行社或门店的负责人进行处理；第二种是直接向旅游服务部门诸如酒店、餐馆、景区、航空公司等进行投诉，此类投诉一般由导游或领队协助进行解决；第三种是通过旅行社的服务质量跟踪反馈和电话、网络、上门等对旅行社直接进行投诉。再好的服务，也很难避免有瑕疵，即使同样的服务，不同的消费者感受上也会有差别。对于旅行社来说，虽然应尽量避免投诉产生，但投诉也属于一种必然存在。对于直接进行的投诉，旅行社门市接待服务人员往往是要最先接触和面对的，因此旅行社门市接待服务人员如何受理旅游者投诉则成为重要的问题甚至是关键问题。

一、旅游投诉常见的主题

本书所称旅游投诉是指在旅游服务接待过程中，旅游者为维护自身和他人的旅游合法权益，对认为损害其合法权益的旅行社和有关服务单位，以书面或口头形式向旅游行政管理部门或直接向旅行社反映或要求予以处理的行为。旅游投诉常见的主题主要有两大类：

（一）旅游服务部门类

此类投诉是指在旅游服务接待过程中，旅游者对旅游服务部门提供的服务不满意，认为旅游服务部门损害了其合法权益而产生的投诉。此类投诉涉及的主题一般体现在住宿、用餐、交通、景区或娱乐场所等提供的服务方面。诸如住宿低于约定标准、酒店内物品失窃、用餐质量低、车辆标准低、航班延误、行李损坏或丢失、产生意外伤害、景区或娱乐场所服务质量差等。

案例

酒店脏乱差，伤人不道歉

2011年10月2日中午12点，旅游者入住J市某酒店的标准间，晚上发现床铺、被单、枕头下面布满了十几条吸血的蜱虫。旅游者向酒店负责人反映后，工作人员给游客更换了房间，但旅游者发现更换的房间床铺一样布满了蜱虫，且旅游者的朋友被蜱虫咬伤。酒店很不情愿地退还了房费，且收回了旅游者的单据。此间，酒店并无歉意，态度还十分恶劣。游客要求酒店赔偿费用并给予合理解释。（游客已经将床铺的虫子与入住单据拍摄下来。）

资料来源：南方日报联合广东省旅游质监所整理的十大典型纠纷。

（二）旅行社自身类

此类投诉是指在旅游服务接待过程中，旅游者对旅行社直接提供的服务不满意，认为旅行社损害了其合法权益而产生的投诉。此类投诉涉及的主题一般体现在导游服务、销售工作、计调工作、行程安排等方面。诸如导游迟到、擅自离团甩团、侮辱或刁难客人，旅游合同签订不完善、未推荐旅游意外保险、住宿交通安排失误、重大调整未经旅游者同意或知晓、因旅行社过错导致错接漏接、行程安排与约定不符等。

案例

导游行为缺规范，迟到拖延遭投诉

旅游者致电反映：2012 年 1 月 14 日在网上报名参加广州某国际旅行社惠东顺寮湾旅游，旅行社要求旅游者早上 8：00 集合出发，但导游无端迟到 15 分钟，使整团人等导游到达才出发，拖延了行程。中午休息时，导游告知旅游者有 1 个小时的自由活动时间，并约好 13：30 集合，等旅游者全部集合完毕后导游却迟迟不现身，让旅游者站在寒风中等了 40 分钟。

资料来源：南方日报联合广东省旅游质监所整理的十大典型纠纷。

二、旅游投诉的心理

一般来说，旅游者进行投诉是基于对投诉接收者的信任，旅游者之所以进行投诉主要是旅游者实际获得的服务体验低于其期望获得的服务体验。旅游者在进行投诉时除了外在的投诉主题外，还会有一定的心理诉求，了解旅游者投诉的心理诉求会更有利于投诉的接收和处理。旅游者常见的心理诉求主要包括 3 类：

（一）求尊重

获得尊重是人们最普遍、最基本的心理需求之一，相互尊重则成为处理人际关系的重要原则之一。旅游者在旅游活动中，如果旅游从业人员的服务没有做到位，没有达到旅游者的预期，会使旅游者产生挫折感，会让旅游者感觉没有获得应有的尊重，从而感觉自己的权益受到了侵害，心灵受到了创伤，从而促使旅游者通过投诉寻求权益保护。

（二）求平衡

当一个人遇到某种挫折时，就会产生心理不平衡，由此而引起的悲伤、懊恼、愤怒和不满等情绪就需要痛痛快快地发泄出来，而当把情绪发泄出来后，就可以比较理智地对待遇到的挫折。进行投诉的旅游者认为自己受到了不公平的待遇，遇到了挫折，因此从客观上需要寻求心理上的某种平衡，投诉的过程往往也是宣泄的过程。

（三）求补偿

在遭受了物质或精神损失后，希望获得补偿以弥补损失是人们普遍的心理需求之一。在旅游过程中，当旅游者对所获得的服务不满意时就会希望获得补偿，诸如对导游服务不满意要求退还导游服务费，对住宿不满意要求调换高标准房间，对饮食不满意希望打折，遇到交通事故希望得到更多的赔偿，买到不满意的产品要求退换货，食物中毒要求旅游费和误工费赔偿等。

三、受理旅游投诉的基本要求

要恰当地受理旅游者投诉，接待服务人员一般要做到如下几点：

(1) 熟知与投诉处理相关的法律和规定，如《旅游法》《旅行社条例》《旅行社条例实施细则》《旅游经营者投诉处理规范》《旅游投诉处理办法》等；

(2) 了解旅游者常见的投诉心理，如求尊重、求平衡、求补偿等；

(3) 善于倾听，保持沉默，仔细了解旅游者投诉的原因，切忌受旅游者的情绪控制而激动进而导致争执；

(4) 表达歉意，真诚交流，理解旅游者，并适时做好记录，必要时可以用录音等方式采集相关材料；

(5) 对于能够处理的投诉可以在权限范围内予以妥善处理，对于暂时处理不了的投诉也要体现出主动服务的态度，并尽快向相关部门或人员进行通告或汇报。切忌一有投诉就转给其他部门或人员，同时也切忌大包大揽，超权限或能力进行处理，如果处理不当，则可能会带来更大的问题。

四、受理旅游投诉的一般程序

(一) 认真聆听旅游者投诉的内容

发生旅游者投诉时，无论旅游者的投诉缘由是否合理，都要让旅游者把他们的委屈和不满全部倾诉，耐心让对方把话说完，不要打断对方的倾诉，也不要急于解释，更不能与对方争吵。在受理旅游者投诉时，无论投诉的问题大还是小，都应予以高度重视，在接受投诉中，接待人员一般要保持微笑，对于投诉在未调查清楚事实真相前不要急于表态。

(二) 记录整理旅游者投诉，填写旅游投诉受理单

在认真聆听旅游者投诉的过程中，理清旅游者投诉的主体事件和基本诉求，并向旅游者简要表述，在得到旅游者认可的情况下向旅游者表示感谢，并体现出积极处理投诉的态度。对于可以直接做出解释或处理的，在充分尊重旅游者的基础上，依法依规做出相应的处理，即使旅游者有不合理的要求或误解，也要委婉说明事实，遇到对方出言不逊，也应采取适度容忍的态度。对于不能直接做出解释或处理的，要向旅游者说明后续处理的程序。同时对旅游者的投诉进行认真记录整理，并填写旅游投诉受理单。

（三）将接收到的旅游投诉反馈给旅行社的旅游投诉处理机构

对于接收到的旅游投诉，已处理完毕的要向旅行社的旅游投诉处理机构或相关领导汇报投诉受理情况。对于不能直接做出解释或处理的，要及时将投诉情况反馈给旅行社的旅游投诉处理机构，通过旅游投诉处理机构受理旅游者投诉。

（四）及时处理相关问题，并对旅游投诉做出答复

旅游者直接向旅行社进行投诉，表明旅游者对旅行社是存在信任的，这也是旅游者给旅行社发现问题、改进问题的机会，因此要积极面对旅游者的投诉，针对旅游者投诉的问题，应尽量在短时间内做出答复，并及时采取相应的解决措施予以处理。经查明确实属于旅行社过失的，应尽快做出处理和赔偿决定，提供可供选择、切实可行的纠正方案，并告知旅游者受理投诉的具体措施，同时，还应对旅游者的批评指正表示感谢，对给旅游者带来的损害表示歉意。

延伸阅读

表 5-2　某旅行社旅游投诉处理标准方案

投诉主题	详细内容	建议赔偿方案	人员责任
导游	迟到	如有实际损失，按实赔偿	导游人员负全责，并承担所有经济损失
	擅自离团，故意甩团	承担客人在导游离团期间所支出的食宿费等直接费用，并赔偿全部旅游费用的 30% 作为违约金	导游人员承担全部经济损失并接受公司的其他处罚
	擅自增加自费项目（未取得客人书面同意）	根据情况退还客人自费项目的 50%～100%费用	导游人员负责承担全部赔偿费用
	擅自增加购物点	退还客人购物价 20%的费用	导游人员负责承担全部赔偿费用
	私自兜售商品	退还客人全额的购物价款	导游人员负责承担全部赔偿费用
	安排客人到非旅游部门指定的商店购物，且物品属伪劣商品	无条件退还客人所购的伪劣商品，一切损失由导游承担	导游人员负责承担全部赔偿费用
	擅自减少游览项目	退还景点门票费，并赔偿同额违约金	导游人员负责承担全部赔偿费用
	侮辱或刁难客人	退还导游服务费，并赔偿同额违约金	导游人员负责承担全部赔偿费用
销售人员	未与客人签订旅游合同	承担因打官司而产生的赔偿的费用的 50%	销售人员承担全部赔偿费用
	未向客人推荐旅游意外保险	承担因打官司而产生的赔偿的费用的 20%	销售人员承担全部赔偿费用

续前表

投诉主题	详细内容	建议赔偿方案	人员责任
销售人员	对持有特殊要求的客人，事先未曾与上一级工作人员作详细沟通	退还对特殊要求服务的费用，并赔偿特殊要求费用的20%作为违约金	销售人员承担全部赔偿费用的50%
计调人员	住宿、交通安排失误（造成经济损失）	承担差额，并赔偿该住宿、交通的20%作为违约金	计调人员承担全部赔偿费用的50%
	对持有特殊要求的客人，事先未曾与地接社进行落实	退还对特殊要求服务的费用，并赔偿特殊要求费用的20%作为违约金	计调人员承担全部赔偿费用的50%
	行程安排有较大变更，事先不通知销售人员和客人	如有赔偿费用的，由计调承担，另有其他费用产生的，一并承担	计调人员承担全部赔偿费用
	团队安排中出现的特殊情况，事先不告诉、不提示导游	不收取因特殊情况而改变的活动项目费用，并退还原定活动项目的全额	记计调人员的过失
住宿	低于合同约定的等级档次	退还客人所付房费与实际房费的差额，并赔偿原定房费的20%作为违约金	计调人员承担全部赔偿费用的50%
	在酒店内物品失窃	1. 与酒店交涉，请求赔偿 2. 与保险公司交涉，按旅行社责任险的规定赔偿（需花一定的时间进行调查、交涉）	计调人员负责跟踪事件
用餐	质价不符	赔偿客人所付餐费的20%	追究订餐人责任，记过失，并赔偿公司全部经济损失
	旅行社安排的团队餐，引起客人食物中毒	退还不能继续旅游的余下旅游费用（除机票外）及误工费若干	追究订餐人责任，并向餐厅追究责任
行程	因旅行社过错，造成客人误机（车、船）	赔偿实际经济损失和全额旅游费用的10%作为违约金	追究责任人，根据实际情况作处理，存在明显过失的记过处理，并承担全部经济损失的50%
	实际游览项目与合同约定不符	退还差额，并赔偿原定游览项目费用的20%作为违约金	追究责任人，根据实际情况做处理，存在明显过失的记过处理，并承担全部经济损失的50%
	因不可抗力因素造成行程减少或取消	退还没有发生的费用，无须赔偿	无责任人，计调积极配合处理行程安排

续前表

投诉主题	详细内容	建议赔偿方案	人员责任
用车	与合同约定不符（标准降低）	退车费，并赔偿车费的20%作为违约金。参考价：退每人每天50元	明确责任，追究计调或车队责任，承担全部经济损失的50%
	空调失灵或车况破旧	退车费，并赔偿车费的20%的违约金。参考价：退每人每天50元	明确责任，追究计调或车队责任，承担全部经济损失的20%
	途中出现故障，一时修不好，且没能及时更换	退车费，和当天未成行的景点门票费、服务费，并赔偿车费和当天游览费的20%作为违约金	追究车队责任，使之承担全部经济损失
	司机线路不熟，耽误1小时以上，减少景点	退景点门票费，并赔偿违约金	追究车队责任，使之承担全部经济损失
	客人放在车上的物品，去景点观光时失窃	向保险公司报案，旅行社责任险赔偿（需花一定的时间进行调查、交涉），同时追究车队责任	计调人员负责跟踪事件
航空公司	航班延误、取消（航空公司原因）	向航空公司提出赔偿要求，赔偿方案由航空公司根据规定办理	无
	托运行李遗失或损坏	向航空公司提出赔偿要求，赔偿方案由航空公司根据规定办理	无
人身意外	因自身疾病引起的损失或损害	无赔偿责任	无
	自由活动（正常活动以外的自由时间）期间发生意外	无赔偿责任（投保者及时报保险公司处理）	无
	旅途受伤，未能得到导游或其他工作人员的关心和看护	按实际情况酌情退导游服务费	按实际情况酌情退导游服务费

（五）积极改进，做好投诉受理档案管理

良好的投诉受理可以最大限度地降低旅行社的损失，特别是企业形象和市场的损失，有时甚至会提升企业形象、增加顾客忠诚度从而扩大潜在市场。但对于旅行社而言，如何避免同类事件出现，如何提升服务质量更为关键。因此，当投诉产生后，应将投诉信息转告有关部门或人员，督促其及时采取有效措施加以纠正和防范，通过积极改进，不断提升服务质量以避免或减少因旅行社过失而产生的投诉。在投诉受理过程中，要及时掌握进展情况，处理完毕后要继续与旅游者保持联系，了解其对投诉受理情况的意见。处理完毕后，应将旅游投诉的内容及处理办法完整记录在案，做好投诉受理档案的管理以备必要时的核查，也可以为以后受理投诉的案例加以借鉴。

任务实施

结合本任务知识准备部分给出的案例或其他较为成型的案例设计脚本，学生分组模拟旅游投诉者和投诉受理接待人员，并由投诉受理接待人员填写投诉受理单，由本组同学组成旅游投诉处理机构，对投诉进行模拟受理，做出处理和赔偿决定，提供纠正方案并告知旅游者，受理完成后，整理投诉受理档案。

评分标准

1. 小组互评：由其他小组对模拟小组的演练情况进行点评并打分。

序号	评分项目	分值	得分
1	仪容仪表	5分	
2	语言表达	10分	
3	问题分析	15分	
4	知识运用	10分	
5	团队协作	10分	

2. 教师评议：由教师对各小组填写的受理单和整理的档案进行点评打分。

序号	评分项目	分值	得分
1	项目充实完整	10分	
2	内容格式规范	15分	
3	文字清晰准确	10分	
4	逻辑严谨合理	10分	
5	其他	5分	

项目总结

该项目主要通过电话接待、脚本设计和模拟电话接待服务，指导学生更好地了解旅行社接待人员应具备的业务素质要求、电话接待的特点，掌握一定的电话接待规范与技巧，并可以较好地锻炼学生的设计、沟通和协作能力。通过旅行社门市接待脚本设计和模拟门市接待服务，更好地了解旅行社门市接待人员的岗位职责、门市接待服务的一般流程，并可以较好地锻炼学生的设计、沟通、应急处理和协作能力。通过模拟在线咨询接待服务，更好地了解在线交易的基本流程、在线经营服务的基本要求和在线咨询服务的特点。通过模拟旅游合同的签订，更好地了解旅游合同的主要内容、需要载明的事项以及签订合同需要注意的事项，并可以较好地培养严谨、审慎的意识。通过运行计划表和导游计划表的模拟填写，更好地了解团队旅游、散客旅游的类型与特点，掌握运行计划表和导游计划表填写的规范，并可以较好地增强逻辑分析能力，培养严谨、审慎的意识。通过旅游投诉脚本设计，模拟旅游投诉和旅游投诉受理，更好地了解旅游投诉常见的主题、旅游者投诉的一般心理诉求、受理投诉的一般要求和程序，掌握一定的旅游者投诉的受理能力，会填写旅游投诉单和整理旅游投诉档案，并可以较好地培养冷静处理和理清主要问题的能力。

项目六
旅行社质量管理

众所周知，质量是企业的生命，离开了质量，其他的都是空中楼阁。质量不是说水平越高越好，它是一个相对的概念，相对于目标客户可以支付的价格和竞争对手的质量水平。质量管理是一项系统工程，不是某一个或某个部门的责任。那么如何为旅行社打好这个“地基”呢?

学习目标

知识目标

1. 了解质量的含义；
2. 了解质量管理的意义；
3. 掌握质量管理的内容和技巧。

能力目标

1. 能够分析质量问题产生的原因；
2. 能够对旅行社质量管理提出建议。

素质目标

1. 树立旅行社质量管理的意识；
2. 增强责任心。

任务描述

旅行社有效地运转起来，产品在市场上也获得畅销，旅行社呈现欣欣向荣的景象，可是烦恼的事情也接踵而来，公司连续几次收到了消费者的投诉，网络上的评价也开始下滑，甚至有些老顾客表达了失望的情绪，表示再也不预订公司的产品了。旅行社对质量问题关注起来，开了几次会议，惩罚了一些员工，还开除了几个员工，虽然取得了一些效果，但作用不大。这时，大家把目光集中在你身上，认为只有你才能破解面临的困局。请你不要辜负大家的期望，带领大家把旅行社的质量搞上去，出一份××旅行社服务质量管理制度策划案。

知识准备

一、旅行社质量的内涵与意义

（一）质量管理的内涵与特性

随着竞争的加剧，旅行社质量问题越来越受到经营者的重视，特别是在科技高速发达的今天，游客的需求越来越个性化，对产品和服务质量的要求也越来越挑剔。可以说，质量成为旅行社市场竞争的第一大因素，优质能给企业带来兴旺和发展，还能为国家带来繁荣与富强，劣质必然会导致企业垮台。那么质量到底是什么呢？

旅行社质量是指旅行社所提供的产品及服务在使用价值方面适合并满足旅游者物质和心理需求的程度。旅行社提供的是服务产品，具有服务产品的一般属性。根据营销专家的研究，顾客在评价服务产品质量时主要从5个因素出发进行考量，这5个因素分别是：

1. 有形性

旅行社服务的有形性是指旅行社产品中的有形部分，包括旅行社和相关部门的硬件设备、服务设施的外观、宣传品的摆放和员工的仪容仪表等方面。

2. 可靠性

旅行社服务的可靠性是指旅行社可靠而准确地履行服务承诺的能力。旅行社提供的是综合程度比较高的产品，涉及交通、餐饮、住宿、娱乐等多个部门，并且需要旅游者的全程参与，旅游活动的开展在不断转换的时空里完成，产品生产受到多种因素的影响，具有很高的不确定性，能按照事先的约定和承诺完成旅游活动需要较高的质量管理能力，也是旅游者在评价质量水平时最看重的。

3. 响应性

旅行社服务的响应性是指旅行社随时愿意为旅游者提供快捷有效的服务。旅游者参加旅游活动时，可能随时会有各种问题需要旅行社给予回应和解答，这时旅行社能否及时地满足旅游者各种合理的要求，是考验旅行社顾客至上的经营理念和业务能力是否合格的条件。

4. 保证性

旅行社服务的保证性是指旅行社服务人员具有友好的态度和胜任工作的能力。一般说来，旅游者与旅行社接触主要有两项：一是向旅行社销售人员或门市接待人员进行产品咨询和签订购买合同；二是在旅游活动的过程中与导游人员的接触。这两个关键接触点主要包括接待旅游者人员的礼貌礼节、接待流程、接待技巧、业务水平等，具体包括对旅游者的礼遇和尊敬，与旅游者有效的沟通，有效完成任务的能力和对旅游者关心的态度。

5. 移情性

旅行社服务的移情性是指旅行社的服务人员设身处地地为旅游者着想和给予旅游者的特别关注。要求服务人员具有接近旅游者的能力和敏锐的洞察力，能够有效地理解旅游者的需要。

（二）旅行社提高服务质量的意义

1. 提高旅游者的满意度

研究发现，旅游者希望得到优质服务的心理需求是一致的，有的旅游者甚至把享受高水平的服务作为自己的旅游动机。由此可见，服务本身就是一种旅游资源。旅游接待服务必须最大限度地满足旅游者的需求，力求从服务态度、内容、方式、技能等方面招徕和吸引更多的消费者。

2. 树立企业的优秀形象

旅行社的服务质量反映出其经营管理水平，而导游和领队的服务质量，既是企业形象的缩影，又体现了一个国家或地区旅游业的服务水平和社会面貌。由此可见，服务质量的优劣，不仅直接关系旅行社的企业形象，而且在很大程度上影响行业的声誉和形象。

3. 创造企业的良好效益

服务质量是旅行社市场竞争的主要手段之一。谁的服务质量高，谁就更能吸引旅游中间商和旅游者。旅行社的优质服务不仅是吸引“回头客”的重要手段之一，还会产生良好的口碑效应，成为不花费成本但却最有说服力的“活广告”。所以，优质服务是旅行社产生良好效益的源泉。

二、旅行社质量管理的特点和内容

旅行社质量管理是指旅行社为了保证和提高产品质量，综合运用一整套质量管理的体系、思想和方法进行的系统管理的活动。具体而言，是旅行社各个部门和全体员工同心协力，把服务技术、经营管理、数理统计等方法和职业思想教育结合起来，建立从市场调查、产品设计、制定标准、计划执行及过程控制、检验、销售、服务及信息反馈等产品生产销售全过程的质量保证体系。

（一）旅行社质量管理的特点

旅行社质量管理有如下特点：

1. 全面性

全面性实际上是指旅行社质量管理为一种“三全”管理，即全面的质量管理、全过程的质量管理和全员参与的质量管理。

（1）全方面的质量管理。旅行社质量管理所要求的是广义的产品质量，质量管理不仅涉及旅行社各个部门的工作质量，还包括饭店、餐馆、交通、景点、娱乐、保险等协作单位的工作质量，旅行社必须实施全方位的直接或间接管理，才能保证旅行社的产品质量。全面的质量管理实际上是一种横向管理。

（2）全过程的质量管理。旅行社应对旅行社产品的形成、使用和反馈的全过程实施系统管理。旅行社产品的形成、使用和反馈过程分别对应旅游者的游前、游中和游后阶段。在不同的阶段，质量管理的重点是不一样的。

1）游前阶段。质量管理的重点是旅游产品设计、宣传、销售和门市接待，对收集信息、经营决策、设计包装、操作实施和门市接待等环节实施质量控制，防止无吸引力和质价不符产品的设计和销售。

2）游中阶段。质量管理的重点是导游服务质量和协作单位的工作质量，旅行社必须对导游人员的服务态度、服务水平、语言、仪表和职业道德等方面实施标准化、程序化和规范化管理，使旅游者通过导游人员的服务而对旅行社产生信任和好感。一方面，旅行社应根据不同的旅游者，因人而异、扬长避短地选择最合适的导游带团；另一方面，旅行社还应及时收集旅游者对导游人员服务质量的信息反馈，随时监督和调整导游人员。为保证饭店、餐馆、交通、景点、娱乐、保险等协作单位的工作质量，旅行社必须选择质量、信誉度高的单位作为合作伙伴，在长期合作过程中，协作单位有责任和义务按约提供旅游者满意的服务。

3）游后阶段。质量管理的重点是做好旅行社产品质量的检查和评定，旅游善后工作的处理、旅游投诉的处理和其他售后工作。

如果全面的质量管理是一种横向管理，那么全过程的质量管理则是一种纵向管理。

（3）全员参与的质量管理。旅行社产品质量最终如何，关键在于全体员工提高服务质量的积极性。实践证明，旅行社仅由少数人参与质量监督和管理，不能从根本上解决服务质量问题，只有当旅行社全体员工都从所在岗位出发，参与质量管理，旅行社的服务质量才有保证。由于旅行社产品质量形成的全过程涉及旅行社的每个部门、每个岗位的工作，因此，全体员工都来参加质量管理是保证产品质量所必需的条件。

2. 科学性

旅行社质量管理应用现代科技成果与方法，通过对收集到的原始数据进行科学处理与统计分析，可有效地解决旅行社经营与管理过程中存在的质量问题。质量管理中可使用的科学方法包括市场调查、数理统计、系统工程、运筹学等，这些科学方法的运用，为质量管理的科学性提供了保证。

3. 预防性

科学的质量管理可把产品在设计、生产过程中可能出现的质量问题消灭于萌芽状态，最大限度地避免质量问题的产生。在旅行社进行产品设计时，要保证产品的安全性、时间性、舒适性、经济性、娱乐性、知识性等各方面的质量要求；在提供服务时，要对各种影响服务质量的因素进行有效控制，发现质量问题，及时分析原因，采取有效措施解决出现的问题。因此，旅行社质量管理是一种以预防为主的管理，具有预防性。

（二）旅行社质量管理的内容

旅行社质量管理指标体系是由 5 方面的内容构成的，即产品设计质量、服务项目采购质量、产品销售质量、旅游接待服务质量和环境质量。这 5 个指标综合反映了旅行社的整体实力。

1. 产品设计质量管理

旅行社的产品设计质量，一般是指旅游线路和旅游行程设计安排的质量。旅行社的产品设计是保证其整体产品质量的基础。如旅游线路安排合理，旅游项目丰富多彩、劳逸程度适当，能够满足旅游者在旅游过程中游览和生活的需要。一般来说，产品设计要注意以下 4 个方面。

(1) 旅游线路安排要合理。旅行社在产品设计方面，应注意避免旅游线路中出现不必要的重复或往返，以防止旅游者因过多的线路重复或往返产生厌烦情绪、不信任态度。

(2) 产品内容要符合旅游者需要。旅行社所设计的旅游线路和行程中的各个项目必须真正符合旅游者的需要，能够使旅游者通过游览和享受得到生理上、心理上的满足。

(3) 游览项目要避免雷同。游览项目雷同是旅行社产品设计的大忌，必须设法避免。旅行社应认真核对旅游线路中的各地接待安排。一旦发现雷同，应及时加以调整。

(4) 交通工具要有切实保障。根据我国多数地区的交通条件，旅游者的城市间交通工具不应安排为过路列车或航次较少的民航航班，以避免在旅游旺季时因火车票或飞机票供应紧张而不能保证旅游者按计划抵离。

2. 服务项目采购质量管理

产品设计完成之后就是对旅游活动所需要的服务项目进行采购。旅行社应以国家或行业标准为依据，与主要的旅游服务供应单位签订采购合同或协议，并经常进行“踩点”“踩线”，通过实地考察了解供应商提供服务的真实情况。首先要检查旅游服务供应单位的服务设施情况。良好的服务设施是为旅游者提供优质服务的首要条件。任何旅游服务都不可能脱离基本的设施条件而存在。旅游服务供应单位提供的服务是否符合国家或行业标准，能否达到旅行社的要求和满足旅游者的期望是旅行社采购质量管理的重要内容。旅行社应通过导游员、旅游者的反馈意见和实地考察，检查各家旅游服务供应单位的服务质量。对于服务质量好的单位，旅行社应该加强与它们的合作；对于服务质量存在一定问题的单位，应指出其服务上的差距并提出改进要求；对于服务质量较差，指出后仍不改进或改进程度较小，无法达到有关标准和不能满足旅游者要求的单位，旅行社应终止同它们的合作关系，保证自己的产品质量。

3. 产品销售质量管理

旅行社的产品销售质量管理是为了避免在日后的接待过程中，旅游者因对旅行社产品价格产生疑义而造成投诉。旅行社在产品销售质量管理方面，应着重分析产品的采购价格是否准确，销售价格是否合理，有无价实不符的情况。如果发现旅行社产品价格与实际服务内容之间存在较大的偏离，应设法予以适当的修正或补救。旅行社进行产品促销时，对其广告等宣传促销内容应实事求是，讲究诚信，如实地向旅游者介绍产品情况。旅行社如发现本社的促销中存在任何与事实不符的宣传内容，应坚决予以剔除和更正，以免影响旅行社的声誉。

4. 旅游接待服务质量管理

旅游接待服务质量是指旅行社的门市接待人员和导游人员提供的服务状况。旅游接待服务质量要保证购买旅行社产品的旅游者在旅游过程中，获得物质和精神方面的双重满足。如门市接待人员提供专业旅游产品咨询服务，能够根据旅游者的需要有针对性地推荐合适的旅游产品等。旅游者开展旅游活动时，制定的旅游线路和日程安排合理且能顺利实施，不耽误或不随意更改行程。保质保量地提供接待计划预定的各项服务，如保证饭店档次、餐饮质量、车辆规格、导游水平和文娱节目、风味餐等；保证旅游者在旅游过程中的人身及财产安全，保证其合法活动不受干预和个人生活不被骚扰等。对旅游接待质量的管理主要涉及以下 3 个方面：

（1）服务人员态度的管理。旅行社接待质量管理应首先从端正接待人员，尤其是导游和领队的服务态度入手。良好的服务态度能够对旅游者产生一种强烈的吸引力，而低劣的服务态度则会对旅游者产生一种排斥力。旅行社应通过现场抽查、向旅游者调查和发放意见反馈表等方式了解和考察接待人员的服务态度。对于服务态度热情、受到旅游者喜爱的接待人员，应予以适当的表扬和奖励，鼓励他们继续努力，为旅游者提供热情周到的服务；对于服务态度较差的接待人员，应向他们提出严肃批评，要求他们立即改正；对于少数服务态度恶劣、屡教不改的接待人员，必须坚决将其撤离接待岗位。

（2）导游讲解水平的管理。导游讲解是旅游接待业务的核心，其水平高低直接影响旅游者对旅行社服务质量的评价。旅行社通常采取现场抽查和培训考核的方式检查导游员的导游讲解水平。旅行社通过对导游人员的导游讲解水平的监督、管理，可以发现其中可能存在的不足并加强培训，从而确保旅游者在本社得到有质量、有品位与有一定文化内涵的导游讲解和旅游接待服务。

（3）接待业务能力的管理。旅游接待人员的业务能力主要包括独立实施旅游接待的能力、处理各种突发事件的能力。旅行社应通过日常检查和定期考核，对接待人员的业务能力做出适当的评价，以便量才使用、量力而行。业务能力强的人员通常承担比较重要、复杂的接待任务，而比较容易的任务则交给那些业务能力相对较弱的人员完成。同时，旅行社还要不断有针对性地进行业务培训，使业务能力较强者得到进一步提高，使业务能力较弱者经过一段时间的培训和锻炼后，逐步胜任岗位职责。

5. 环境质量管理

环境质量包括硬件环境质量和软件环境质量。硬件环境质量指旅行社在接待旅游者的过程中所利用的各种设施设备及其他辅助硬件项目的水平，包括旅行社自身和相关旅游服务供应部门的硬件环境。硬件环境质量反映了旅行社为旅游者提供的各种设施设备和旅游者满意度的关系。软件环境质量指为保证旅游活动的顺利进行，旅行社内部各部门之间的协调和旅行社与相关旅游服务供应部门之间的合作水平以及旅游服务企业相关人员的态度、素质、技能保证等。

对环境质量的管理应从 3 个方面着手：

(1) 制定标准。旅行社对能直接控制的环节，即旅行社内部相关部门的工作质量，应根据国家标准或行业标准，结合本企业的实际情况，制定岗位职责、操作流程与质量标准，并通过奖罚制度使之得以贯彻执行。

(2) 管理合同。对于不能直接控制的环节，即旅游服务供应单位所提供的旅游服务产品，旅行社应采取签订合同的办法来约束对方供应优质服务及其他优质产品。在合同中，应明确规定有关产品的规格价格、质量标准、交付时间以及违约责任，特别是达不到标准时的惩罚办法。

(3) 规避风险。旅行社对企业常常无法控制而又可能发生的质量问题，如景区（点）交通运力紧张、客房供应不足、传染病突发、气候变化恶劣等情况，应预防在先，计划周详，尽量避开。

三、旅行社服务质量的评价

（一）旅行社内部评价

旅行社为了监控服务质量水平，设定了一些内部标准，具体包括以下 5 个方面：

(1) 旅游线路安排合理，旅游项目丰富多彩，劳逸程度适当，能够满足旅游者在旅游过程中游览和生活的需要；

(2) 保证制定的旅游线路和日程能顺利实施，不耽误或不任意更改游览行程；

(3) 保质保量地提供行程计划预订的各项服务，如保证饭店档次、餐饮质量、车辆规格、导游水平和文娱节目等；

(4) 保证旅游者在旅游过程中的人身及财产安全，保证其合法活动不受干预和个人生活不受骚扰；

(5) 相关旅游服务企业服务人员的态度、素质、技能的保证。

（二）旅游者评价

旅行社的服务质量要由旅游者来认可，旅游者的评价是判断质量是否得以实现的标准。而旅游者对服务质量的认知取决于他们实际感受到的服务水平和预期水平的对比，他们评价的内容不仅考虑服务的结果，而且涉及服务的过程。

1. 预期质量与感知质量

预期质量是指旅游者在接受旅行社提供的实际服务之前，对旅行社产品质量所产生的心理预期。感知质量是指旅游者在旅游过程中实际体验到的旅行社服务质量。预期质量和感知质量之间的比较结果是旅游者对旅行社服务质量进行评价的依据。对二者差距进行分析有助于我们找到质量问题的根源。

2. 过程质量与结果质量

旅游者在评判旅行社产品的质量时，不仅要考虑购买该产品过程中旅行社所提供的服务是否令其满意，而且要考虑在消费了该产品之后能否达到其预期的结果。尽管过程质量和结果质量对于旅行社的服务质量均十分重要，但是多数旅游者更加注重结果质量。因此，只有当他们认为结果质量高于过程质量，或者不低于过程质量时，才会对旅行社产品质量感到满意。

3. 服务规范与服务质量

制定服务规范是实现服务质量的前提，尽管服务的无形性特点使旅行社很难制定明确的服务质量标准，但是还要尽可能地制定内容全面的、易于操作的服务规范以保证服务质量。

四、质量管理的方法

目前我国旅行社市场秩序混乱，有的旅行社为了追求短期最大利润，往往置旅游者利益于不顾，欺骗消费者或提供不合格产品，使旅游者权益受损。其实，这种经营管理上的短视行为无异于自杀。美国运通公司的调查表明，一个旅游者如果有一次不愉快的旅行经历，他会告诉身边的 12 个人；如果有一次愉快的旅行经历，他却只会告诉 3 个人；与留住一名现有顾客相比，得到一名新顾客将花费 5 倍多的时间和金钱。“质量就是金钱”，此言非虚，但我国目前相当一部分旅行社却忽视质量管理工作，甚至完全没有质量意识。在这样的情况下去与进入我国的外资旅行社竞争，结果可想而知。因此，目前我国旅行社的当务之急是从战略上重视质量工作，从战术上采取切实措施扎扎实实地搞好质量管理。旅行社进行质量管理的主要措施和方法如下：

（一）建立专门的质量管理机构

为保证旅游产品质量，必须建立相应的组织机构，确保质量管理目标的实现。

为使质检工作客观公正，质检人员不能从各个部门中抽调来临时担任，而应配置专人组成专门的质量管理机构，负责旅行社质量管理工作。

（二）建立质量信息循环反馈系统

为使旅行社运营过程中出现的质量问题能得到及时解决与处理，旅行社应建立质量信息循环反馈系统，如下图所示。首先由业务部向门市部工作人员及导游人员指派业务，根据指派的业务，门市部工作人员和导游人员向旅游者提供服务；质量管理部门根据游客的反映对旅行社服务质量进行评估，然后由质量管理部门将评估结果分别反馈给相关员工和业务部，并将质检情况上报和存档；最后由旅行社总经理向业务部发出质量指令，一次质量信息循环完成。因此，通过质量信息循环反馈系统，可及时发现质量问题、解决质量问题。

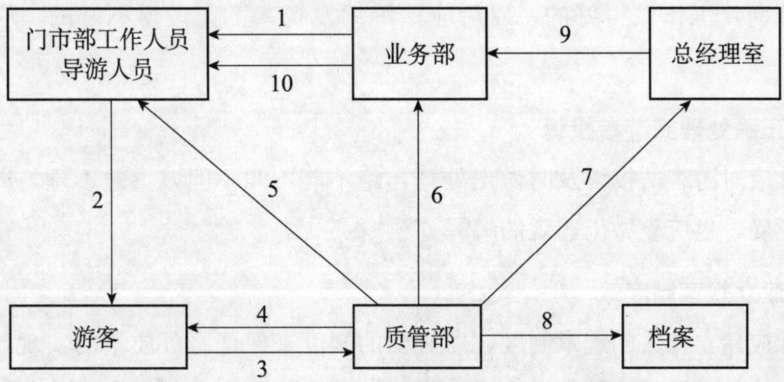

注：1.代表指派业务；2.代表服务游客；3.代表提供信息；4.代表质量评估；5.代表反馈员工；6.代表质检反馈；7.代表质检上报；8.代表质检存档；9.代表指令；10.代表业务再指派

图 6－1　质量信息循环反馈系统

（三）依靠旅游者进行质量监督和评议

旅行社可采用发放评议意见表、召开游客座谈会、设置评议意见箱、公布旅游服务质量投诉电话等办法，依靠旅游者进行质量监督和评议，让旅游者参与监督旅行社服务质量的执行情况。

（四）建立质量档案

旅行社应建立质量档案，记录旅行社各个部门及员工特别是导游人员和门市部工作人员的工作质量，并对协作单位的工作质量建档。尽管建立质量档案工作量很大，但有重要的意义，因为质量档案是旅行社采取质量措施的重要依据，特别是对旅行社选择协作单位有重要的参考价值。

（五）编制质量周报

由旅行社质检部门根据每周旅行社各个部门的业务运作情况，编制质量周报。

重点报告一周来旅行社接待的各种类型旅游团队的接待服务情况，注重反映游客的意见和建议。对其中正确而可行的意见和建议，旅行社应积极采纳，并以此作为提高旅行社服务质量的重要途径；同时考虑对提出好的意见和建议的游客给予适当的奖励，以示旅行社千方百计提高服务质量和以顾客为上帝的诚意和决心。

（六）定期撰写质量报告

旅行社质检部门应根据通过各种途径收集的质量情况定期撰写质量报告，用接团总数、质优团数所占比例、质差团数所占比例等数量指标，对旅行社质量情况进行量化分析，使旅行社上至总经理下到普通员工，都对旅行社整体服务质量有一个准确的了解和把握。对管理层而言，可以将质量报告作为采取质量措施及奖惩部门和员工的重要依据；而对各部门和普通员工来说，质量报告为他们以后的工作指明了努力的方向，工作做得好的，以后应该继续发扬，工作做得不好的，应该及时纠正。

（七）正确处理旅游者投诉

旅行社应对游客的投诉及时做出处理，绝不能不闻不问，置之不理，即使游客的投诉不正确，也应该做出客观的解释。

（八）建立规章制度

旅行社应建立相关的规章制度，以必要的制度来保证服务质量的实现，特别是服务态度等，其质量很难用数量指标来衡量，更应该以规章制度来明确其职守。对于任何劳动，既要提高每个从业人员的自觉性，同时也必须有必要的规章制度，以适当的强制性与自觉性相结合，才能保证各个环节的服务活动和谐一致，真正做到全员参与质量管理。

延伸阅读

质量管理的内容及监测点

质量在旅行社各项活动中产生，表6-1列举了旅行社与质量有关的关键活动以及如何监测。

表6-1　　质量管理内容以及监测点详细表

序号	关键质量活动	涉及的部门	质量监测点
1	以顾客需求为中心	最高领导者	1. 最高管理者对满足顾客要求有何想法，现以何种方式传达顾客要求的重要性？ 2. 旅行社通过哪些方式、途径，以确保顾客要求得到确定、转化并予以满足？旅行社是否针对顾客和最终使用者来确定他们关心的服务特性？

续前表

序号	关键质量活动	涉及的部门	质量监测点
2	执行力与沟通	管理层	1. 旅行社各个部门（尤其是外联、计调）、各级人员职责、权限及其相互关系是否确定并予以沟通？ 2. 旅行社是否明确了自上而下及自下而上的沟通方式（如例会、报告制度等）？ 3. 旅行社的组织机构是否与业务分类及其相应的服务形式协调一致？（旅游形式多样，其业务分类也呈多样化，按旅游者空间活动范围分为国际、国内旅游业务；按服务形式分为组团旅游和接团旅游业务；按组织形式分为团体旅游和散客旅游业务；按业务分工分为旅游经营、旅游批发、旅游零售、旅游代理、特种旅游业务等。旅行社的业务分类及服务方式的不同直接影响其组织机构的不同。）
3	提供的资源	人力资源管理部门	1. 为达到顾客满意，旅行社是否能够及时确定并提供所需资源和工具？关键岗位（计调、导游、领队岗）资源是否充足、适宜（持证数量、语种等）？ 2. 旅行社对资源的确定、提供、使用是否进行管理、验证，是否消除了不适当资源、不适当使用，提高资源利用率？
4	有重要能力要求的岗位及基础设施和工作环境	人力资源管理部门	1. 旅行社是否确定需要有学历、经历、专业能力、经验等要求的岗位？是否根据履行岗位职责所要求的能力安排人员？ 2. 旅行社是否从教育、培训、技能和经历等方面评价工作人员的能力或进行人力素质测评？ 3. 旅行社对岗位基本培训要求是否确定？是否为满足旅行社业务发展、个人成长，必须具备的知识、经验、能力提出新的培训要求？ 4. 根据确定的培训需求是否安排计划并组织分层分类培训？ 5. 旅行社对所开展的培训的有效性是否进行评价？所采取的评价方法（包括实习上团、观察、问卷等）是否有效、适宜？ 6. 旅行社是否配备了适宜的交通、通讯、电脑等设备，并对其进行维护和控制？ 7. 为保证服务质量，旅行社的工作环境、服务环境（接待门市、办公室等）是否充分、适宜？
5	顾客需求识别	外联	1. 外联部门的顾客资料和接待计划，是否明确顾客的不同需求？ 2. 旅行社的目标市场是否明确、适宜？ 3. 顾客的需求和预期要求，旅行社是否已确定并被充分理解？ 4. 与旅行社服务有关的法律法规有哪些？是否已被收集并得到确定？ 5. 为满足顾客要求，旅行社提出了哪些与服务要求有关的附加要求？这些附加要求是否在接待计划中明确注明？

续前表

序号	关键质量活动	涉及的部门	质量监测点
6	产品开发	外联、计调	1. 旅行社是否编制了业务流程说明性文件？在该文件中，是否对接待计划等提出了明确要求？ 2. 如何确保服务实践中的导游服务处于受控状态？ 3. 由于顾客的不同，对旅游服务有哪些特殊要求？当顾客有特殊要求时（特定的服务、项目、合同），是否进行了策划，并制定了特定的质量计划？
7	顾客沟通	所有部门	1. 旅行社是否已建立可靠、有效的与顾客沟通的渠道和方式？在和顾客沟通的过程中，旅行社是否尽力、充分、主动？ 2. 旅行社在顾客旅游前（服务咨询及洽谈合同）、旅游中（外联、计调、导游接待运作）、旅游后（顾客意见征询、顾客投诉）是否已建立有效的沟通方式，并能及时沟通？ 3. 发生顾客投诉后，旅行社是否及时沟通、处理、解决当前的不满意？ 4. 在与顾客沟通时，是否因人而异，诚恳、主动、尊重顾客？
8	线路策划	相关部门	1. 在线路设计计划批准后，应对照服务提要进行踩点考察并形成报告，对此设计结果应做出评审。 2. 在旅游产品设计终结形成最终线路报价时，应进行评审，使之与服务规范中有关旅游服务标准及设计原则，服务提供规范中有关服务项目的要求，服务控制规范中有关服务过程控制的要求一致并满足。 3. 设计评审时应识别和预见存在问题的区域和不足并是否有应变计划，如安全问题、票务问题、办证问题、因天气变化影响等问题，并采取措施以确保整个服务规范和服务提供规范满足顾客的要求，质量控制规范足以为所提供的服务质量提供准确的信息。 4. 参加每个设计评审的人员应包括与被评审服务质量有影响的所有职能部门的代表。 5. 设计确认，主要是服务规范、服务提供规范、服务质量控制规范的确认。确认应分阶段进行，如： ——服务提供前的确认； ——试行一段时间后的确认； ——定期的重新确认； 设计确认可采取组团/地接社认可或首团运行方式。 6. 旅游线路设计更改的主要控制对象是服务规范、服务提供规范、服务质量控制规范及配套作业文件。设计更改一般情况下通知顾客是必要的。
9	旅游资源采购	计调部门	1. 旅行社的供方包括餐馆、酒店、交通、商店、景点、娱乐场所、专业接待单位、地接社、兼职导游、保险公司等，重点是地接社和兼职导游。

续前表

序号	关键质量活动	涉及的部门	质量监测点
9	旅游资源采购	计调部门	2. 对供方的评价方式主要是现场考察、以往业绩的认可以及供方提供的文件（公开文件、管理文件、营业许可证、资格证书等）。具体为： ——交通。飞机、火车主要是航班、车次的评审；而汽车、轮船要进行全面的评审。评审内容主要是安全、服务质量、时间等。旅游服务过程提供的汽车服务应符合《旅游汽车服务质量》（LB/T 002—1995）的规定和合同承诺的车辆标准。 ——餐饮。评审内容为安全、卫生、膳食质量和服务质量。旅游涉外饭店应按相应星级标准，未定星级的，应有旅游接待定点标志。 ——住宿。评审内容为安全、卫生、设备设施、承诺状况和服务质量。 ——娱乐场所。评审内容为安全、卫生、服务质量和节目是否文明健康，符合规定。 ——购物商场。评审内容主要有安全、卫生、价格、商品质量、服务质量等，应有旅游购物定点标志。 ——接团社。评审内容主要是服务质量、服务承诺、信誉、接待能力等。 3. 旅行社对供方选择、评价准则是否确定？对供方选择、评价结果是否形成记录并予以保持？ 4. 旅行社计调采购是否依据清单进行？ 5. 供方业绩是否有动态记录？对其服务不良时是否采取措施？是否建立实施合格供方重新评价准则？对重新评价结果及跟踪措施是否有记录并予以保持？ 6. 旅行社是否建立并保持与合格供方的信息反馈渠道，及时沟通、保持协调，有良好的互惠关系？ 7. 临时供方是否建立、实施了有效的控制措施？是否及时更新合格供方清单？ 8. 检查是否与供方建立沟通渠道，采购依据是否充分、可靠？ 9. 采购要求是否明确、适宜（包括服务等级、价格、服务承诺等）？ 10. 旅行社是否对采购服务的验证记录、与供方的沟通以及对不合格服务的反应做出规定，以证实其符合规定要求？ 11. 对采购服务如何通过现场进行验证，在采购文件中对现场验证的安排和产品放行的方法做出规定？
10	旅游接待	导游接待部门	1. 领队/导游服务规范是否明确，并落实到岗位？ 2. 岗位的作业指导书（陪同、领队服务规范等）是否有效？ 3. 各相关岗位人员对作业指导书的要求是否清楚并予以实施？ 4. 领队/导游岗位服务人员资格是否经过旅行社认可？

续前表

序号	关键质量活动	涉及的部门	质量监测点
10	旅游接待	导游接待部门	5. 对导游服务过程是否有记录的要求（领队/陪同报告、日志等）？对此记录如何进行管理？管理是否有效？
11	顾客财产管理	外联部门、计调部门及导游接待部门	1. 顾客财产主要指顾客提供的行李物品、票证等。 2. 顾客提供的行李物品的验证主要是数量和外观方面，对票证主要是数量方面。 3. 对顾客提供的行李物品、票证应分别贮存。如在验证、贮存时发现问题，应及时通知顾客。 4. 顾客提供的财产是否已在接待计划或相关记录中明确说明？ 5. 当顾客的财产发生丢失、损坏或发现不适用的情况时，旅行社是否采取措施防止扩大，并予以记录，向顾客报告？
12	顾客满意	外联部门、质管部门	1. 为监控和测量顾客是否满意，旅行社通过哪些渠道获取信息？采用哪些方法进行顾客满意程度的测量或监控？ 2. 旅行社是否在顾客不满意的问题点和使顾客满意的关键因素上设置了检查或监控点，并确定了检查或监控方法？ 3. 旅行社对顾客满意程度的评价是否来自顾客的意见感受？是否具有代表性、可信性？ 4. 对顾客的投诉/意见是否及时处理，处理结果顾客是否满意？ 5. 对顾客投诉是否在采取补救措施后，能分析顾客投诉的原因，采取纠正或预防措施，防止再发生类似的顾客投诉？
13	旅游服务的监视和测量	计调部门、导游接待部门	1. 服务的监视和测量主要指对旅游服务提供的监视和测量，其方法包括全陪对全过程旅游服务情况的现场自检、陪同和领队对供方提供服务的现场检查、计调及导游接待部门负责人或其他管理人员对导游接待服务的抽查或随团检查。 2. 旅行社是否制定了各类服务监视的要求（包括验收准则）？
14	数据/信息分析及改进	外联部门、计调部门、质管部门	1. 旅行社收集了哪些数据/信息进行了分析并采取了相应的改进措施？ 2. 为提高数据/信息分析的有效性和效率，旅行社是否采用了适当的统计技术？ 3. 旅行社的数据/信息统计分析通常是以文字或表格形式反映具体事实的，如市场信息分析、市场调查报告、顾客反馈意见汇总等。 4. 旅游市场信息包括：交通信息、饭店信息、旅游景点信息、购物信息、旅行社信息、旅游团运作信息、国外旅游商信息。 5. 旅行社持续改进绩效是否明显？是否有充分的、可靠的事实或数据对比予以证明？

任务实施

旅行社总经理为如何提高游客满意度的问题而一筹莫展，你作为总经理的得力助手，帮助总经理解决这个问题。五人一组召开提高游客满意度协商会议，每人提交一份××旅行社质量管理策划案，策划案包括以下内容：质量管理的目标，每个部门在质量管理中承担的责任，质量管理的措施。讨论质量管理策划案，集中智慧，形成××旅行社质量管理制度。教师对每一份策划案的合理性和可操作性进行打分，最后对××旅行社质量管理制度进行打分。

评分标准

序号	评分项目	分值	得分
1	仪容仪表	10 分	
2	语言表达	20 分	
3	合理性与可操作性	30 分	
4	总结能力	20 分	
5	运用知识能力	20 分	

项目总结

旅行社产品与服务质量存在于员工的工作质量和工作流程中，是需要所有员工都必须参与的系统工程。不重视质量管理的旅行社往往在冲突发生时被动地解决，解决的方法也以惩罚当事的员工为重要手段。殊不知，80%的质量问题是管理工作存在问题造成的，惩罚员工本末倒置，不仅打击员工工作的积极性，对于解决问题也于事无补。只有运用系统论的原理去考察质量问题，提高管理水平，产品与服务质量才能获得大的改观。

项目七
旅行社风险管理

旅行社组建成功，产品也在市场上逐渐畅销，可是对一个优秀的管理者来讲仍是战战兢兢，如履薄冰。任何事情都不可能一帆风顺，在经营管理上遭受挫折也是很常见的。伟大的公司总是风平浪静的，没有多少故事可讲，因为大部分风险他们已经预计到了，并采取了有效的措施规避这些风险。当遇到风险事故时，由于已做好了充足的准备，因此能将损失降至最低。那么，旅行社会经历什么风险呢？

学习目标

知识目标

1. 了解旅行社可能存在的风险；
2. 了解进行风险管控的意义；
3. 掌握风险管理的方法和内容。

能力目标

1. 能够识别旅行社存在的风险；
2. 能够对风险管理提出建议。

素质目标

1. 树立风险意识；
2. 增强抗挫折能力。

任务描述

旅行社接二连三出事，搞得创业团队焦头烂额，无暇顾及，最近又惹上了官司，赔了一大笔钱。更加雪上加霜的是新冠疫情肆虐迟迟不能结束，旅行社的营业收入直线下降，但房租水电与员工工资等的固定支出不会因此而减少，企业利润很快由盈利转为亏损，出现了财务危机。这些让创业团队感到了暴雨将至的压迫感，员工士气低落，人心涣散，有一个骨干员工跳槽到竞争对手的企业。你的朋友已经束手无策了，希望你能拿出解决方案来。你召集所有员工开会，在会上，你用幻灯片向大家分析了目前的形式和你提供的解决方案，以此来安稳军心，带领大家走出困境。

知识准备

一、风险与风险管理的概念

旅行社是对社会经济依赖性较强的行业，我国的社会经济正在经历快速发展和剧烈变化的阶段，科技日新月异，经营工具层出不穷，金融危机如达摩克利斯之剑高悬，政治外交风波此起彼伏，自然灾害不知何时降临等，这些都给旅行社的运营带来冲击，使旅行社越来越成为一个高风险的行业。研究旅行社面临的风险以及如何进行风险管理成为企业经营管理的重要方面。

风险管理的对象是风险，风险是指在特定的情况下和特定的时期内，旅行社内部潜在的隐患或外部环境变动所造成的不确定的负面影响或损失。简单来说就是意外，该意外会给企业带来损失。不确定性和负面性是风险的两大基本特征，如果事件是确定的，只产生一个结果，风险就不存在。如果不确定的结果不会带来损失，事件就没有风险。除此之外，风险还具有客观性、可预防性和可转化性的特点。风险不因人们的好恶而改变，不管企业喜不喜欢它，它都萦绕在身边。但是有些风险是可以预见的，并可以规避和预防，一家风险管控良好的企业，在经营管理上总是波澜不惊，没有扣人心弦的故事，因为很多风险在没发生时就成功地避开了。即使发生了风险，通过正确的风险管理，也会为企业带来意外的收获。

风险管理就是企业对面临的各种风险进行识别、评估，确定恰当的处理方法并予以实施，以确定的管理成本替代不确定的风险成本，并以最小的经济代价获得最大显示保障的活动。简单地讲，旅行社风险管理就是旅行社管理人员为了预防风险的发生，减少风险发生所造成的损失，尽快从损失中恢复正常，在应付风险情景时所采取的干预行为。

二、旅行社风险因素分析

（一）旅行社的环境风险因素

旅行社的环境风险因素是指旅行社由外部微观环境和宏观环境因素变动而带来的风险，其中微观环境风险对旅行社的影响是直接的，宏观环境风险对旅行社的影响是间接的。

1. 微观环境风险

（1）竞争者。我国旅行社的数量不断增加，旅游市场竞争日益激烈，同欧美旅游发达国家相比，我国旅游市场结构还处于混乱和不成熟阶段，削价竞争和产品搭顺风车现象使旅行社面临着巨大的行业竞争压力。除了现有的竞争对手，旅行社还面临着行业外竞争者（准备进入旅游行业的潜在的竞争对手）的入侵和资本兼并运作。另有一些似是而非的企业也看上了旅游市场，如一些经营研学旅行的教育机构也参与到旅行市场的争夺中。

（2）旅游供应商。在我国，旅行社散、小、弱、差的局面难以在短时间内获得改变，而同时旅行社的上游供应商集中度较高，品牌效应强。与上游供应商合作时，旅行社往往处于劣势，供应商的某些微变化，却在旅行社经营中放大风险，如著名景区随意涨价、购物商店蓄意欺诈等。

（3）合作同行。现代旅游区域跨度大的特点使旅行社需要下游的合作同行共同完成接待，下游同行往往距离比较远，甚至需要跨国界，对同行的了解和情况把握不够具体，使合作中风险加大和维权困难。

（4）中间商。中间商存在对旅行社产品推荐不力和恶意拖欠旅行社账款等现象，这对旅行社来说也是风险。

（5）旅游消费者。旅游消费者维权意识提高，消费需求不断变化，对旅行社持敌意和不信任态度。

2. 宏观环境风险

（1）自然灾害。小到刮风、下雨等微观天气变化，大到地震、海啸、飓风等自然灾害，为旅行社的经营带来风险。

（2）科学技术。信息技术的发展削弱了旅行社的部分职能，直接导致了旅行社客源减少。

（3）政治。政策法规收紧，旅游主管部门对旅行社的处罚加大。

（4）经济。我国经济增速放缓，金融风险始终存在。

（5）公众。媒体对旅行社负面新闻的报道影响旅行社在社会公众眼中的形象。资本对传统旅行社投资兴趣缺乏，导致旅行社融资困难。

（二）旅行社内部风险因素

1. 战略决策风险

企业在投资、生产和销售等市场经济活动中，都会因为决策依据的信息不完全、决策手段不完善、决策执行不及时和不充分，以及竞争的加剧等原因而蒙受经济损失，造成经营风险。在客户层面，存在激烈的竞争风险和时刻变化的市场需求风险。组织战略基本分为低成本战略和差异化战略。当企业采取低成本战略以避免需求风险时，却不得不冒其他竞争对手也采取同样的战略而带来的竞争风险。当企业采取差异化战略（如蓝海战略）以避免竞争风险时，却不得不冒企业的差异化价值主张不被目标顾客接受或接受程度较低的需求风险。战略上的决策风险并不是指某一种具体特定的风险，而是包含一系列具体的风险。

2. 运营管理风险

战术上、运营上的风险包括产品开发不能适销对路、消费者大量流失、采购能力不足、原材料成本提高、丧失销售机会、价格竞争失败、促销不力、出现重大公共危机、销售渠道不畅、产品销售不尽人意、商标被仿冒和盗用等。管理上的风险表现在人力资源管理失控、人员流动率过高、沟通体系不畅通、组织结构设置不合理、授权不当等。

以下是旅行社企业需要重点防范的八大风险：

（1）外部环境（自然、社会、政治环境等）突然变化带来的灾难性损失。

（2）旅游过程中造成的旅游者人身安全事故。

（3）旅行社信用管理不善导致的呆、坏账。

（4）大型旅游产品运作失败导致的重大经济损失。

（5）旅游服务质量缺陷导致的旅游投诉。

（6）企业关键管理人员、业务人员流失导致的经济损失。

（7）关键分支机构管理人员的廉政风险。

（8）旅行社战略模糊带来的企业多元化投资失败。

延伸阅读

“吹牛也上税”——旅行社虚假宣传的危害

旅行社漫天飞舞的广告宣传单、宣传展架、微信推送、微博推广等，都涉及行程产品的介绍和宣传。如不关注，可能会带来很多不必要的麻烦。

一、虚假宣传法律来源

旅行社虚假宣传行为一般是在旅游宣传活动中，旅行社利用广告或者对旅游产品服务等做出与实际不相符的虚假信息，导致客户因此误解的行为。

这种虚假宣传和适当的夸大夸张宣传，最重要的区别在于提供信息的虚假性，比如宣传的风景相当美，有湖，结果到旅游目的地，发现仅是一汪死水，那可能就构成虚假宣传了。

《旅游法》第三十二条、《广告法》第四条以及《反不正当竞争法》第八条，均有关于虚假宣传的规定，可见，虚假宣传在商业行为中普遍存在，才会在多个法律中进行重点规定。

《反不正当竞争法》第八条规定：“经营者不得对其商品的性能、功能、质量、销售状况、用户评价、曾获荣誉等作虚假或者引人误解的商业宣传，欺骗、误导消费者。经营者不得通过组织虚假交易等方式，帮助其他经营者进行虚假或者引人误解的商业宣传。”这一条明确规定了虚假宣传可能构成的行为，尤其注意“虚假交易”，这在电商时代较为普遍。

1. 绝对性用词

在旅游行业中，宣传图以及行程单中出现的词语如“最高级”“最佳”“国家级”等词语，应当禁止使用。比如“我们的导游是最佳的”“我们住的酒店是最高级的”等。但是可以切换其他表述，比如“更好”“更多”等。

绝对化的词语尽量不使用，在司法实践以及行政监管中，可能会出现一些类似的话语有争议，但是更多的还是根据案件情况分别认定。

2. 模糊性用词

旅行社在宣传中经常用到“准五星”“准四星”“国际四星”“豪华大巴车”“仅供参考”等模糊性词语，这类词语也是禁止使用的。

关于模糊性词语，每个人的感受是不一样的，比如“准五星酒店”，在旅游行业中，可能想要表达的是，和五星级酒店差不多，但是没有评定星级，这种就很难界定，很容易给客人造成一种很豪华的感觉，到现场又发现不一样，引发投诉纠纷。

这时最好的表达方式为空调标间、空调单间、正规空调大巴车等，表达其最基本适用的属性。若真的想要达到宣传的效果，可附上相关图片。

旅行社订购的酒店无法完全展示时，可以将相关酒店链接附到行程之中，方便客人查看。

3. 最终解释权

有一些旅行社会在行程单或者宣传单上写“本活动最终解释权归旅行社所有”“本行程单仅为参考，导游可根据具体情况自行调整旅游行程”等，这些都是排除消费者合法权益的行为，从法律上是无效的。

未经游客书面同意调整行程，属于非法变更行程，严重的可能吊销旅行社业务经营许可证。

4. 其他行为

旅行社根据行程产品、地域不同或者活动不同制作的各种宣传单中，有不规范的地方，如使用国旗、国徽、建党100周年标志、特定的一些标志等，都可能会被认定为虚假宣传。

目前OTA发展迅速，很多还会虚构交易（也就是人们常说的“刷单”），就很容易被认定为虚假宣传，而且后果还比较严重。

二、虚假宣传法律后果

1. 行政责任

在旅游行业监管中，在进行查处虚假宣传违规行为的处罚，根据《旅游法》第97条之规定，“旅行社违反本法规定，有下列行为之一的，由旅游主管部门或者有关部门责令改正，没收违法所得，并处五千元以上五万元以下罚款；违法所得五万元以上的，并处违法所得一倍以上五倍以下罚款；情节严重的，责令停业整顿或者吊销旅行社业务经营许可证；对直接负责的主管人员和其他直接责任人员，处二千元以上二万元以下罚款：（一）进行虚假宣传，误导旅游者的；（二）向不合格的供应商订购产品和服务的；（三）未按照规定投保旅行社责任保险的。”。

由此可见，小小的用词不当，也可能造成严重的后果，不规范用词用语，可能会让旅行社承受巨大损失。

如果旅行社的虚假宣传行为已经扰乱了市场秩序，可能还会依据《反不正当竞争法》第二十条进行处罚。

这只是行政处罚，还有民事责任的承担。

2. 民事责任

关于民事赔偿部分，需要更多关注的就是三倍赔偿。在《旅游法》中也有三倍赔偿，但是那是在甩团的情况下适用的，不适用于虚假宣传或者欺诈。

在此之外，还有《消费者权益保护法》规定了三倍赔偿问题，适用于虚假行为已经达到了欺诈（比如把有的说没，没的说有等）的程度。所以不要以为，只有《旅游法》来规范旅游行业，还有其他法律法规。

《消费者权益保护法》第五十五条规定："经营者提供商品或者服务有欺诈行为的，应当按照消费者的要求增加赔偿其受到的损失，增加赔偿的金额为消费者购买商品的价款或者接受服务的费用的三倍；增加赔偿的金额不足五百元的，为五百元。法律另有规定的，依照其规定。"

资料来源：改编自曲长帅律师．旅行社违反违规行为实务解读——虚假宣传．

三、旅行社风险管理

（一）树立正确的风险管理观念

旅行社企业要想规避风险或在风险降临时减少风险损失，需要警钟长鸣，增强风险意识，树立正确的风险管理观念。

1. 风险管理是最高管理者的重要工作

有些企业的高层往往只关注利润指标，对即将到来的风险视而不见，甚至为了取得短期的经济效益铤而走险，对可能带来的风险和惩罚心存侥幸。高层对风险的态度常常是上行下效，给企业带来灭顶之灾。风险管理责任应该由企业的高级管理人员和部门管理人员承担。

2. 风险管理不是拒绝风险

风险伴随着机会，而不仅仅是一个需要控制的负面因素。风险和机会常常结伴而行，不能因为厌恶风险而拒绝机会的来临。风险带来的不仅仅是损失，如果处理得当，也可以成为企业获得重大发展的机会。所以风险不可怕，拒绝风险才可怕。

3. 风险管理是一项系统工程

风险具有系统性的特点，因此风险管理是一项系统工程，不是哪个人或哪个部门可以完成的，需要系统化地统筹和安排。风险管理应作为一项管理职能纳入企业的所有管理系统，在整个企业范围内进行一体化的统筹和实施。

4. 风险管理是科学管理

旅行社风险管理可通过科学的技术手段，对企业风险数量化，不能简单地进行主观衡量。旅行社风险管理目标的数量化，是指在旅行社风险管理过程中，尽可能用各种数量指标来表示风险管理的目标。目标的数量化，有助于旅行社衡量各种风险管理目标实现的程度和对风险管理目标的控制。

（二）风险管理的目标

（1）企业决策者应具有良好的风险意识并把握处理风险的技巧，培养企业整体的风险意识，建立风险预警机制和管理机制，提高企业抗风险能力。

（2）保持企业的资产负债比例处于安全区域，企业获得良好的财务稳定性和经营安全性。企业能够准确地预测市场变化，在面临竞争对手时有能力保持竞争优势；在市场萎缩时有能力开拓新市场。

（3）企业应具有对项目进行风险决策和管理的能力。企业具有避免和纠正决策失误的能力，以及减少和消除计划方案中的漏洞的能力。

（4）企业能保证其财产的安全性、生产过程的安全性，职工收入、身体、心理的安全性与稳定性。

（三）风险管理的程序

1. 风险识别

风险识别是找出风险之所在和引起风险的主要来源。任何风险事故的发生都有前兆，俗话说，每1起严重事故的背后，藏着1 000起事故隐患。风险识别就是设置一系列能反映风险事故发生的信号与指标，对风险事故进行检测。一旦出现有可能导致风险事故发生的信号或指标，分析它们与风险事故发生之间的关联关系，为风险的预测和事故的防范处置提供科学的依据。管理人员必须分析企业面临哪些风险，并对风险因素的外部环境、内部抗风险能力进行深入的分析。根据旅行社经营方式、经营过程及经营环境的分析，旅行社经营管理人员应能找出风险，对风险进行评估并加以归类，明确风险的来源，理清风险事故发生的原因。

旅行社进行风险识别可以从以下几个方面进行：

（1）对旅行社各个业务环节进行考察；

（2）对出游目的地的环境进行分析；

（3）对旅行社的财务状况进行分析；

（4）对旅行社的市场状况进行分析。

2. 风险评价

风险评价是针对具体的风险问题（如企业财务风险、某个投资项目风险），对所收集的风险材料进行详细分析，估测风险发生的概率和损失幅度。再根据规定的或公认的安全指标衡量风险的程度，以便确定风险是否需要处理和处理的程度，确定是否启动相应的应急预案或者发出预警信息。如表7-1所示。

表7-1　风险评价

量化预测	描述	重要迹象
风险高（很可能发生）	每年都可能发生，或者发生概率高于25%	3年内已多次发生，最近半年发生过
风险中（有可能发生）	每5年发生一次，或者发生概率小于25%	5年内发生超过1次，历史上曾经发生过
风险低（不太可能发生）	10年内不太可能发生，或者发生的概率低于2%	从来没有发生过，根据已掌握的信息认为不太可能发生

3. 风险处理

风险处理是指确定风险是否需要处理和处理程序以及对正在发生的风险进行紧急处理，或者对于已发生的风险进行补救，以减少风险损失。旅行社应对风险的预期损失和控制、处理风险可能发生的成本大小进行衡量，如表 7－2 所示。

表 7－2　风险损失

风险损失程度	损失描述
高	对企业财务状况冲击大 对企业战略和经营活动造成重大影响 引起各关系方的高度关注
中	对企业财务状况冲击较大 对企业战略和经营活动造成较大影响 引起各关系方的较多关注
低	对企业财务状况冲击较小 对企业战略和经营活动没什么影响 各关系方不会特别关注

4. 风险防范

风险防范是指在风险发生之前根据风险分析、风险辨识和风险推断结果，采取超前的防范措施如预先控制和消除风险隐患，购买保险以规避风险，进行风险分散与转移，购买保险，寻求联合，以分担风险等。

（四）风险管理的方法

1. 风险发生前，做好风险预防

旅行社在日常经营过程中，应该把游客安全放在首位，游客的旅程安全是旅行社经营的基础，确保游客高高兴兴出发、平平安安归来，不断创造好口碑，促进旅行社发展壮大。但是风险无处不在，交通事故、食物中毒、意外伤害、突发疾病、财物被盗等危及游客人身和财产安全的事故却屡屡发生，严重影响了旅行社的日常经营。旅行社在日常工作中需每时每刻考虑游客安全，保护游客安危，也就是保护旅行社自己，规避自身的经营风险。

（1）合规合法经营。旅行社要严格按照《旅行社条例》《旅行社条例实施细则》等相关规定依法从事日常经营活动。在日常经营中要按规定与游客签订旅游合同，按照规定租用车辆，按规定与地接社签订合同等，依法经营并严格按规定操作，避免诸多危及、损害游客和旅行社利益的案件发生。违规操作保险公司是可以拒赔的，只有依照相关法律法规经营，旅行社才能通过责任保险来保护自己、规避和转移风险。

（2）规范旅游产品。旅游线路设计人员在设计、采购线路过程中应确保旅游线路产品的可行性和安全性，以保障旅游者人身财物安全不受损害为原则。旅行社每季度推出的旅游产品（线路），都要经安全小组进行安全评估，评估标准参照旅游行政主管部门有关旅游项目安全管理规定。旅游产品（线路）安全评估合格才能推向市场进行销售。在设计线路时要求做到：

1）严格按照旅游主管部门的指引，不将有缺陷的旅游资源编入旅游线路并进行销售。

2）对于没有安全保障或安全保障体系尚未完善的旅游项目不予推介。安排旅游团队活动时，要充分考虑影响安全的各种因素，不组织旅游团到有疫情的目的地游览，合理周密安排行程，不组织旅游团冒险前往安全难以保障的地区。对不符合旅游安全要求，缺乏安全保障的景区、景点、旅游项目绝对不安排到旅游线路中去。并在行程中对注意事项做出详细的说明和警示。根据不同的产品、项目、人群去考虑，以防止旅游安全问题的发生。

3）不组团前往治安状况恶劣或交通管理混乱的旅游目的地和尚未获得旅游行政管理部门许可的出境旅游目的地。

4）对旅游接待方的资质能力进行筛选，以防范安全事故的发生。旅行社在为游客预订住宿时，要选择安全设施设备齐全，有安全保障的宾馆、酒店；预订餐饮时，要注意餐厅的卫生环境、卫生条件，严防食物中毒，确保游客身体健康安全。

特殊旅游产品（线路），如漂流、攀岩、滑雪、蹦极、探险、射击等容易发生安全事故的游乐项目，安全小组要进行严格把关，必须符合国家及行业的有关规定与标准，评估合格才能组织游客前往游览参观。

（3）制定考虑周全的行程计划。旅行社在做行程计划时要时刻关注容易出现的风险点，某些外来风险事件的发生虽然不是旅行社的直接责任，对于本来可以避免，因为旅行社的疏忽和过失使游客遭受到的外来风险事故的侵害，旅行社必须承担责任。避免事故的发生在行程过程中要注意以下几点：

1）确定与落实连接整个行程的交通工具。特别对有乘坐飞机、火车等公共交通工具的团队，安排好时间，提前想到在去飞机场或火车站的路上可能发生的堵车、调流等意外事件，尽可能预留出时间，减少有责延误案件的发生。

2）时刻关注天气和自然灾害对行程的影响。旅行社在旅游团出发前务必要关注整个行程中所到地区的天气情况和自然灾害情况，如果有大雾，就要考虑轮渡和航班可能延时甚至取消，要及时做好应对准备；如果旅游目的地发生了洪水、泥石流、雪灾等灾害，已不具备旅游条件，旅行社要根据天气情况及时调整行程，避开不可抗力对游客的影响。

3）关注旅游行程动态，及时调整对旅游团安全构成威胁的行程。实时关注最新公告，了解当地是否有政治骚乱和自然灾害，得知信息后务必及时变更旅游团行程内容，不及时做出调整会使旅行社产生很多额外的费用。

（4）加强自身管理。旅行社在日常经营中要加强对导游及带团工作人员的安全培训，他们工作的细心与否直接影响游客安全。领队（导游）人员上岗前应通过旅游安全知识的培训和考核，并取得相应的资格证。旅行社要提高业务人员、计调及相关工作人员的风险意识。要求各部门经理督促本部门员工落实好安全工作，并随时接受检查。领队（导游）在出团时要携带"领队带团安全注意事项"，并依照执行。

1）选择游客要慎重。对于儿童、老人、孕妇等比较特殊的人群参团旅游一定要多注意，部分旅行社代为投保的意外险年龄限制到65岁或70岁，而接的团里却有75岁的老人，若审核不仔细，导致保险失效，旅行社就要承担由此带来的损失。部分意外险规定未成年人保额减半，若旅行社不熟悉投保的保险范围，即是旅行社管理缺陷，一旦接的团超出保险的范围，发生损失，超出保险范围的费用只能由旅行社自己承担了。

2）团队出发前要确认游客是否适合参加行程，询问并查看游客有无身体不适，是否晕车、晕船、恐高。对于有健康问题的乘客要尽量劝其不要参加行程，对于有心脏病、高血压等病史的游客在行程中要格外注意，必要的提醒和劝阻都能免除旅行社的一定责任。需要注意的是因晕车、晕船造成游客人身财产损失的，游客一旦被诊断为晕动病，旅行社责任险和旅游意外险均可拒赔，因此一定要做好事前提醒工作来免除旅行社的责任。

3）在旅游路途中，旅行社的工作人员要对儿童、老人、孕妇等比较特殊的人群多加照顾和提醒。对于老人发生事故最多的是意外摔伤，容易发生问题的几个环节是上下楼梯、上下车和进出电梯等，在此环节中要特别注意对老人的提醒和保护，一旦发生问题，旅行社难以逃脱责任。对于儿童旅行社也要注意看护，主要防止儿童之间打架，避免走失等。

4）要时刻注意湿滑的路面，特别是在雨雪天气后，比如桥上、湖边等，遇到湿滑的地方要提醒游客放慢速度，必要时另外选择路线。

5）对于漂流、骑马、滑雪等危险性较大的特殊旅游项目，导游应视游客情况而定，不要一味推荐游客。有些项目对年龄和身体状况有限制，必须事先掌握并告知游客，如果不做必要的提醒，出现问题游客会把责任归咎在旅行社身上。

6）旅行社工作人员在旅途中要经常提醒游客财产安全，特别是当游客与行李分离时务必叮嘱游客随身携带贵重物品。从前期发生的案件来看，最容易发生被盗案件的有两个地方，一个是宾馆酒店，另一个是机场车站，尤其是在机场和火车站，各个地区的治安状况不一样，旅行社工作人员应尽量避免代管游客财物、证件等，以免丢失给自己造成不必要的麻烦。

7）要避免工作人员、游客与当地居民发生冲突，如有小摩擦应立即劝阻，做到大事化小、小事化了。打架斗殴任何保险都可以拒赔，因此不能意气用事，要理性地处理冲突。

8）领队（导游）在带团的过程中，要密切注意车辆状况、司机状况，严禁无牌、无证非法营运车队乘载旅游团队，防止车辆带病上路及司机疲劳驾驶。熟知车辆发生事故时的处理程序，及时报警。要求全陪、领队在车上时刻保持清醒。做好用车管理，在用车前务必要检查车辆的运营资质和保险情况，车方正规投的保险应该是承运人责任险或者车上人员责任险，这种险和旅行社的旅责险类似，是保护车辆运营方的，承运人责任险是强制保险，所以旅行社检查车方保险一定要车方出具承运人责任险保单，这也是判断车辆是否正规的一种方式。

9）领队（导游）在带团过程中要记住就餐餐馆的名称和地点，游客不能吃生冷和变质的食物，并提醒游客若自行到外面饮食时要注意饮食卫生安全。在宾馆、酒店住宿时要注意个人的人身和财物安全，注意防火，清楚住处的防火逃生通道。防止酗酒现象。雨天尽量避免户外活动，防止雷电、山体滑坡和溺水等造成的伤害。

10）除了公司购买了旅游责任保险外，从保护游客的切身利益出发，要劝谕游客购买团体或个人旅游意外保险，若游客不愿通过本旅行社代为购买，则要求游客在自行购买旅游意外保险说明上签名认可，并在出团前一天上交旅行社备案。代游客购买旅游意外保险，需提供旅客的姓名及身份证号码等资料，在出团前一天购买并得到保险公司的确认方可生效。

2. 风险发生时，理性评价，沉着应对

（1）做好记录，保存好票据。在案件发生时，逃避、退让都不是办法，旅行社要先保障游客利益，同时维护自身权益不受损害。一旦发生事故，要如实记录损失情况，包括游客的医疗费用、财产损失以及处理事故的食宿交通费用。随时做好记录并保留费用凭证，无论是否通过保险解决，有一份损失清单是很有必要的。在处理事故时，需要注意以下几个方面：①交通事故一定要向交警及时报案，通过交强险、第三者责任险、承运人责任险、旅行社责任险、旅游意外险，联合车方、地接社等并案处理；②食物中毒要及时通知疾控中心，并获取证据证明就餐地点，人数少于3人时要和医生沟通，诊断应为食物中毒，因为如个别游客自身肠胃有问题，保险公司会依据医院既往病史的诊断而拒赔；③在景区、宾馆、酒店等经营场所内发生的事故要向责任第三方提出索赔，因为一般景区、宾馆、酒店都会投保公众责任险，如果坚持走旅行社责任险的话，保留好第三方责任的证据，以便保险公司赔付完后向第三方追偿；④发生旅程延误时要及时退票、退房以减少损失，报案时要向保险公司列举延误造成的具体实际损失；⑤对于游客自身有病史的案件且不属于旅行社责任的，旅行社保留好医院等权威部门出具的相关证明材料，保护自身权益。

（2）用好保险工具。

1）旅游意外险。旅游意外保险是一个特殊险种，很少有游客自己去保险公司购买，大多通过旅行社代为购买，这个险种直接保护游客，实际上是间接保护旅行社。①旅行社要建议所有的游客投保一份意外险，虽然意外险不能先行赔付，但是其不与其他任何险种重复，而且只要发生意外事故就在其保险责任内，所需索赔材料简单、理赔快捷。旅游意外险对于旅行社责任险是一个补充，对游客是一份安慰。②大的组团社可以建立自己的保费专用账户，把收取的旅游意外险保费全部进账户之后再进行分配。③投保的旅游意外险要尽量选择保险责任范围广泛的，普通的意外险只保意外事故，而旅行社在替游客选择旅游意外保险时应充分考虑风险，对于医疗费用保额高以及包含急性病、住院津贴等的产品优先考虑。④《保险法》对未成年人有明确规定，对老年人并无规定，但是保险公司为防止自身经营风险一般都有年龄的限定，如青岛市场最高上限为 80 周岁，对于小部分无法投保旅游意外险的游客，旅行社应当慎之又慎。⑤旅游意外险是保监会重点规范的一个险种，一定要选择方案和投保方式都符合监管要求的旅游意外险产品，并且要选择正规的渠道投保，不能心存侥幸、麻痹大意。

案例

游客摔伤成残疾，谁之过？

陈某在 2019 年时，在成都 G 旅行社报名参团，前往泰国游玩，在出海坐快艇的过程中，因为快艇颠簸导致腰椎压缩性骨折，境外治疗后，又返回国内进行医治，后被评定为 9 级伤残。陈某在成都锦江区人民法院起诉旅行社要求承担 17 万余元的损失。最后经过一审二审，旅行社提供了较为规范的安全风险告知书、协助记录、垫付记录等证据材料，一审二审均驳回了陈某的所有诉讼请求，旅行社不承担责任。

案例分析：疫情之前海岛游较为热门，出海乘船更是家常便饭，人伤事故也时有发生。在此前旅行社组织客人出海游玩中，颠簸导致的受伤，旅行社一般都承担了较高的责任（50%以上甚至全责）。但是本案中，旅行社一点责任都不承担，便是基于其提供了一系列完整规范的操作记录及相关证据。规范不仅指做法规范，更要留存相关证据材料，不出事为好，出了事情，这些都是自身的护身符。

资料来源：2022 年的旅行社更应该关注这些风险！. https://zhuanlan. zhihu. com/p/453600163.

2）旅行社责任保险。旅行社责任险是在本保险合同期限内，因被保险人的疏忽或过失造成被保险人接待的境内外旅游者遭受下列经济损失，依法应由被保险人承担的经济赔偿责任，保险人负责赔偿：①因人身伤亡发生的经济损失、费用；②因人身伤亡发生的其他相关费用（包括医药费，必要时亲属探望的交通、食宿费，随行儿童或长者的送返费用，旅行社人员和医护人员前往处理的交通、食宿费及补办旅游证件的费用和因行程延迟所导致的费用）；③行李物品丢失、损坏或被盗导致的损失；④事先经保险人书面同意的诉讼费用。旅行社责任保险保的是民事责任中的具有财产性质的侵权责任的损害赔偿责任。合同违约责任的损害赔偿不在责任险范围。《旅行社条例》明确旅行社责任保险为法定保险，国家旅游局发布的行政规章也是按法定保险要求的，但是，目前使用的旅行社责任保险条款并未经保监会审批，而是采用备案方法。根据《保险法》第一百零七条规定及《保险公司管理规定》第六十七条、第六十九条第一款规定，法定保险的保险条款及费率必须经保监会审批，未经保监会审批的保险条款，一旦旅行社与保险公司形成纠纷，在适用法律时对旅行社大为不利。当重大事故发生且在保险责任范围内，保险赔偿金额不能确定时，保险公司往往采用种种理由不给及时理赔。为保护旅行社的合法权益，必须依法规定赔付时间及金额。

3）旅行社合同保证保险。旅行社合同保证保险又称为旅行社契约保证保险，它是指因被保证人（旅行社）不履行合同义务而造成权利人经济损失时，由保险人代被保证人进行赔偿的一种保证保险。目前，由于旅行社违约责任引起的损害赔偿远远多于侵权责任的损害赔偿，究其原因，一是大部分交通工具为旅行社租赁，发生人身伤害时，游客为了获取最大利益，往往以违约之由诉诸旅行社，在司法实践中，几乎涉案旅行社都是败诉的；二是发生在旅游景区的人身伤害案，同样游客以违约之由诉诸旅行社，旅行社依然可能败诉；三是旅行社与其他企业的违约之诉，也存在败诉可能。所以，开设旅行社合同保证险非常必要，如果不设立此险种，旅行社将承担巨大风险。

4）行政责任风险。旅行社经营过程中必须遵守法律、法规、规章之约束，特别是法律、法规没有禁止甚至予以鼓励的条款，规章却明确禁止。在旅行社实务中，正确使用条款将对旅行社大有裨益，如规章明确禁止的非法承包与挂靠等。旅行社通过对政策的研究分析，从中找出既合法，又有利于旅行社经营的方式即合法承包与挂靠，从而促进旅行社业健康快速发展。

（3）遵循风险发生时的应急处理程序。对团队运作，要有较强的预见性，注意天气和社会环境等因素的影响。若出现旅游安全事故，根据严谨的程序及时处理。

1）旅游安全事故的等级。凡涉及旅游者人身、财物安全的事故均为旅游安全事故。旅游安全事故分为轻微、一般、重大和特大事故 4 个等级：①轻微事故是指一次事故造成旅游者轻伤，或经济损失在 1 万元以下的；②一般事故是指一次事故造成旅游者重伤，或经济损失在 1 万至 10 万（含 10 万）元的；③重大事故是指一次事故造成旅游者死亡或旅游者重伤致残，或经济损失在 10 万至 100 万（含 100 万）元的；④特大事故是指一次事故造成旅游者死亡多名，或经济损失在 100 万元以上，或性质特别严重，产生重大影响的。

2）轻微、一般安全事故处理。①旅游者丢失有效护照、证件，导游人员应协助寻找，帮领取新护照、证件；旅游者丢失身份证，应向当地公安局报失，核实后开具身份证明。②游览过程中，旅游者外出自由活动中出现走失，导游人员发现后要依靠游览、自由活动所在地和公安部门协助寻找，及时向旅行社领导汇报。③在旅游活动中，发生一般交通事故，治安事故，导游人员应协助交通、公安部门处理。④导游人员面临旅游者受坏人的骚扰、偷窃、抢劫、诈骗、行凶等治安事故时，应当做到临危不惧，立即针对实情做出正确判断，采取果断应急办法，积极排除险情，妥善解决问题。

3）重特大事故处理。①如遇突发安全事故，领队或导游立刻报警或要求地接社导游报警，同时致电通知就近医疗单位或“120”前来抢救，并与地接社导游一起，尽快协助当地有关部门进行紧急救援工作和善后工作，安抚旅客。②出境团还应尽快报告我国驻所在国领事馆或所在地区有关机构，协调地接社和我国驻所在国领事馆或所在地区有关机构进行救援和善后工作。③领队或导游和地接社导游迅速分别向地接社和公司本部汇报情况。领队人员向公司报告的内容包括团号、参团人数、领队人员姓名、事件发生时的时间、地点、伤亡人数、财产损失情况、其他参团人员情况等。④遇突发火灾事故，导游人员应当熟悉安全转移线路，镇定有序地指挥旅游者转移，引导大家自救，做好善后事宜。⑤在旅游团队出团期间，组团业务员要与领队或导游保持联系，出现突发事件要及时协助处理并向上级主管汇报。出现重大事故公司要及时向上一级主管部门汇报。⑥与保险公司联系做好善后理赔处理工作。

4）事故报告时间。①事故发生后，事故现场有关人员应当立即向本单位负责人报告；单位负责人接到报告后，应当于 1 小时内向事故发生地县级以上人民政府安全生产监督管理部门和营业执照注册地旅游局、安监局报告。情况紧急时，事故现场有关人员可以直接向事故发生地县级以上人民政府安全生产监督管理部门和旅游局报告。②事故报告后出现新情况的，道路交通事故、火灾事故自发生之日起 7 日内，事故造成的伤亡人数发生变化的，应当及时补报；自事故发生之日起 30 日内，事故造成的伤亡人数发生变化的，再应当及时补报。

3. 建立旅行社风险管理组织

（1）企业最高管理者的风险管理责任。旅行社风险加大，风险本身发生的不确定性，处理不当破坏性大和管控的技能性特点，需要旅行社成立专门进行风险管理的职能部门，负责风险的识别、评估、防范和处理。鉴于旅行社风险重要性和系统性的要求，风险管理组织机构最高协调人应由最高执行官兼任，以确保令行禁止执行到位。风险并不经常发生，常常使人们怀有侥幸心理而不受重视，疏于防范。一旦风险事故发生又惊慌失措，没有及时有效的应对策略，造成重大损失。由经营管理最高执行官兼任协调人，以示对风险管理的重视。作为风险管理第一责任人，其重要职责包括：

1）全面管理旅行社的安全工作，贯彻落实安全管理的法律、法规、规章制度和安全标准。

2）负责建立健全旅行社安全岗位责任制和各项安全规章制度。

3）解决旅行社安全工作所需要的人、财、物，明确各级责任人员的责任、权利、义务，建立以各级安全责任制为核心的安全管理机制，保障安全管理机构健全、人员到位、责任落实。

4）每一个季度牵头组织召开安全工作会议，听取风险管理人员的工作汇报，及时研究解决重大安全问题。

5）掌握企业风险管理工作动态，并采取多种形式（定期与不定期）组织人员进行风险防范检查，发现问题及时予以解决。

6）一旦发生重大旅游安全事故，第一时间赶赴事故现场组织抢救工作，并及时将事故情况报告政府有关部门，配合事故调查组开展调查，依法妥善处理好伤亡事故的善后工作。

7）建立健全应急救援，通信网络将公司内部和各相关职能部门的联系电话，整理编译并督促公司全体员工熟记会用。

（2）风险管理小组安全管理责任。风险管理组织机构的直接负责人由各部门负责人组成，负责日常的风险管理，包括制定本部门风险防控预案，对员工进行本部门负责业务风险防控和处理的培训，识别本部门业务负责范围内的风险信息并对重大风险隐患进行上报，制定本部门风险应对方案等。具体职责如下：

1）制定本部门风险防范工作目标和风险防范工作计划，负责对各项安全规章制度的执行落实情况和风险目标计划的完成情况进行具体的监督检查，并对各级风险防范责任人的风险防范工作开展情况进行考核。

2）建立健全本部门风险管理档案，制定实施风险防范培训制度，组织开展安全教育培训，增强员工风险意识，提高全体人员安全知识技能。

3）每月定期开展风险防控生产检查，对事故隐患及时研究，制订整改措施并限期整改，将隐患消灭在萌芽状态。

4）采取各种组织和技术措施，防止经营过程中旅游安全事故发生。一旦发生旅游安全事故，立即采取应急措施，依法妥善处理善后事宜，并向有关部门报告。

5）负责贯彻执行旅行社质量有关安全生产规章制度和安全标准。

6）每天定时对本部门所有团队进行跟踪检查，对团队中所发现的问题进行处理解决，对旅游者采取完善的安全措施和必要的安全提示，保证旅游者的生命和财产安全，一旦发生旅游安全事故，应积极采取相关补救措施，防止事故进一步扩大，并根据安全事故处理规定及时向旅行社领导及有关部门报告。

（3）行政管理部门风险管理责任。行政管理部门或办公室配合旅行社安全监督管理领导小组工作，主要协助对旅行社的安全工作进行监督管理，落实上级部门及公司领导对安全工作的要求，以加快实现安全管理的制度化、规范化。

负责建立健全各项安全工作的监督管理机制、规章制度、组织机构。制定安全工作目标和安全工作计划，定期或不定期地开展安全生产检查，具体监督检查各项安全规章制度的执行落实情况和安全目标、计划的完成，并对各级安全责任人的安全工作开展情况进行考核。对发现的风险情况，及时研究出整改措施并限期解决，将隐患消灭在萌芽状态。对旅行社的安全问题进行归档整理，制定实施安全培训制度，开展各级管理人员和工作人员安全教育培训，提倡以人为本的安全工作理念，提高员工遵章守纪和安全生产的意识、知识和技能，从根本上杜绝不安全行为。采取各种组织和技术措施，防止经营过程中旅游安全事故的发生，对旅游者采取完善的安全保障措施和必要的安全提示，保证旅游者的生命和财物安全。一旦发生旅游安全事故，应积极采取抢救措施，依法妥善处理善后事宜，并向旅游行政管理部门报告。要经常性地开展安全生产大检查，特别是在节假日和“黄金周”期间，单位负责人要对安全生产的各个方面进行认真检查，发现薄弱环节和事故隐患要及时整改。

（4）导游员的风险管理责任。导游人员应严格履行接待计划，负责旅游团（者）移动中各个环节的衔接、计划的实施、协调工作。自觉遵章守法，抵制损害国家利益和民族尊严的违法行为，严禁嫖娼、吸毒和赌博活动。应掌握一定的安全知识和防范技能，履行岗位安全责任，保障旅游者的人身、财产安全不受侵犯。熟知旅游团队情况与旅游计划，预见可能发生的安全隐患，应提前向旅游者做出警示，并能采取相应的安全防范措施。接待旅游团队，履行安全责任，不得擅离职守，在游览过程中应经常清点人数，防止旅游者走失和发生意外，切实保障旅游者安全。在游览、食宿、购物时应随时提醒旅游者保管好携带的物品，严防被盗和发生意外事故。督促驾驶员谨慎安全行驶，途经危险路段应提醒旅游者防止磕碰；到站下车应提醒旅游者带好所携物品，对老弱病残者主动协助；停车时应提醒驾驶员锁好门窗。发生意外安全事故、突发事件，及时向旅行社汇报实情，妥善处理善后事宜。

4. 建立风险监管与奖惩机制

旅行社应定期对各部门安全生产工作的实施情况进行检查监督。各业务部门经理是本部门旅游安全工作的直接责任人，责任人应定期对本部门的旅游安全管理情况进行检查。发现安全隐患应立即进行整改并跟踪落实。行政部门或办公室建立安全生产档案，设专人负责客户的投诉和跟踪处理。

设立公司、部门、非法人分社三级安全监管网络。安全领导小组负责对旅行社的安全生产进行全面的监督管理；各业务部门负责人对分管业务范围内的安全生产工作负责；各分社负责人对本分社的安全生产工作负责。同时会同旅行社行政办公室建立相应的三级劳动保护监督网，安全监督管理领导小组作定期的检查并记录。实行安全生产直接责任人季度报告书及安全部门负责人月度报告书制度。

将安全管理工作纳入日常工作的重要议事日程。旅行社领导和安全领导小组定期召开安全会议，检讨本公司安全生产措施的执行情况，研究落实整改措施和下阶段的安全生产工作。加强安全生产第一责任人、安全生产直接责任人对各业务部门和分社的监管力度，制定安全生产责任人监管工作和定期的安全生产工作汇报制度。

定期对从业人员进行三级安全教育和基本功训练，并经考核合格，保证其具备必要的安全生产知识和能力。对新入职员工进行全面的安全生产及防火方面的安全培训教育，考核合格方可上岗。行政部门或办公室定期对经营场所进行例检，发现安全隐患及时报总经理室并落实整改。

设立安全生产奖惩制度，按照“安全生产第一”的管理理念，按企业人数的一定比例每年评出安全生产无事故的先进积极分子。设立安全生产无事故的奖励基金，年底对没有发生安全生产事故的员工进行奖励。对违反安全生产操作规程造成直接经济损失的，予以处罚，造成重大安全事故者，按照国家有关规定处理。

5. 加强风险意识与风险管理培训

加强企业各级员工的安全技术教育、培训工作，提高企业员工的安全素质，是企业安全生产的技术保障机制，是企业整体发展的需要。

（1）建立健全公司全员安全教育制度。建立健全企业职工全员安全教育制度，明确本单位各级人员在安全生产教育培训中应当承担的职责，严格按照安全教育培训管理制度进行各级员工安全生产教育培训的登记、培训、考核、发证、资料存档等工作，规范企业职工的安全教育培训管理工作。

（2）加强主要负责人和安全生产管理人员的培训。公司安全生产第一责任人和安全主任必须经安监局考核合格，取得安全资格证书。

（3）加强新入职员工的安全培训教育。行政部门配合安全监督管理领导小组对新入职员工进行全面的安全生产及防火方面的安全培训教育，考核合格方可上岗。

（4）加强全体员工岗位安全教育。对公司全体员工定期进行安全教育。接受在岗安全教育和培训的时间为一般员工每人每年不得少于 4 小时，单位领导及安全管理人员每人每年不得少于 8 小时。

（5）加强领队及导游培训。所有导游均须持有导游证。旅行社应针对旅游安全问题，依托旅游培训机构对领队及导游进行定期培训，企业内部定期组织安全学习及内部培训，使导游对其承担的团队运作安全责任清清楚楚，把旅游安全放在第一位。对各线路进行细致的培训，在有条件的情况下组织计划业务员、导游实地考察培训，使导游对当地情况心中有数，提高问题发生的预见性。为防患于未然，导游要随时有针对性地提示游客注意人身安全及财产安全，根据当地旅游线路的特点及情况，向客人提出安全注意事项。对可能危及游客人身、财物安全的项目向游客做出说明、强调和警示。

（6）加强对业务人员的培训。对门市人员、销售人员进行安全教育培训，对产品中有危险因素的地方必须对客人作充分的说明和警示。此外，在客人参团时引导客人购买旅游意外保险，也能为旅游安全事故发生时提供方便快捷的处理。

案例

旅行社安保义务的界限

2019 年 7 月，湖北武汉的刘老师参加了武汉 Y 旅行社组织的四川稻城亚丁旅游，旅游产品为“星空稻亚（稻城亚丁）VIP 7 日游”，该团的地接旅行社为四川 F 旅行社。

开始时，刘老师一直跟团正常出游，在行程的倒数第二天，团队回到成都，由四川 F 旅行社安排游客入住酒店，此后为自由活动，游客可以自行在酒店休息或者在成都市区内闲逛。

这一天，刘老师擅自脱离了团队，与家属及旅行社失去联系。两天后，在双流区府河段发现了刘老师的尸体，被警方认定为溺水死亡，排除他杀。

刘老师家属认为旅行社存在责任，要求组团社及地接社承担法律责任，赔偿各项损失 45 万余元（按照旅行社 40%的责任比例主张）。

武汉市江汉区人民法院经过审理认为：（本案案号：2021 鄂 0103 民初 8672 号）本案为旅游服务合同纠纷，审查的重点是旅行社在履行旅游合同过程中是否存在违约行为，该违约行为是否与死亡结果之间存在因果关系。

经审理查明，武汉 Y 旅行社在本次旅游合同签订过程中没有违约行为，且死者刘老师对于参加旅游团没有异议；再者旅行社的安全风险提示义务也仅为一般性通识性的，旅行社在刘老师失踪后积极配合，与刘老师死亡之间没有因果关系。

法院最终认定旅行社在本案中不承担任何责任，驳回了原告的所有诉讼请求。

分析：本案中，原告以旅游合同纠纷起诉，实质上法院审查的是合同履行的完整性及违约与否。而侵权责任纠纷，主要审理的是旅行社在整个旅游行程中是否存在过错（作为与不作为），该过错与死亡之间是否有因果关系。

旅游合同纠纷审查的要点在于旅行社是否存在违约，而这一举证责任在原告，仅需要提供一般性的证明材料即可，比如本案中原告提及的授权书签订不规范等问题；若选择侵权责任纠纷，对于原告举证责任更重一些，比如需要提供旅行社存在侵权行为的证据材料。

不管是违约还是侵权，两者都有一个共同点，那就是因果关系。违约行为或者侵权行为与游客的死亡之间是否存在必然的因果关系。比如本案，旅行社签约不规范，难道是导致其死亡的根本原因？显然不是。不存在因果关系，也就不存在任何联系，就不需要承担该结果的责任。

关于旅行社安保义务的界限。对于客观存在的危险，旅行社的安全保障义务即便履行，可能也会导致责任承担，比如前方道路明明存在危险，不能仅仅因为做了提醒就可以免责。这种情况下，旅行社的安全保障义务就较高，比如可以换一条安全的路走。对于一般性的旅游行程或者一般性的危险风险提示，旅行社仅需要尽到一般通识性的提醒告知即可，不能苛求旅行社超出预知范围的履行安保义务。比如，正常的走路不需要旅行社尽到更多安保义务，因为正常走路是一般的危险系数极低的行为，若要求旅行社明确告知先走左腿还是右腿，显然是过分的。

资料来源：游客团上溺水死亡，家属起诉组团社、地接社，被驳回．(2021-10-26). https://mp.weixin.qq.com/s/OoXwOZ3CaZT8bHfTJ1epRQ

任务实施

分组完成任务，教师组织分组，四人为一组，其中一人为组长，由组长制作PPT讲解《××旅行社风险管理策划案》，其他组员进行补充。教师根据策划案的合理性和可操作性进行打分。

评分标准

序号	评分项目	分值	得分
1	仪容仪表	10分	
2	语言表达	10分	
3	合理性	30分	
4	可操作性	30分	
5	全面性	10分	
6	PPT制作	10分	

项目总结

凡事预则立，不预则废。对于风险管理来讲，预防管理才能将成本与损失降至最低。通过本项目，培养学生树立风险意识，提高统筹协作、相互配合的能力。风险不是孤立的，它隐藏在企业管理系统之中，而且风险一旦发生，常常会引起连锁反应。了解旅行社风险的危害和可能存在的风险，有助于增强风险识别能力，有意识地去规避风险或者将风险扼杀在萌芽状态。即使风险危害形成，也能从容不迫地应对，积极相互配合。

参考文献

[1] 文旅．数字化跃迁下的文旅新时代有哪些特征？［J］．文旅纵横，2021（07）

[2] 邹连超．后疫情时代旅行社企业的转型发展［J］．旅游与摄影，2022（07）

[3] 李娟平．探析新时代旅行社营销管理策略［J］．旅游与摄影，2022（07）

[4] 冯学钢，梁茹．促进我国在线新文旅市场主体建设的对策建议［J］．旅游学刊，2021（07）

[5] 王春雷．中小旅行社的经营困境与创新对策研究［J］．学术探索，2004（05）

[6]《中国旅行社业发展现状与发展对策研究》课题组．中国旅行社业发展现状与发展对策研究［J］．旅游学刊，2002（01）

[7] 杜江．中国旅行社业发展的回顾与前瞻［J］．旅游学刊，2003（11）

[8] 吴敏良，魏敏．旅行社经营实务［M］．2版．上海：上海交通大学出版社，2011

[9] 国家旅游局人事劳动教育司．旅行社经营管理［M］．北京：旅游教育出版社，1999

[10] 魏凯，张静．旅行社经营管理［M］．济南：山东大学出版社，2007

[11] 郭国庆．服务营销管理［M］．3版．北京：中国人民大学出版社，2013

[12] 吴国清．旅游线路设计［M］．北京：旅游教育出版社，2006

[13] 于英丽，史敏．旅行社运营实务［M］．长春：东北师范大学出版社，2014

[14] 齐洪利．旅行社经营管理实务［M］．大连：大连理工大学出版社，2013

[15] 叶娅丽．旅行社运营与管理［M］．桂林：广西师范大学出版社，2015

附　录

附件 1：团队境内旅游合同

合同编号：

旅游者：__________等____人（名单可附页，需旅行社和旅游者代表签字盖章确认）；

旅行社：____；

旅行社业务经营许可证编号：____。

我已通过（旅游局官网、旅行社店堂张挂、纸质完全版本旅游合同等）方式阅读了国家旅游局、国家工商行政管理总局制定的《团队境内旅游合同》（GF－2014－2401）第一章到第六章的内容，同意遵守并将其列为本合同组成部分。

旅游者签名

年　月　日

…………

第七章　协议条款

第二十条　线路行程时间

出发时间　　年　月　日　时，结束时间　　年　月　日　时；共　天，　饭店住宿　夜。

第二十一条　旅游费用及支付（以人民币为计算单位）

旅游费用包括（由旅行社和旅游者协商勾选、填写）：□导游服务费；□交通费；□住宿费；□餐费（不含酒水费）；□旅行社统一安排的景区景点门票费；□行程中安排的其他项目费用；□旅行社（含地接社）的其他服务费用。

成人：　　元/人，儿童（不满 14 岁）：　　元/人；

旅游费用合计：__________元。

旅游费用支付方式：__________。

旅游费用支付时间：__________。

第二十二条　人身意外伤害保险

1. 旅行社提示旅游者购买人身意外伤害保险；

2. 旅游者可以做以下选择：

□委托旅行社购买（旅行社不具有保险兼业代理资格的，不得勾选此项）：
______（投保的相关信息以实际保单为准）；

□自行购买；

□放弃购买。

第二十三条 成团人数与不成团的约定

成团的最低人数： 人。

如不能成团，旅游者是否同意按下列方式解决：

1.（同意或者不同意，打钩无效）旅行社委托旅行社履行合同；

2.（同意或者不同意，打钩无效）延期出团；

3.（同意或者不同意，打钩无效）改变其他线路出团；

4.（同意或者不同意，打钩无效）解除合同。

第二十四条 拼团约定

旅游者（同意或者不同意，打钩无效）采用拼团方式拼至旅行社成团。

第二十五条 自愿购物和参加另行付费旅游项目约定

1. 旅游者可以自主决定是否参加旅行社安排的购物活动、另行付费旅游项目；

2. 旅行社可以在不以不合理的低价组织旅游活动、不诱骗旅游者、不获取回扣等不正当利益，且不影响其他旅游者行程安排的前提下，按照平等自愿、诚实信用的原则，与旅游者协商一致达成购物活动、另行付费旅游项目协议；

3. 购物活动、另行付费旅游项目安排应不与行程单冲突；

4. 地接社及其从业人员在行程中安排购物活动、另行付费旅游项目的，责任由订立本合同的旅行社承担；

5. 购物活动、另行付费旅游项目具体约定见自愿购物活动补充协议（附件3）、自愿参加另行付费旅游项目补充协议（附件4）。

第二十六条 争议的解决方式

本合同履行过程中发生争议，由双方协商解决；亦可向合同签订地的旅游质监执法机构、消费者协会、有关的调解组织等有关部门或者机构申请调解。协商或者调解不成的，按下列第 种方式解决：

1. 提交仲裁委员会仲裁；

2. 依法向人民法院起诉。

第二十七条 其他约定事项

未尽事宜，经旅游者和旅行社双方协商一致，可以列入补充条款。（如合同空间不够，可以另附纸张，由双方签字或者盖章确认。）

第二十八条　合同效力

本合同一式　份，双方各持　份，具有同等法律效力，自双方当事人签字或者盖章之日起生效。

旅游者代表签字（盖章）：

证件号码：

住　　址：

联系电话：

传　　真：

邮　　编：

电子信箱：

签约日期：　　年　月　日

签约地点：

旅行社盖章：

签约代表签字（盖章）：

营业地址：

联系电话：

传　　真：

邮　　编：

电子信箱：

签约日期：　　年　月　日

旅行社监督、投诉电话：

省市旅游质监执法机构：

投诉电话：

电子邮箱：

地　　址：

邮　　编：

附件 2：旅游报名表

旅游线路及编号：　　　　　　**旅游者出团时间意向：**

<table>
<tr><td>姓名</td><td></td><td>性别</td><td></td><td>民族</td><td></td><td>出生日期</td><td></td></tr>
<tr><td colspan="2">身份证件号码</td><td colspan="3"></td><td colspan="2">联系电话</td><td></td></tr>
<tr><td colspan="2">身体状况</td><td colspan="6">（需注明是否有身体残疾、精神疾病、高血压、心脏病等健康受损病症、病史，是否为妊娠期妇女。）</td></tr>
<tr><td colspan="8">旅游者全部同行人名单及分房要求（所列同行人均视为旅游者要求必须同时安排出团）：
与　同住，　与　同住，　与　同住，　与　同住，　与　同住，
与　同住，　与　同住，　与　同住，　与　同住，　与　同住，
为单男/单女需要安排与他人同住，不占床位，全程要求入住单间（应当补交房费差额）。</td></tr>
<tr><td colspan="8">其他补充约定：

旅游者确认签名（盖章）：　　　　年　月　日</td></tr>
<tr><td>备注</td><td colspan="7">（年龄低于 18 周岁，需要提交家长书面同意出行书）</td></tr>
<tr><td colspan="8">以下各栏由旅行社工作人员填写</td></tr>
<tr><td colspan="2">服务网点名称</td><td colspan="3"></td><td colspan="2">旅行社经办人</td><td></td></tr>
</table>

附件3：旅游行程单

（该部分内容可根据旅行社产品的内容进行完善，不同旅游线路行程单也有所差异）

××××××旅游行程单

（团队编号：　　　　　　）

日期	行程安排	用餐	住宿
费用说明	（包括对餐标、住宿、车费、门票、导服等费用的说明。） 1. 2. 3. ……		

备注：（包括对景点调整权利、证件、儿童、住宿、不可抗力导致产生费用等的说明。）

1.

2.

3.

……

旅游者：（代表人签字）　　　　旅行社：（盖章）

经办人：（签字）

年　月　日

附件4：自愿购物活动补充协议

自愿购物活动补充协议

具体时间	地点	购物场所名称	主要商品信息	最长停留时间（分钟）	其他说明	旅游者签名同意
年　月　日　时						签名：
年　月　日　时						签名：
年　月　日　时						签名：

旅行社经办人签名：

附件5：自愿参加另行付费旅游项目补充协议

自愿参加另行付费旅游项目补充协议

具体时间	地点	项目名称和内容	费用（元）	项目时长（分钟）	其他说明	旅游者签名同意
年 月 日 时						签名：
年 月 日 时						签名：
年 月 日 时						签名：

旅行社经办人签名：

附件6：旅行社运行计划表

旅行社运行计划表

<table>
<tr><td>团号</td><td colspan="2">地陪</td><td colspan="2">团队人数</td><td colspan="2">组团社</td><td>全陪</td></tr>
<tr><td rowspan="2">抵离时间</td><td colspan="6">月 日乘 抵达</td><td>司机</td></tr>
<tr><td colspan="6">月 日乘 离开</td><td>车号</td></tr>
<tr><td>时间</td><td>早餐</td><td>上午</td><td>中餐</td><td>下午</td><td>晚餐</td><td>购物点</td><td>住宿</td></tr>
<tr><td></td><td></td><td></td><td></td><td></td><td></td><td></td><td></td></tr>
<tr><td></td><td></td><td></td><td></td><td></td><td></td><td></td><td></td></tr>
<tr><td></td><td></td><td></td><td></td><td></td><td></td><td></td><td></td></tr>
<tr><td></td><td></td><td></td><td></td><td></td><td></td><td></td><td></td></tr>
<tr><td></td><td></td><td></td><td></td><td></td><td></td><td></td><td></td></tr>
<tr><td colspan="4">旅行社电话</td><td colspan="4">旅游局投诉电话</td></tr>
</table>

监制单位：

附件7：旅行社导游计划单

旅行社导游计划单

<table>
<tr><td>团号</td><td colspan="2">地陪</td><td colspan="2">团队人数</td><td colspan="4">组团社</td></tr>
<tr><td>车号</td><td colspan="2">司机</td><td colspan="2">手机</td><td colspan="2">全陪</td><td colspan="2">手机</td></tr>
<tr><td>时间</td><td>早餐地点</td><td>餐标</td><td>中餐地点</td><td>餐标</td><td>晚餐地点</td><td>餐标</td><td>住宿地点</td><td>房费标准</td></tr>
<tr><td></td><td></td><td></td><td></td><td></td><td></td><td></td><td></td><td></td></tr>
<tr><td></td><td></td><td></td><td></td><td></td><td></td><td></td><td></td><td></td></tr>
<tr><td></td><td></td><td></td><td></td><td></td><td></td><td></td><td></td><td></td></tr>
<tr><td></td><td></td><td></td><td></td><td></td><td></td><td></td><td></td><td></td></tr>
<tr><td colspan="9">游览景点门票：</td></tr>
<tr><td colspan="9">合计： 元（房 元，餐 元，门票 元）</td></tr>
<tr><td colspan="9">借款：</td></tr>
</table>

计调：

年 月 日

附件8：旅游投诉受理单

旅游投诉受理单

<table>
<tr><td>投诉人</td><td></td><td>受理时间</td><td></td></tr>
<tr><td>参加线路</td><td></td><td>出行时间</td><td></td></tr>
<tr><td>投诉事项
（包括投诉主要内容和诉求）</td><td colspan="3"></td></tr>
<tr><td>备注说明
（包括心理分析和其他需要说明事项）</td><td colspan="3"></td></tr>
<tr><td>交办事项
（包括交办部门、人员和内容）</td><td colspan="3"></td></tr>
<tr><td>受理单填写人</td><td colspan="3"></td></tr>
</table>

附件 9：某旅行社旅游投诉档案封面

20XX · 旅游投诉档案

＊＊＊旅行社
文档编号：№—

团　　　　号＿＿＿＿＿＿＿＿＿＿＿＿＿＿＿＿

组团线路名称＿＿＿＿＿＿＿＿＿＿＿＿＿＿＿＿

组 团 单 位＿＿＿＿＿＿＿＿＿＿＿＿＿＿＿＿

投　诉　人＿＿＿＿＿＿＿＿＿＿＿＿＿＿＿＿

导　游　员＿＿＿＿＿＿＿＿＿＿＿＿＿＿＿＿

计　调　员＿＿＿＿＿＿＿＿＿＿＿＿＿＿＿＿

业　务　员＿＿＿＿＿＿＿＿＿＿＿＿＿＿＿＿

负　责　人＿＿＿＿＿＿＿＿＿＿＿＿＿＿＿＿

日　　　　期＿＿＿＿＿＿＿＿＿＿＿＿＿＿＿＿

其他文档资料与档案封面一起装订存档。

附件 10：《旅行社国内旅游服务质量要求》

《旅行社国内旅游服务质量要求》

1　范围

本标准提出了旅行社组织国内旅游活动所应具备的产品和质量要求。本标准适用于经营国内旅游业务的国际、国内旅行社。

2　引用标准

下列标准所包含的条文，通过在本标准中引用而构成本标准的条文。在标准出版时，所示版本均为有效，所有标准都会被修订，使用本标准的各方应探讨、使用下列标准最新版本的可能性。

GB/T 15971—1995 导游服务质量

GB/16153—1996 饭店（餐厅）卫生标准

GB/T 19004.2—1994 质量管理和质量体系要素第二部分：服务指南（idt ISO 9004—2：1991）

LB/T 002—1995 旅游汽车服务质量

3　定义

本标准采用下列定义。

3.1　国内旅游

中国公民在境内的旅行和游览活动。

3.2　门市

旅行社为方便宣传、招徕和接待国内旅游者而专门设立的营业场所。

4　旅游产品的要求

4.1　市场需求原则

旅行社提供旅游产品应符合旅游者的愿望，满足不同消费层次的需求，为旅游者所喜闻乐见。

4.2　安全第一原则

旅行社向旅游者提供的旅游产品应有安全保障。

4.3　安排合理原则

旅行社开发的旅游产品应交通行程合理，组织连接性强，有一定的系列化程度。

4.4　确保履约原则

旅行社对所提供的产品一般应确保完全履约，意外情况发生时，应有合理对策。

5　旅游产品的提供

5.1　旅行社对旅游产品的宣传应特色显著，具体详尽，实事求是。

5.2 旅行社销售旅游产品时应质价相符，明码标价。

5.3 旅行社出售旅游产品时应具备规范的销售手续，并按附录 A（标准的附录）实施组团合同制度。

5.4 旅行社销售旅游产品时应为旅游者投旅游意外保险。对其外报价目应包含保险费，组团旅行社与接团旅行社及旅行社与旅游者之间应签订保险方面的协议。

5.5 旅行社在旅游产品销售后应准确、及时地制定和发送接待旅游计划。有特殊情况时，要更改接待计划的，应及时通知旅游者和负责接待的旅行社。

5.6 门市服务应符合下列要求：

5.6.1 门市服务环境

a）整洁、明亮；

b）配置必要的设施、设备和办公用具；

c）准确、鲜明地介绍旅游产品的内容。

5.6.2 门市服务人员

a）遵守旅游职业道德和岗位规范；

b）佩戴胸卡，服饰整洁，精神饱满，端庄大方；

c）用普通话和民族语言，态度热情、礼貌、认真、耐心；

d）主动、具体、详实地介绍相应的旅行日程；

e）满足旅游者的需求，帮助选择、组织和安排旅游产品；

f）计价收费手续完备，账款清楚。

5.6.3 旅游产品销售成交后，门市服务人员应向旅游者：

a）开具正式发票；

b）按附录 A（标准的附录）签订组团合同；

c）发放旅行日程、参团须知、赔偿细则等；

d）交代出发的时间和地点；

e）无全陪的团体和散客须被告知旅游目的地的具体接洽办法和应急措施；

f）提醒其他注意事项。

6 旅游接待服务

6.1 履约服务

旅行社应按组团合同或与散客约定的内容和标准为旅游者提供服务。

6.2 内部运作

旅行社应严格管理，做到外联、计划、调度和接待内部运作有机衔接，确保准确无误。

6.3　相关服务

旅行社应加强横向联合，应与各相关服务单位签订合同，保障交通、住宿、餐饮和游览等相关服务内容和标准符合接待计划。

6.3.1　餐饮

6.3.1.1　旅行社应向旅游者公开就餐标准，不得降低或克扣餐馆标准。

6.3.1.2　所选餐馆应明码标价，确保膳食质量。

6.3.1.3　所选餐馆应环境整洁，符合 GB 16153 的要求。提供的食品、饮料应符合国家有关法律法规的要求。

6.3.2　住宿

6.3.2.1　旅行社选订的旅馆应符合所承诺的标准。

6.3.2.2　旅馆设施设备装饰完好，方便旅游者使用。

6.3.2.3　旅馆应具有完善的安全保卫措施，切实保障旅游者的人身财产安全。

6.3.3　交通

旅游过程提供的汽车服务应符合 LB/T 002 的规定和合同承诺的车辆标准。

6.3.4　游览点应按承诺安排游览点，未经旅游者同意，不得擅自增减游览项目。

6.3.5　特殊情况处理

6.3.5.1　旅行社对游客在旅游过程中出现的特殊情况，如事故死亡、行程受阻、财物丢失、被抢被盗、疾病救护等，应积极协助处理。

6.3.5.2　旅行社应建立健全应急处理系统制度。

6.3.5.3　旅行社在处理特殊情况时，应维护旅游者的合法权益，不推卸责任，不草率应付，积极排除险情，妥善解决问题。

6.4　导游服务

6.4.1　旅行社应为每辆旅游车的旅游者配备至少 1 名导游人员。

6.4.2　导游人员的基本素质及服务应符合 GB/T 15971 的规定。

6.4.3　导游人员应具有一定的安全知识和防范技能，以保障旅游者的人身安全。

7　旅游服务质量的保证和监督

7.1　旅行社应按 GB/T 19004.2 建立服务质量保证体系。

7.2　旅游服务质量的监督

7.2.1　旅行社应向旅游者发放并回收“征求意见表”。

7.2.2　旅行社应开展有目的、有计划、有选择地回访旅游者的工作。

7.2.3　旅行社应根据旅游者的合理建议和意见，采取有效措施改进服务工作，不断提高旅游服务质量。

7.3 投诉处理

7.3.1 旅行社对旅游者的投诉应耐心受理、查明情况，实事求是处理。

7.3.2 旅行社应设专职负责处理旅游者的投诉。对于重大旅游投诉，旅行社主要管理人员应亲自负责处理。

附录 A（标准的附录）

国内旅游组团标准合同

甲方：（旅游者或旅游团体）　　　　　　签订时间：　　年　月　日

乙方：（组团旅行社）　　　　　　　　　合同编号：

甲方自愿参加乙方旅行团旅游，为保证旅游服务质量，明确双方的权利义务，本着平等协商的原则，现就有关事宜达成如下协议。

第一条　报名与成团

1. 甲方拟参加乙方组织的国内旅游团，应事先向乙方详细了解咨询，乙方有义务全面介绍其服务项目和质量，并按规定在报名时签订本合同。

2. 甲方在报名时，应交纳一定数额的预付款。

3. 如乙方取消组团计划（不可抗拒的意外事故除外），甲方有权提出以下要求：

①要求乙方退还全部预付款，赔偿相应的损失；

②要求乙方另行安排出游。

4. 如甲方无故退团，乙方可从甲方预付款中扣除业务损失费（机、车、船退票费、投保费、退房损失费等）。

第二条　内容与标准

1. 主要事项：

团号与团体人数
日程
路线与主要游览点
交通工具及标准
用餐标准
住宿标准
购物娱乐安排
保险金额
预付款数额
导游服务
应交纳团费总额
甲方退团或乙方取消组团计划的赔偿方式及数额
特别说明

2. 甲乙双方应恪守上述约定。甲方在旅游活动中应服从乙方的统一安排和要求，乙方所提供的各项服务应符合有关国家标准和行业标准的规定。

3. 乙方在业务宣传手册、店堂告示及公开广告所刊载或规定的内容视为本合同的一部分，对乙方具有约束力。

4. 为保证乙方的旅游安全，甲方应为乙方投保旅游意外保险，旅游团报价中含此保险费。

第三条　违约责任

1. 乙方在下列情形下须承担赔偿责任：

①因故意或过失未达到与甲方合同规定的内容和标准，而造成甲方直接经济损失的；

②乙方的服务未达到国家或行业规定的标准；

2. 甲方无故违反合同规定，对其自身的损失应责任自负，给乙方造成损失，应承担赔偿责任。

3. 不承担违约责任的情况：

①甲、乙双方因不可抗力原因不能履行合同的，不承担赔偿责任，但应及时通知对方，并提供事故详情及不能履约的有效证明材料。

②乙方在旅游质量问题发生之前已采取以下措施的，应减轻或免除责任。

A. 对旅游质量和安全状况已给予充分说明、提醒、劝诫、警告或事先说明；

B. 所发生的违约问题是非故意、非过失或无法预知或已采取了预防性措施的。

③质量问题的发生是全部或部分由于甲方自身的过错。

④质量问题发生后，乙方及时采取了善后处理措施。

第四条　争议的解决方式

本合同在履行中如发生争议，双方应协商解决，协商不成，甲方可向有管辖权的旅游质监所提出赔偿请求，甲、乙双方均可向法院起诉。

第五条　本合同一式两份，合同双方各执一份，具有同等效力。

第六条　本合同签订之日起生效。

甲方签字	乙方签字
盖章	盖章
电话	电话
通信地址	通信地址

附件 11：旅行社安全规范

旅行社安全规范

1 范围

本标准规定了旅行社安全工作的一般原则，以及旅行社安全管理、安全经营与服务的基本要求。

本标准适用于中华人民共和国境内设立的旅行社及分支机构。

2 规范性引用文件

下列文件对于本文件的应用是必不可少的。凡是注日期的引用文件，仅所注日期的版本适用于本文件。凡是不注日期的引用文件，其最新版本（包括所有的修改单）适用于本文件。

GB 16153　饭馆（餐厅）卫生标准

GB/T 15971　导游服务规范

GB/T 16766　旅游业基础术语

GB/T 26359　旅游客车设施与服务规范

3 术语和定义

下列术语和定义适合于本标准。

3.1 旅行社 Travel service

依法获得旅行社业务经营许可，从事招徕、组织、接待旅游者等活动，为旅游者提供相关旅游服务，开展国内旅游业务、入境旅游业务或者出境旅游业务的企业法人。

3.2 履行辅助人 Assist people to fulfill

与旅行社存在合同关系，协助其履行包价旅游合同义务，实际提供相关服务的法人或者自然人。

3.3 旅游者 Tourist

参加旅行社组织的旅游活动的消费者。

3.4 旅行社安全 Travel services' safety

旅行社在经营过程中的安全管理和安全经营与服务。

3.5 旅游突发事件 Travel emergency

旅行社经营过程中突然发生的造成或可能造成旅游者和旅行社服务人员人身伤亡、财物损失，需要采取应急处置措施予以应对的自然灾害、事故灾难、公共卫生事件和社会安全事件。

3.6 旅行社责任保险 Travel services liability insurance

旅行社因其组织的旅游活动对旅游者和受其委派并为旅游者提供服务的导游或

者领队依法应当承担赔偿责任为保险标的的保险。

4　安全管理体系

4.1　总要求

开展安全工作，应遵循“安全第一、预防为主、综合治理”的方针，以落实安全责任和隐患排查治理为基础，以健全安全管理制度为保证，提高安全生产（服务）水平，控制、减少和消除旅游突发事件引起的不良影响，切实保障旅游者和从业人员的人身财产安全，确保旅游活动的顺利进行。

4.2　目标

4.2.1　应依据旅行社的总体发展目标，制定安全工作年度及中长期目标。

4.2.2　安全工作目标应以量化形式表述，包括安全事故控制指标、安全隐患治理目标等指标。

4.2.3　安全工作目标应分解、细化到各级部门和岗位，并定期进行考核。各管理层和相关职能部门应根据安全工作目标的要求，制定自身安全工作目标和措施，共同保证目标实现。

4.3　组织机构

4.3.1　设置原则

建立安全管理体系，应遵循统一领导、分级管理、职责明确、信息畅通、协同合作的原则。

4.3.2　设置要求

应设立由法定代表人牵头的安全协调机构和安全管理机构，落实本单位安全工作，并合理配备专（兼）职安全管理人员。员工（指签订劳动合同者，下同）总数达 50 人及以上，或年组织接待人数达到 5 万人天的，应设立专门的安全管理部门；员工总数在 10 人及以上，不足 50 人或组织接待人数在 1 万人天以上、5 万人天以下的，应明确具体部门兼管安全管理工作；员工总数不足 10 人的，应明确专（兼）职安全管理人员负责安全管理工作。

4.3.2.1　应建立企业、部门和岗位三级安全网络，以部门为主，实行逐级安全责任制，将旅游安全管理的职责落实到每个部门和岗位。

4.3.2.2　专（兼）职安全管理人员应有三年以上从业经历，并通过专门的旅游安全管理培训。

4.4　职责

4.4.1　企业

4.4.1.1　贯彻落实国家有关法律法规，建立、健全并实施安全规章制度。

4.4.1.2　组织实施旅游安全的教育和培训。

4.4.1.3　组织各类应急预案的演练。

4.4.1.4　组织安全检查，消除安全隐患。

4.4.2　法定代表人

法定代表人是安全的第一责任人，应：

a）建立安全协调机构和管理体系，确定企业安全分管负责人，聘任各部门安全责任人；

b）确保安全管理方针、目标的制定；

c）确保安全规章制度得到建立和健全；

d）保证安全投入的有效实施；

e）确保安全管理目标持续有效；

f）进行安全管理评审，确保安全管理体系的有效性并持续改进。

4.4.3　安全管理岗位

a）建立、健全并实施安全规章制度；

b）制定并实施安全操作规程；

c）督促、检查安全工作，及时消除安全事故隐患；

d）制定突发事件应急预案并组织实施预案演练；

e）具体处置旅游突发事件，并受安全第一责任人委托，及时、如实向政府有关部门报告旅游突发事件相关情况；

f）组织安全工作会议和安全教育培训。

4.4.4　其他岗位

a）应熟悉并遵守安全规章制度和操作规程；

b）协助安全管理部门和安全专（兼）人员对安全工作的检查；

c）从业人员可以越级向任何一级责任人报告和反映安全隐患及安全事故，并绝任何违章或有悖安全的工作指令。

d）应参与突发事件应急预案的演练；

e）应参加安全教育培训。

4.5　制度

4.5.1　应建立和健全旅行社安全规章制度。

4.5.2　安全规章制度应予以颁布实施，并适时进行评审，以确保其有效性和适宜性。这些制度应涵盖但不限于以下内容：

a）安全生产责任；

b）安全服务管理与操作规程；

c）产品安全评估；

d）旅游者安全保护制度；

e）老年、未成年及残疾旅游者安全保障措施；

f）治安、消防管理；

g）安全检查和隐患排查整改管理；

h）安全事故报告和处理；

i）安全生产教育培训；

j）安全投入保障；

k）旅游保险；

l）安全生产会议；

m）突发事件应急预案及操作手册；

n）安全工作台账管理；

o）安全考核和奖惩。

p）安全事故调查与责任追究制度

4.6 应急预案与演练

4.6.1 应急预案制定

4.6.1.1 应制定系统、可行、规范、有效的应急预案，应急预案应涵盖但不限于以下内容：

a）自然灾害、公共卫生事件、事故灾难、社会安全事件等常见事故的处置方法；

b）应急救援组织机构与人员职责分工；

c）应急救援的组织方式、启动程序、处置程序、善后处理、定期保障演练；

d）企业内部相关职能部门和政府、安全、消防、救险、医疗等相关单位与部门的信息报告、联系方式；

e）新闻发布。

4.6.1.2 应根据经营范围和管理现状，补充制定针对特种旅游、特定旅游区域或特定类型的突发事件应急预案。

4.6.2 应急预案演练

4.6.2.1 应每年开展突发事件应急演练。

4.6.2.2 应结合实际情况，针对消防、治安、卫生、交通安全等，开展专项应急预案演练。

4.6.3 应急预案评估与修订

每年应对应急预案的适宜性进行评估，并适时修订。

4.7　教育培训

4.7.1　应当制定并实施安全教育和培训计划，做好培训记录，建立培训档案，实施分级管理，并对培训效果进行评估和改进。

4.7.2　应定期对员工进行安全生产教育，保证员工具备必要的安全知识，熟悉相关安全规章制度，掌握安全技能。员工上岗前应进行安全培训、考核，合格者才能上岗。培训内容应包括：

a）企业、部门和岗位三级安全教育和基本功训练；

b）消防、治安、卫生、交通安全等教育；

c）应急救援演练；

d）作业人员应完成相应作业安全培训。

4.7.3　全体员工（包括负责人、管理人员和临时工作人员）应接受安全培训，学习旅游安全法规、交通安全、食品卫生、消防安全等相关知识。提高全员的安全意识和安全操作技能，增强事故预防、突发事件处置、应急救援的能力。节假日和重大接待活动前必须进行安全宣传教育。

4.7.4　接受在岗安全教育和培训的时间：专（兼）职安全管理人员每人每年不应少于30小时，一般员工每人每年不应少于8小时；负责人及管理人员每人每年不应少于16小时。

4.8　服务环境与信息安全

4.8.1　应投保旅行社责任险，并建立健全投保服务体系。

4.8.2　应具备安全生产所必需的符合国家、行业相关标准的基础设施，并维持其正常运行。

4.8.3　经营场所和重点部门，应按有关规定安装安全防范设备。

4.8.4　应做好行政、财务、业务档案的归档、保管工作，建立和执行相应的保密制度。

4.8.5　应加强内部计算机信息与网络系统的安全管理，保障信息安全，维持网络系统的安全运行。

4.8.6　应对旅游者的个人资料和信息保密，不得对外透漏或擅自将其用于其他商业用途。

4.9　监督、检查与考核

4.9.1　旅行社安全工作应接受旅游行政管理、安全生产监督管理等相关部门的监督、检查和管理。

4.9.2　应按照旅游行政管理、安全生产监督管理等相关部门的部署和安全工作计划开展安全自查。

4.9.3　应接受所在地旅游安全管理职能部门的考核和评审。

4.9.4　对本单位的各部门、各岗位应按照相关安全管理制度每年至少进行一次考核。旅行社各种奖励、晋升政策应与安全考核挂钩，实行安全生产一票否决制。

4.9.5　安全考核应包括但不限于：

a）安全管理组织的完整性；

b）安全工作会议制度的有效性；

c）安全工作表报送的及时性；

d）安全目标责任制的合理性、有效性；

e）安全教育、培训、检查的计划性、有效性；

f）安全事故及处理情况；

g）安全工作档案管理情况。

4.10　持续改进

应根据安全形势与考核结果，对安全目标、指标、规章制度、操作规程等进行修改完善，持续改进，不断提高安全绩效。

5　安全经营与服务体系

安全经营与服务体系应由产品设计、招徕、组织和接待的安全组成。

5.1　产品设计安全要求

5.1.1　产品设计应遵循安全第一原则。

5.1.2　设计的产品应针对行程编排进行安全评估，通过安全评估的方能发布和销售。安全评估应重点关注以下内容：

a）是否违反国家交通相关法规，如旅游车的行驶时间不得导致司机疲劳驾驶等；

b）是否涉及受突发事件影响而列入橙色以上预警的地区或我国外交部建议中国公民暂勿前往的国家或地区；

c）出境旅游线路是否未经主管部门批准的国家或地区作为旅游目的地；

d）应有针对突发事件的应急预案或应对措施；

e）应符合目标人群特质，对特殊人群应列明健康要求；

f）对旅游线路履行辅助人的安全资质证明有备案；

g）是否包含相关法律法规禁止的其他内容。

5.1.3　设计规模较大的团队旅游产品的，应了解旅游目的地的相关安全要求或规定，需要申报、备案的应提前向相关行政管理部门申报、备案。

5.1.4　设计特种旅游产品时，应制定相应的安全告知、安全防范措施和应急救援预案。

5.2 招徕安全要求

5.2.1 报名和组团时，应对旅游线路和旅游项目风险等安全事宜做出明示，包括：

a）对旅游行程和活动的身体素质要求做出提示，明示某些疾病患者可能的风险；

b）对身体素质可能不宜参加某些旅游活动的报名者做出提示、警示或劝阻；

c）恶劣天气或者不可抗力的事件对旅游行程安全可能构成的威胁；

d）旅游地可能引起旅游者误解或者产生冲突的法律规定、风俗习惯、宗教信仰等；

e）旅游过程中可能危及旅游者人身、财物安全的其他情况；

f）出发前带齐旅游行程中必要的证件和物品；

g）认为需要明示的其他事宜。

5.2.2 在介绍产品特别是特种旅游产品时，对可能危及旅游者人身、财产安全的特殊因素和风险应如实相告。

5.2.3 与旅游者签订的旅游合同中，应有专门的条款约定双方的安全责任。

5.2.4 应要求旅游者提供与旅游活动相关的个人健康信息，并以书面形式予以确认。

5.2.5 对特种旅游产品应编制专门的旅游合同，或在现有旅游合同中设置专门的安全条款，制定专门的保险合同或条款。

5.2.6 应建议旅游者购买个人旅游意外保险，以防范旅游过程中的各类风险。

5.2.7 招徕无民事行为能力或限制民事行为能力的自然人参加旅游活动的，应与其法定监护人订立含有安全条款的旅游合同。

5.3 组织安全要求

5.3.1 履行辅助人的选用

5.3.1.1 拟选用的履行辅助人应确保：

a）具备合法经营资质、证照齐全，

b）有完善的安全管理制度和安全保障措施、应急处置预案和相关赔付制度及赔付能力；

c）有能满足团队接待需要的履约能力；

d）特种旅游涉及的履行辅助人有针对特种项目的安全措施、专业人员、应急预案、责任保险和相关专业器材；

5.3.1.2 与履行辅助人签订的采购合同/协议，应有相关安全条款，约定各方在对游客安全保障、突发事件处置、善后赔偿等方面的权利与义务。

5.3.1.3　应对履行辅助人的安全保障能力进行定期评估。

5.3.2　旅游交通安全

5.3.2.1　旅游包车安全

a）使用的旅游营运车辆应符合 GB/T 26359 的要求，并车辆符合旅游包车营运资质、安全检验合格，满足旅游行程运输要求。

b）应督促旅游汽车承运人严格贯彻落实车辆出车检查制度，做到旅游车辆班组日检、部门周检、公司月检。检查中应使用安全检查表并签名。对检查中发现的问题，应立即处理；不能立即处理的，应及时报告；严重或累次违反采购协议的安全条款约定的，应及时停用。

c）使用的旅游汽车驾驶员应具备相关资质，并确保行车安全，不超载超速、不疲劳驾驶、不酒后驾车、不在出发前使用影响驾驶安全的各种违禁药物。对连续驾驶超过 4 小时，或连续行程超过 400 千米的旅游线路，旅行社应安排驾驶员中途休息时间，或增配一名驾驶员。

d）使用的旅游汽车应在首排正座设置导游/领队专座，以保障导游/领队的人身安全。

e）使用的旅游汽车应每车配备一部“游客安全乘车温馨提示”宣传片，同时每座配置一份《游客乘车安全须知》。

5.3.2.2　旅游公共交通安全

乘坐飞机、火车、班轮、城际客运班车等公共客运交通工具时，导游应提醒旅游者遵守公共交通承运人的安全要求。

5.3.3　旅游餐饮与住宿

5.3.3.1　向游客提供的预包装食品和饮料，应确保来源明确，有完整的质量标识，并符合保质期限。

5.3.3.2　为旅游团队选择饮食场所时，应选择符合 GB 16153 的要求的餐厅。

5.3.3.3　为旅游团队选择住宿场所时，应考察其消防、治安等方面的安全管理情况，确保其建立并运行安全管理体系。

5.3.4　安全评估

应定期对履行辅助人进行包含安全工作在内的评估，对安全不能达标的履行辅助人应终止合作。

5.3.5　计调环节的安全保障

应关注旅游线路环节的安全要素，出现下列情形的，应适时调整出团计划并做好相应应急预案：

a）旅游出发前天气被气象部门认定为达到不宜户外活动等级；

b）旅游目的地被卫生行政部门宣布为传染病疫区；

c）外交/旅游行政部门已发出不安全预警的；

d）部分旅游景点出现不安全状况的。

5.4　接待安全要求

5.4.1　安全提示

a）境内旅游、入境旅游应向旅游者提供书面旅游安全提示卡（见附录A），出境旅游应提供书面出境旅游安全信息卡（见附录B），或包含安全提示信息的其他书面材料。

b）境内旅游、入境旅游的安全提示卡应不迟于出团前发放。

c）出境旅游的安全信息卡应不迟于行前说明会发放。

5.4.2　出发时的安全要求

a）应选择安全、可靠的地点集合。

b）应关注集合当天的天气、交通等影响出行的特殊因素，并针对可能出现的安全问题做好应对准备。

c）导游（领队）应提前到达团队出发/迎接地点，清点团队人数，并履行安全告知义务。

5.4.3　导游操作要求

旅游行程中，导游应：

a）乘坐公共客运交通工具时应按5.3.2.2的安全要求尽到提醒义务。

b）车辆行驶前，通过现场演示或播放安全片等方式告知车内安全设施位置及使用方法、主要突发事件应对常识，要求旅游者系好安全带，并提醒其他安全乘车注意事项。

c）监督司机按照相关交通法规和GB/T 26359以及本标准5.3.2的要求安全驾驶。司机拒不听从劝告的，应立即报告旅行社采取紧急措施。

d）旅游者因游览、用餐、购物等需暂时离开车辆时，导游应提醒其随身携带贵重物品，并督促司机关好门窗。

e）在高速公路行驶中导游不应站立讲解。

f）全程关注影响履行辅助人履行合同或者协议的各种因素，特别是影响旅游安全的不可抗力和意外事件等，遭遇时按应急预案处置。

g）饭店住宿时提醒旅游者关注住宿内明示的紧急疏散路线、防滑、防盗和防火等相关安全注意事项，提醒旅游者离开饭店外出时需要注意的安全事项。

h）游览时提醒旅游者遵守游览场所及项目的安全规定和警示，对参与特种项目的旅游者要提前告知应注意的安全事项。

i）提醒旅游者遵守餐饮、购物和娱乐场所的安全规定和警示，保管好随身物品等注意事项。

j）提醒旅游者在乘机、离境、入境等间隙购物时的安全注意事项。

k）旅游者自由活动时：

——提醒旅游者遵守目的地的法律法规，尊重目的地风俗民情、宗教信仰；

——告知归团时间，提醒自由活动期间的主要风险和安全注意事项；

——告知联系方式、报警和求助电话。

l）旅游者参加另行付费的项目时，导游在知悉情况下，应告知相关规定和安全提示，并根据相关规定和自己掌握的信息做出判断，对不适合或不安全的，应积极劝阻，必要时应请旅游者签署书面申明。

5.4.4　重点和大型团队接待要求

接待重点和大型旅游团队时，旅行社应安排专人负责落实安全工作。

5.4.5　特殊人群和特种旅游安全

在接待特殊人群（如老年人、未成年人、残疾人等）和特种旅游者时，应安排掌握相应急救知识的导游进行接待。

6　旅行社突发事件的处置

6.1　突发事件范围

旅行社突发事件包括自然灾害、事故灾难、公共卫生事件和社会安全事件。

6.2　突发事件报告

6.2.1　突发事件的调查处理和等级划分等参照《生产安全事故报告和调查处理条例》执行。

6.2.2　突发事件发生后，现场导游及旅行社其他现场人员应当立即向旅行社负责人报告；旅行社负责人接到报告后，应当于1小时内向事发地及所在地相关部门和旅游行政管理部门报告。

6.2.3　情况紧急或发生重大以上旅游突发事件时，现场导游及旅行社其他人员应直接向事发地相关部门和旅游行政管理部门报告。

6.2.4　突发事件报告的内容：

a）事件发生的时间、地点和现场情况；

b）事件的经过；

c）事件已经造成或者可能造成的伤亡人数（包括下落不明的人数）和初步估计的直接经济损失；

d）事件的初步原因；

e）事件发生后采取的措施及事故控制情况；

f）事件报告单位或报告人员。

6.3 突发事件处置

6.3.1 现场处置导则

在旅游活动中遭遇旅游突发事件时，现场导游及旅行社其他现场人员应做好以下工作：

a）立即采取措施减轻突发事件对旅游者人身、财产安全的不利影响及损失；

b）向相关机构求助，必要时报警；

c）立即向旅行社及相关部门报告，如发生在境外，应向当地使领馆或我驻外机构报告；

d）稳定旅游者的情绪；

e）协助相关部门做好善后工作；

f）事后写出书面报告。

6.3.2 自然灾害

遇到台（飓）风、地震、冰雪、水灾等自然灾害，导游应立刻带领团队撤离灾区，同时应与旅行社及事发地相关部门报告。

6.3.3 事故灾难

在旅游活动中，若发生交通事故、突发火灾、游客坠落、溺水等事故，导游及旅行社其他工作人员应立即向旅行社和事发地交通或消防等相关部门报告，积极组织抢救，保护好现场，协助相关部门处理。

6.3.4 公共卫生事件

6.3.4.1 旅游团队在行程中发现疑似传染病疫情时，导游应立即向事发地卫生部门或疾病控制中心以及旅行社报告，得到明确许可的，方可继续游览。

6.3.4.2 游览地突发传染性疫病，导游及其他旅游从业人员应及时向旅行社报告，应积极配合当地卫生防疫部门做好对旅游者的防疫、安抚和宣传解释工作。

6.3.4.3 旅游者出现或疑似食物中毒时，导游应立即向向事发地卫生部门或疾病控制中心以及旅行社报告，同时应保留实物样本，配合做好救护和安抚工作。

6.3.5 社会安全事件

遇到示威游行、群体性事件、恐怖袭击等社会安全事件，导游应配合现场警务人员指挥并组织旅游者有序撤离事发区域；若无警务人员现场指挥，应带领团队尽快撤离事发区域。

6.3.6 意外伤病、病危或死亡

安全事故中，若有旅游者意外伤病、病危或死亡和发生入境旅游者伤亡等事故时，导游应遵照 GB/T 15971 附录的要求处置。

6.3.7　旅游者走失

导游在旅游活动中，应注意适时清点人数，若有旅游者走失，应采取以下措施：

a）了解情况，迅速寻找；

b）与住宿饭店、景区等可能有线索的相关履行辅助人联系；

c）向旅行社报告；

d）向有关部门报告；

e）做好善后工作；

f）写出事故报告。

6.3.8　信息发布

发生旅游突发事件后，应严格遵照突发事件信息发布规定和程序对外发布，旅行社及其工作人员不应擅自对外发布消息。

6.3.9　事故善后

6.3.9.1　旅游突发事件发生后，旅行社应积极配合做好事件的调查工作，同时做好伤亡游客救治、家属接待安抚、协调事故赔偿、保险理赔等善后工作。

6.3.9.2　应根据事故责任认定对相关责任人进行处理。

6.3.10　总结与建档

发生旅游突发事件后，安全管理部门或专（兼）安全人员应及时建立事件档案，做好事件总结报告。

附录 A
（规范性附录）
旅游安全提示卡

A.1　旅游安全提示卡以书面的形式体现。

A.2　旅游安全提示卡的格式应：

旅游安全提示卡
【安全提示内容】
旅行社名称与签章

A.3 安全提示的内容应包括：

a）正确使用相关设施、设备的方法；

b）必要的安全防范和应急措施；

c）不适宜参加相关活动的群体；

d）旅游过程中可能危及旅游者人身、财产安全的其他情形；

e）遇险时获得救助的途径和方式。

附录 B
（规范性附录）
出境旅游安全信息卡

B.1 出境旅游安全信息卡以书面的形式体现。

B.2 出境旅游安全信息卡的格式应：

游客出境旅游安全信息卡
【出境旅游者信息及联系方式】
旅行社名称及签章

B.3 出境旅游安全信息卡的内容应包括：

a）基本情况：姓名、护照号、身份证号码、国籍、紧急联系人及方式

b）身体状况：血型、过敏史、既往疾病

c）保险情况

图书在版编目（CIP）数据

旅行社运营实务/魏凯，韩国华主编．--北京：中国人民大学出版社，2020.2
21世纪高职高专规划教材．旅游管理系列
ISBN 978-7-300-27863-6

Ⅰ.①旅… Ⅱ.①魏… ②韩… Ⅲ.①旅行社-经营管理-高等职业教育-教材 Ⅳ.①F590.63

中国版本图书馆CIP数据核字（2020）第003304号

“十四五”职业教育国家规划教材
21世纪高职高专规划教材·旅游管理系列
旅行社运营实务
主　编　魏　凯　韩国华
副主编　王振林　谢　璐　陈　静
Lüxingshe Yunying Shiwu

出版发行	中国人民大学出版社		
社　　址	北京中关村大街31号	邮政编码	100080
电　　话	010－62511242（总编室）		010－62511770（质管部）
	010－82501766（邮购部）		010－62514148（门市部）
	010－62515195（发行公司）		010－62515275（盗版举报）
网　　址	http://www.crup.com.cn		
经　　销	新华书店		
印　　刷	北京七色印务有限公司		
开　　本	787 mm×1092 mm　1/16	版　　次	2020年2月第1版
印　　张	17 插页1	印　　次	2024年1月第5次印刷
字　　数	324 000	定　　价	39.80元